V&R

Christiane Burbach/Heike Schlottau (Hg.)

Abenteuer Fairness

Ein Arbeitsbuch zum Gender-Training

Mit 17 Abbildungen

Vandenhoeck & Ruprecht
in Göttingen

Die Deutsche Bibliothek – CIP-Einheitsaufnahme

Abenteuer Fairness: ein Arbeitsbuch zum Gender-Training /
Christiane Burbach/Heike Schlottau (Hg.). –
Göttingen: Vandenhoeck und Ruprecht, 2001
ISBN 3-525-60405-X

Umschlagabbildung:
Figurliche Gestaltung: Ingrid Posner
Steinbearbeitung: Anja Steckling

Satz: Weckner Fotosatz GmbH, Göttingen
Druck und Bindung: Hubert & Co., Göttingen

Inhalt

Vorwort   7

I. Typisch Mann, typisch Frau – Kommunikation und Leitung

1. Männliche und weibliche Interaktion (A. Korittko)   13

2. FrauenKommunikation (R. Rogall)   21

3. Leiten – aus der Perspektive von Frauen (R. Rogall)   35

4. Leiten– aus der Perspektive von Männern (M. Beck)   46

II. Instrumente zur Herstellung von Geschlechtergerechtigkeit

1. Gender-Trainings im Führungsbereich (Chr. Burbach)   55

2. Gender-Training: Position beziehen – Begegnung erleben
   (Chr. Ewert/B. Drägestein)   62

3. Gender-Training in der Jugendbildung (H. Schlottau)   67

4. Gender-Mainstreaming – Eine europäische Perspektive (M. Barz)   73

III. Methodische Bausteine für Gender-Trainings

1. Geschlechtergerechtigkeit in Institutionen
   – Institutionsanalyse (Chr. Burbach)   89
   – Geschlechtergerechtigkeit als Qualitätskriterium (B. Groner-Zilling)   91
   – Analyse der Organisationskultur (Chr. Burbach)   95
   – Maskulinität und Femininität in Organisationen (E. Kirleis)   99
   – Jahresgespräche – Die Gender-Frage in der Personalentwicklung
     (R. Rogall) 103

2. Bilder vom eigenen und vom anderen Geschlecht
   – Bilder von Weiblichkeit und Männlichkeit (H. Schlottau) 105
   – „Vorurteile" (J. Glatzel) 108
   – „Familienbilder"– Frauen, Männer, Söhne, Töchter in der Malerei
     der Aufklärung und des Biedermeier (Chr. Burbach) 110
   – „Wie im Kino..." – Arbeit mit Spielfilmszenen (M. Krämer) 129
   – Traumbilder und „Real Life" (H. Poggensee) 133
   – „Stronger" – Darstellung von Frauen und Männern in
     der Pop-Musik (A. Hoppler) 135
   – Schreckensbilder von Frauen in Leitungspositionen (Chr. Burbach) 137
   – Bilder und Vorurteile (K. Geiss-Rigoni) 142
   – „Dementi-Übung" – Wahrnehmung von Frauen und Männern (R. Rogall) . . 144

3. Geschlecht und Biographie
- Erzählwerkstatt (CHR. BURBACH) 146
- „Zufällig weiblich" – Biographischer Zugang zum Thema Sozialisation
  (B. GRONER-ZILLING) 149
- „Peter und Petra" (H. POGGENSEE) 151
- „Der Lebensgeschichte auf die Spur kommen" – Weibliche und
  männliche Identität (R. ROGALL) 153
- „Botschaften für das Leben" (A. HOPPLER) 155

4. Geschlecht und Interaktion
- Bedrohung und Belästigung – Erlebnisse von Mädchen und Jungen
  (H. SCHLOTTAU) 158
- Körpersprache und Sprachverhalten von Männern und Frauen
  (A. HOPPLER) 161
- „Vollkommen neutral?" – Frauen und Männer in den Printmedien
  (A. KORITTKO) 165
- „Typisch" – Interaktionen zwischen Männern und Frauen (A. KORITTKO) 167
- „Die lieben Kollegen" – Frauen und Männer am Arbeitsplatz
  (A. KORITTKO) 170

5. Veränderungen
- „Experiment Anne" (M. BARZ) 172
- „Korsett und Krawatte" (B. GRONER-ZILLING) 178
- „Alter Ego" oder „Erkenne den Anderen" (K. SCHÄFER) 182
- „Köpfe tauschen" (CHR. KOHRS) 184
- Die Zukunft der Familie Hinz – Ein Planspiel (D. GAUSE) 187
- Szenische Darstellung von Konflikten am Arbeitsplatz
  (CHR. BURBACH/W. WAGNER) 196

IV. Erfahrungen mit Gender-Trainings

1. Rückspiegel (W. WAGNER) 201

2. Zum Beispiel: Gender-Aspekte und Gender-Prozesse in der DEAE
   (P. HERRE) 211

V. Theorien der Geschlechterforschung

1. Geschlechter als kulturelle und soziale Konstrukte
   (H. SCHLOTTAU/K. WALDMANN) 227
2. Wie werden Frauen sozialisiert? – Tiefenpsychologische Studien
   aus weiblicher Perspektive (CHR. BURBACH) 242
3. Konstrukt „Männlichkeit" – Probleme der Jungensozialisation
   (B. DRÄGESTEIN) 254
4. Wie wird ein Mann ein Mann? –
   Sozialisation und Identität des Mannes in der Perspektive
   der Männerforschung (M. KRÄMER) 265

Autorinnenverzeichnis 277

Vorwort

Institutionen, Organisationen und Betriebe befinden sich seit einigen Jahren im Übergang von männlich orientierten Monokulturen zu geschlechtergemischten Arbeitswelten. Diese Übergangssituation enthält die Chance, neue Potenziale zu erschließen, neue Ziele zu entdecken und eine neue Kultur der Zusammenarbeit zu realisieren. Auf der anderen Seite bringt die Auflösung von gewohnten Strukturen und Rollenmustern auch Unsicherheiten und Probleme mit sich. Die daraus erwachsenden Konflikte müssen begriffen und bearbeitet werden, damit die neuen Potenziale und Ressourcen zum Zuge kommen können. Organisationen und Betriebe arbeiten erfolgreich, wenn sie die unterschiedlichen Sichtweisen, die Frauen und Männer eintragen, integrieren, das heißt: wenn sie die Stärken von Frauen und Männern nutzen, statt sie zu dominieren.

Es geht um *Fairness* im Miteinander von Männern und Frauen, und zum *Abenteuer* wird diese Fairness, wo die hergebrachten Männer- und Frauenbilder als Begrenzungen erkannt und angegangen werden. Was bleibt von den Geschlechter-Zuweisungen jenseits der Polarisierung? In früheren Zeiten prägte das biologische Geschlecht die Geschlechterverhältnisse – und hatte die Macht, zwischen Stark und Schwach, Drinnen und Draußen zu entscheiden. Heute erkennen wir, wie veränderbar das soziale Geschlecht ist. Diesen neuen Blickwinkel bezeichnet man als den *Gender*-Ansatz.

Gender-Trainings, -Seminare oder -Workshops dienen dazu, die Zusammenarbeit zwischen Frauen und Männern zu verbessern. Um dieses Globalziel zu erreichen, sind je nach Konstellation verschiedene Einzelziele anzustreben. Die Teilnehmenden sollen

- die Differenzen in der Wahrnehmung von Personen, Situationen und Beziehungen in der Gruppe oder am Arbeitsplatz erkennen
- unterschiedliche Sichtweisen über die eigene Position und die anderen Positionen am Arbeitsplatz, in der eigenen Organisation, im Betrieb, in der Gruppe wahrnehmen
- die eigene Organisation unter dem Gender-Aspekt analysieren
- Interaktionen zwischen Männern und Frauen erleben, analysieren und in ihrer Bedeutung für das eigene Selbstverständnis bewerten
- Theorien über männliche und weibliche Sozialisation kennen lernen
- sich die eigene Biographie und Sozialisation als Frau, als Mann bewusst machen
- Handlungsmöglichkeiten für eine gerechtere und vielfältigere Gestaltung der Geschlechterverhältnisse eröffnen.

Gender-Trainings wollen Lernprozesse in Gang bringen, ohne neue Normierungen zu bewirken. Die offenen oder verborgenen Abwehrstrategien gegenüber größerer Geschlechterdemokratie werden durch einen Gender-Workshop zwar nicht außer Kraft gesetzt; möglich ist es jedoch, Verhaltensweisen, Bilder und Vorstellungen bewusst zu machen, zu analysieren und gegebenenfalls Alternativen zu erarbeiten.

Das vorliegende Arbeitsbuch will die verschiedenen Gesichtspunkte bündeln und sie denen zur Verfügung stellen, die selbst Gender-Kurse durchführen oder Gender-Aspekte in ihre Bildungsarbeit oder Organisationsentwicklung einbringen wollen.

Daher stehen im Mittelpunkt des Buches (KAPITEL III, METHODISCHE BAUSTEINE FÜR GENDER-TRAININGS) *dreißig Vorschläge für Arbeitseinheiten*, praxiserprobt und bewährt, zum Kopieren oder zum Variieren, je nach Bedarf und Erfahrung. Wie Schalen legen sich um diesen Kern die weiteren Kapitel, die die Praxis in ihren theoretischen Kontext einbetten. KAPITEL II, INSTRUMENTE ZUR HERSTELLUNG VON GESCHLECHTERGERECHTIGKEIT, klärt grundsätzliche *Bedingungen und Prinzipien* von Gender-Trainings, während KAPITEL IV, ERFAHRUNGEN MIT GENDER-TRAININGS, *Konsequenzen und Wirkungen* reflektiert. Den Auftakt bilden beispielhafte Beobachtungen des *Ist-Zustands im Miteinander* zwischen Mann und Frau (KAPITEL I, TYPISCH MANN, TYPISCH FRAU – ROLLEN IN KOMMUNIKATION UND LEITUNG), während das Schlusskapitel vertiefend *Positionen der Gender-Forschung* vorstellt (KAPITEL V, THEORIEN DER GESCHLECHTERFORSCHUNG).

Da jedes Kapitel und sogar jeder Beitrag in sich geschlossen, vollständig und selbstständig ist, ist es der Leserin und dem Leser überlassen, je nach Interesse und Anlass die persönliche Lesereihenfolge zu wählen bzw. eine Auswahl zu treffen.

Die verschiedenen Autorinnen und Autoren dieses Buches sind nicht ein und demselben Ansatz zur Erklärung der Gender-Frage verpflichtet; sie kommen aus den verschiedensten Arbeitsbereichen, aus Hochschule, Jugendbildung und Männerarbeit, aus der Gender-Forschung, der Organisationsentwicklung, der Leitungsfort- und -weiterbildung, aus der Supervision und der Entwicklungshilfe und haben in ihrem jeweiligen Kontext die Notwendigkeit gesehen, sich mit Gender-Fragen und -trainings zu beschäftigen.

Häufig waren es bislang die Frauen, die die Geschlechterbeziehungen thematisierten. In dem vorliegenden Buch haben sowohl Männer als auch Frauen zu den verschiedenen Aspekten der Frauen-Männer-Beziehungen gearbeitet und Texte und Bausteine beigetragen.

Wir danken allen Autorinnen und Autoren für die gute Kooperation. Wir danken Frau Dr. Martina Steinkühler für das engagierte Lektorieren unseres Buchprojekts.

Wir wünschen dem Buch interessierte Leserinnen und Leser und hoffen auf diesem Wege, Trainerinnen und Trainer für das Anliegen der Geschlechtergerechtigkeit und -demokratie motivieren und für Gender-Trainings inspirieren zu können.

Die Herausgeberinnen

Typisch Mann, typisch Frau – Kommunikation und Leitung

1. Männliche und weibliche Interaktion

ALEXANDER KORITTKO

Jeder von uns ist ein einzigartiges Individuum, geprägt von Erfahrungen, die weit in unserer Kindheit zurückliegen, prädisponiert durch die genetischen Anlagen, die wir von unseren Eltern erhalten haben, und wir befinden uns in einem ständigen sozialen Lernprozess, der es uns erlaubt, neue Erfahrungen zu neuen Erkenntnissen zu verdichten. Die Art und Weise, wie wir uns in Alltagssituationen und in besonderen Stresssituationen verhalten, ist also nicht zufällig.

Die enorme Bandbreite an unterschiedlichen Verhaltensweisen, die zwischen Menschen vorkommen kann, ist auch innerhalb der unterschiedlichen Geschlechter anzutreffen: Nicht alle Frauen verhalten sich gleich und nicht alle Männer verhalten sich gleich. Dennoch stoßen Forscher*innen*, die sich mit dem Verhältnis der Geschlechter zueinander beschäftigen, immer wieder auf Gemeinsamkeiten im Verhalten von Männern und Gemeinsamkeiten im Verhalten von Frauen.

John Gray sieht in der historisch gewachsenen Rollenaufteilung zwischen Männern und Frauen den Grund für grundsätzlich unterschiedliche Verhaltensweisen (Gray, 1996). Vor langer Zeit hatten Männer die Aufgabe, als Ernährer und Beschützer (Jäger und Krieger) für das Überleben der Familie zu sorgen, die Frauen waren für das Haus und die Erziehung der Kinder sowie für die Pflege von sozialen Beziehungen im Allgemeinen zuständig. Diese Rollenverteilung ist heute passé. Frauen haben ihre Rollenbeschreibung erweitert: Sie sind ebenso in der Welt der Arbeit tätig wie in Haushalt und Familie – und sie sind überarbeitet. Andererseits scheint es, als hätten Männer ihre neue Stellenbeschreibung noch nicht entwickelt.

Evolutionsbedingte Missverständnisse ?

Obwohl wir uns in unserer modernen Zeit schon längst von den alten Rollen gelöst haben, scheinen die alten Verhaltensweisen dennoch ein fester Bestandteil unserer weiblichen und männlichen Überlebensmechanismen zu sein, besonders in Stresssituationen. Nach Gray sind Männer durch die Evolution so „programmiert", dass sie sich bei der Arbeit völlig verausgaben

(„jagen, bis sie das Wild erlegt haben"), erwarten dann die Anerkennung für vollbrachte Leistungen und wollen, wenn sie müde sind, nicht über ihre Probleme sprechen, sondern sich zurückziehen („in ihre Höhle gehen"). Solange es keine Probleme zu lösen gibt, geraten sie manchmal in einen merkwürdig hölzernen Kommunikations-Stil.

Man vergegenwärtige sich nur eine Szene aus dem Film „Rain Man"; da ist ein Paar auf der Fahrt ins romantische Wochenende:

Sie: Hör mal, ich will ja nicht zu viel verlangen, aber glaubst du, du könntest zehn oder zwölf Worte über die Lippen bringen, bevor wir ins Hotel gehen? Betrachte es als Vorspiel. Könntest du mich mit einem deiner Gedanken vertraut machen?

Er: Ich habe nur nachgedacht. Nichts Besonderes, ich denke nur nach.

Sie: Vielleicht befindet sich unter deinen Gedanken etwas, worüber wir reden könnten? Eine kleine Konversation?

Er: Wenn es was zu reden gäbe, würden wir darüber reden. Ich denke nur so vor mich hin. Aber was soll der Aufstand? Bloß weil ich ein bisschen nachdenklich bin?

Sie: Ich möchte nur das Gefühl haben, dass ich mit jemandem ein paar Tage verbringen werde.

Er: Okay. Du willst reden. Also reden wir. Wie war dein Tag?

Sie: Nein, so will ich nicht reden. Es ist nur, dass du mich von deinen Gedanken ausschließt.

Er: Es ist immer wieder das Gleiche. Immer kommen wir darauf zurück ... Du wolltest nach Palm Springs. Wir fahren nach Palm Springs.

Sie: Aber alleine wollte ich nicht dorthin.

Wenn Frauen mit jemandem reden wollen, dient dies in den meisten Situationen nicht der Lösung von Problemen, sondern der Versicherung von Beziehungen. In Stresssituationen scheinen Frauen sehr viel mehr davon abhängig zu sein, sich durch Kommunikation von ihren Sorgen zu befreien.

So entstehen typische Missverständnisse zwischen Männern und Frauen: Ein Mann und eine Frau sitzen zusammen und sprechen über ein Problem. Der Mann analysiert die zugrunde liegenden Daten und bietet eine Lösung des Problems an. Die Frau stimmt mit der Datenanalyse überein, meint aber, der Mann rede am Wesentlichen vorbei. Er fühlt sich nicht verstanden, weil er meint, dass sie seinen Versuch der Problemlösung nicht wertschätzt und zieht sich zurück. Sie fühlt sich nicht verstanden, weil er nur das Problem lösen will und damit die Kommunikation zwischen den beiden beenden will.

Während Männer häufig Reden als Aufforderung zum Problemlösen verstehen, benötigen Frauen häufig Reden über Probleme als eine gesunde Dosis Beziehung. In einer Untersuchung über Kommunikation in Arbeitsprozessen fand *Joe Tanenbaum* heraus, dass Frauen Teams als effektiv erleben, je mehr in den Teams gesprochen wird. Männer hingegen beurteilen ein Team umso effektiver, je weniger gesprochen „werden muss" (Tanenbaum, 1993).

Deutlicher werden die unterschiedlichen Erwartungen, die Männer und Frauen an das jeweils andere Geschlecht haben, wenn man sich die „Zurechtbiegerliste" vergegenwärtigt (Tanenbaum 1993, S. 54). Jede der beiden Seiten geht davon aus, dass das eigene Verhalten „richtig" sei, und dass die Welt weniger schwierig wäre, wenn das jeweils andere Geschlecht sich „genauso" verhalten würde. Dabei wird ignoriert,

- dass zwischen Männern und Frauen grundsätzlich Unterschiede bestehen
- dass Gleichberechtigung nur bedeuten kann, dass Männer und Frauen nicht wegen ihrer Unterschiede diskriminiert werden dürfen
- dass erst durch die Kombination der unterschiedlichen Verhaltensweisen und Fähigkeiten Männer und Frauen zu guten Teams werden können.

Der große Unterschied

Sozialpsychologische Forschungen der letzten dreißig Jahre haben deutlich gezeigt, dass eine grobe Aufteilung zwischen „kämpferischen, gefühlslosen Männern" einerseits und „emotionalen, aufopfernden Frauen" andererseits nicht zu halten ist. Wir haben erkannt, dass vieles, was früher als „typisch männlich" oder „typisch weiblich" galt, eher von sozialen Rollenerwartungen geprägt war, als dass diese Eigenschaften unveränderbar jeweils nur einem Geschlecht zuzuordnen sind.

Auf der Suche nach den dauerhaft erforschten und bestehenden Unterschieden zwischen Männern und Frauen ziehen *Tanenbaum* und *Gray* eine Forschungsdisziplin hinzu, die erst in letzter Zeit von sich reden gemacht hat: die *Hirnforschung*.

In Bezug auf Geschlechterunterschiede betonen beide Autoren unabhängig voneinander, dass die durchschnittliche Frau die linke, logik- und sprachorientierte Hälfte des Gehirns häufig parallel mit der rechten, gefühlsorientierten Hälfte benutzt, während der durchschnittliche Mann entweder die linke oder die rechte Hälfte aktiviert. Darüber hinaus ist bei der durchschnittlichen Frau die Verbindung zwischen den Hirnhälften (*Corpus Callosum*) wesentlich stärker ausgeprägt als beim durchschnittlichen Mann.

Damit lässt sich erklären, dass Frauen Stress-Situation meist verarbeiten, indem sie darüber reden, um ihre Gefühle und Gedanken zu ordnen (Datenautobahn zwischen rechter und linker Hirnhälfte aktivieren). In der gleichen Situation schweigen Männer eher und konzentrieren sich auf das Lösen des Problems (linke Hirnhälfte).

Schon Mädchen im Grundschulalter benutzen im Durchschnitt mehr Worte als gleichaltrige Jungen; bei ihnen ist das Gefühlszentrum und das Sprachzentrum schon durch Milliarden von neuralen Verbindungen miteinander gekoppelt. Jungen im Grundschulalter haben im Gegensatz dazu bessere räumliche Fähigkeiten entwickelt: zielen, werfen, laufen. Wenn Mädchen Hilfe brauchen, sind sie besser ausgestattet, zu kommunizieren. Wenn Jungen Hilfe brauchen, sind sie darauf programmiert, etwas zu tun.

Ein verblüffendes Forschungsergebnis unterstreicht diese These: Einjährige Mädchen und Jungen wurden von ihren Müttern getrennt. Sie konnten sie allerdings durch eine Glasscheibe sehen. Jungen und Mädchen reagierten bei diesem Experiment völlig unterschiedlich. Alle Jungen waren unglücklich, weil die Mütter sie nicht auf den Arm nahmen. Sie krabbelten auf die Mütter zu und versuchten die Glasscheibe zu erklimmen. Nach einer Weile nahmen die Mütter ihre Söhne zu sich. Auch die Mädchen waren unglücklich, weil sie nicht auf den Arm genommen wurden. Sie blieben jedoch sitzen, nahmen Blickkontakt zu den Müttern auf und sie weinten. Alle Jungen drückten ihre Gefühle durch Aktivität aus, während die Mädchen das Gleiche auf „verbalem" Wege taten.

Obwohl sich im Laufe der Entwicklung bei Jungen und bei Mädchen die Aktivitätszentren und die Kommunikationszentren gleich entwickeln, scheint doch der Unterschied in der Reihenfolge einen erheblichen Einfluss auf die unterschiedliche Kommunikation von Männern und Frauen zu haben.

Wenn Frauen ein starkes Gefühl, wie z.B. Wut, entwickeln, können sie zum gleichen Zeitpunkt darüber sprechen und darüber nachdenken, ohne schon eine Lösung parat zu haben. Sie wollen ihre Gefühle mitteilen und durch die Kommunikation mit anderen eine Lösung entwickeln.

Wenn Männer wütend sind, haben sie weniger den Drang darüber zu sprechen, als vielmehr den Drang, sich zurückzuziehen und in eine Form von Bewegung überzuwechseln, um ihre rechte Hirnhälfte in Gang zu bringen, mit deren Hilfe sie dann eine Lösung des Problems präsentieren können. Moderne Formen eines solchen Rückzuges sind Sport, Kino, Fernsehen. Männer, die sich nicht zurückziehen, lösen ihre Probleme impulsiv, ohne zu denken. Weltweit sind neunzig Prozent aller Gefängnisinsassen Männer...

Während also Frauen Gefühle dadurch verarbeiten und analysieren, dass sie darüber reden und so eine Lösung finden, brauchen Männer vorübergehend Abstand zu ihren Gefühlen, um sich zu beruhigen, nachzudenken und zu einer Lösung zu gelangen. Der folgende Dialog erfährt durch diese Betrachtungsweise eine völlig neue Bedeutung:

Sie: Ich glaube, du bist jetzt völlig durchgedreht. Seit einer Woche wartet der Chef auf die Zahlen vom Januar. Ich habe meine Aufstellungen vollständig gemacht und komme nicht weiter, weil dein Bericht nicht fertig wird. Du hast dich die ganze Woche mit der Organisation deines blöden Betriebsausflugs beschäftigt und erwartest jetzt von mir, dass ich deinen Bericht auch noch mache. Das ist doch absoluter Mist.

Er: Nun reg' dich doch nicht so auf. Außerdem finde ich das ganz schön hinterhältig, dass du erst nach einer Woche damit ankommst und jetzt plötzlich von mir verlangst, dass ich alles stehen und liegen lasse. (wird sauer) Können wir das nicht in Ruhe besprechen?

Sie: Nein, du Schmarotzer.

Er: So hat es ja überhaupt keinen Zweck. (geht raus)

Sie: (durch die halboffene Tür) Typisch Mann, wenn man ihn zur Rede stellt kneift er. Bleib hier, wenn ich mit dir rede!

Er: (geht nach draußen, raucht eine Zigarette) Blöde Kuh.

Sie: (wirft vor Wut die Teilnahme-Liste für den Betriebsausflug in den Papierkorb) Alter Hammel.

Während sie ihre Gefühle ausdrückt, geht er in seine Höhle. Während er Abstand benötigt, um über ein Problem nachzudenken, fühlt sie sich im Stich gelassen und unverstanden. Er hat Probleme damit, mit ihren Gefühlen direkt umzugehen; sie hat Probleme damit, ihm eine Umschaltpause zu gönnen.

Zum Verständnis weiblicher und männlicher Kommunikation reicht eine Orientierung an den Ergebnissen der Hirnforschung allein jedoch nicht aus. Der Mensch ist ein evolutionäres Wesen, der sein Verhalten ständig ändert. Seine biologischen Grundlagen bilden ein Geflecht mit sozialen und psychologischen Bedingungen (Kasten, 1996).

Rollenbilder und Rollenerwartung

Deborah Tannen hat die Sprachmuster von Männern und Frauen, vor allem aber die zwischen Männern und Frauen analysiert und ist zu eindeutigen Ergebnissen gelangt (Tannen, 1997). Sie hat nachgewiesen, dass Männer und Frauen in der Arbeitswelt nicht nach Sachkompetenz, Erfolgen und unbestrittenen Fähigkeiten beurteilt werden, sondern nach Geschlechtsstereotypen. Männer und Frauen, die nicht den Rollenerwartungen entsprechen, sind unbeliebt.

So könnte das obige Beispiel aus der Sicht eines Mannes auch dahingehend ausgelegt werden, dass die Frau ein „pseudo-männliches" Verhalten zeigt und den Mann dominieren will. Dem entzieht er sich. Hätte ein Mann es abgelehnt, die Aufgabe einer Frau zu erledigen, während sie den Betriebsausflug organisiert, wäre das ablehnende Verhalten vielleicht als angemessen beurteilt worden. Aus weiblicher Sicht (getreu den Erwartungen an Frauen) könnte man auch zu dem Schluss gelangen, dass die Frau eben zu wenig ihre „Weiblichkeit" ins Spiel gebracht hat und unangemessen direkt ihren Ärger gezeigt hat.

In vielen unterschiedlichen Kontexten stellte Tannen fest, dass Männer es für angebracht halten, auf ihre Autorität aufmerksam zu machen und sich Mühe geben, Menschen in übergeordneten Positionen nicht zu kränken, während Frauen eher dazu neigen, ihre Autorität herunterzuspielen und es vermeiden wollen, Menschen in untergeordneten Positionen zu verletzen. So erklärt sie sich auch, warum Männer einen direkten, konfrontativen

Gesprächsstil bevorzugen, während Frauen eher indirekt etwas mitteilen und Konfrontationen vermeiden.

Gesprächs- und Verhandlungsstile können aber nicht nur aus einer Geschlechtsperspektive betrachtet werden, sondern haben auch kulturelle Aspekte. Während in der westlichen Welt ein direkter und verbaler Stil mit Erfolg und Durchsetzungsvermögen in Verbindung gebracht wird, gilt er z.B. in Japan als Ausdruck von unsensiblen und ungehobelten Menschen und typisch für den Dialog mit Kindern, die noch vollständige und direkte Botschaften benötigen. Von einem Erwachsenen wird erwartet, dass er aus Respekt vor dem Gegenüber auch indirekte, subtile, nonverbale Botschaften verstehen wird.

Was in Japan als Stärke gilt, wird in unserem Kulturkreis von den meisten Männern als weibliche Schwäche angesehen. *Raimund Erger* und *Manfred Molling* stellen in Supervisionsprozessen mit gemischt-geschlechtlichen Arbeitsteams immer wieder fest, dass die Frauen von den Männern als „sehr emotional", „wenig konfliktfähig" und „wenig klar" beschrieben werden, mal abwertend und mal als angemessene Ergänzung ihrer männlichen Sachlichkeit. Aus Sicht der Frauen sind die Männer „verschlossen" (sie benutzen Indirektheit bei Gefühlen, Irrtümern und Problemen) und in ihrer traditionellen Männerrolle verhaftet (Erger & Molling, 1991).

1998 stellte der Geschäftsführer der evangelischen Männerarbeit eine Studie über das Rollenbild der Männer vor; befragt wurden 1200 Männer und 800 Frauen. Laut dieser Studie haben zwar viele Männer erkannt, dass die patriarchale Leistungsideologie überholt sei und eine Zuwendung zu „mehr Innerlichkeit" dringend geboten ist, aber nur ca. zwanzig Prozent repräsentierten den „neuen Mann". Am höchsten war mit 37 Prozent der Anteil der „verunsicherten Männer." (Zulehner, 1998)

Mütter, Jungen und Mädchen – und Väter

Bei der Frage nach den Einflüssen von familiären Erziehungsmustern auf die Weitergabe der tradierten Rollenmuster stellt *Ursula Nuber* übereinstimmende Antworten bei feministischen Wissenschaftlerinnen und Autoren so genannter Männerliteratur fest (Nuber, 1994).

Die Wurzel liegt in der frühen Mutter-Kind-Beziehung: Mädchen werden ermuntert, die Nähe zur Mutter aufrecht zu erhalten, Jungen sollen die Trennung von der Mutter vollziehen, um ihre männliche Identität zu finden. Väter sind häufig abwesend, sodass die Söhne lernen, dass Männlichkeit bedeutet, nicht weiblich zu sein. Der Familientherapeut *Frank Pittman* beschreibt, wie Jungen, denen ein väterliches Vorbild fehlt, eine Karikatur von Männlichkeit entwickeln (Pittmann, 1996).

Die Jungen vermeiden laut Pittmann die Wiederholung des einmal erlebten Trennungsschmerzes durch die Entwicklung einer sicheren Distanz, Intimität wird zur Bedrohung. Mädchen fühlen sich wohl in der aufrecht erhaltenen Beziehung und erleben den möglichen Verlust enger Zugehörigkeit als Bedrohung. So entstehen die Bilder des „autonomen" Mannes (Tarzan, der Herr des Dschungels) und der „bindungsfähigen" Frau (die zu sehr liebt). Für eine gesunde psychische Entwicklung benötigen Frauen ebenso wie Männer eine Balance von Bindungsfähigkeit und Unabhängigkeit.

Ursula Nuber meint, dass Männer dazu Frauen brauchen, die sich in ihren Kampf gegen Verlustangst einfühlen können, und dass Frauen Männer brauchen, die das ganze Ausmaß erkennen, in dem gesellschaftliche Strukturen und auch einzelne Männer das Selbstbewusstsein der Frauen aushöhlen.

Lernziel: Gender-Sensibilität

Ob es nun an unterschiedlichen neurologischen Strukturen liegt, an historisch gewachsenen und sich verändernden Rollenbildern, an unterschiedlichen Erziehungs- und Sozialisationsmustern oder an unterschiedlichen Rollenerwartungen – oder einer Kombination aller Faktoren: Männer und Frauen verhalten sich unterschiedlich.

„Die Schwierigkeiten, die der Zusammenprall der beiden unterschiedlichen Geschlechter mit sich bringt, werden dadurch vergrößert, dass sich weder Männer noch Frauen über die Existenz der Unterschiede im klaren sind." (Henning & Jardim, zit. nach Erger & Molling, S. 135)

Bei der Auseinandersetzung mit der Interaktion zwischen Frauen und Männern scheint es erforderlich, als *ersten Schritt* anstelle einer Orientierung an Feindbildern („Ihr seid sowieso alle gegen uns") bzw. zugunsten neutraler Androgynität („Wir sind alle gleich") Sensibilität für die Unterschiede zwischen den Geschlechtern und den Auswirkungen davon zu entwickeln (Gender-Sensibilität). Dies beinhaltet auch eine Abkehr von starren Rollenerwartungen dem jeweils anderen gegenüber und festgelegten Rollenbildern gegenüber sich selbst.

Veränderungen sind in einem *zweiten Schritt* dann wahrscheinlicher, wenn Männer aufhören, Frauen nach ihren Maßstäben verändern zu wollen und wenn Frauen nicht mehr versuchen, Männer nach ihren Bedürfnissen zu formen.

So können in einem *dritten Schritt* Frauen und Männer ihr Verhaltens- und Kommunikationsrepertoire nach eigenem Ermessen erweitern und durch Annäherung und Ergänzung zu guten Teams werden.

Auf diesem Weg scheinen die Frauen – und das ist ein weiterer Unterschied, der einen Unterschied macht – den Männern in den letzten Jahren schon einige Schritte voraus zu sein.

Literatur

Erger, Raimund & Manfred Molling: Der kleine Unterschied. Frauen und Männer in Supervision, Hille 1991.

Gray, John: Mars, Venus und Partnerschaft. München 1996.

Kasten, Hartmut: Weiblich – männlich. Geschlechterrollen und ihre Entwicklung. Berlin, Heidelberg, New York 1996.

Nuber, Ursula: Wir singen dasselbe Lied mit unterschiedlichen Stimmen. in: Psychologie Heute, Januar 1994, S. 26–28.

Pittman, Frank: Warum Söhne ihre Väter brauchen. München 1996.

Tanenbaum, Joe, Mann und Frau oder der große Unterschied. Bergisch Gladbach 1993.

Tannen, Deborah: Job Talk. Wie Frauen und Männer am Arbeitsplatz miteinander reden. München 1997.

Zulehner, Paul M./Volz, Rainer: Männer im Aufbruch – Wie Deutschlands Männer sich selbst und wie Frauen sie sehen. Männerarbeit der Evangelischen und der Katholischen Kirche Deutschlands, 1998.

2. FrauenKommunikation

Dem Geschlechtsspezifischen auf die Spur kommen

RENATE ROGALL

Die Frage, wie sich Kommunikation zwischen Frauen und Männern in Alltag und Beruf vollzieht, gewinnt zunehmend an Bedeutung. Dabei geht das Interesse an der Erforschung dieser Frage stärker von Frauen als von Männern aus. Die Art und Weise, wie miteinander kommuniziert wird, ist nicht geschlechtsneutral. Unsere Sprache ist, so lautet eine verbreitete These, weitgehend eine „Männersprache". Dabei werden die Muster und Stile, nach denen Kommunikation abläuft, von Frauen und Männern unterschiedlich gestaltet.

Es gibt eine Reihe von Untersuchungen zu dieser Thematik. Im deutschsprachigen Raum sind Untersuchungen zunächst vor allem bei studentischen Gruppen durchgeführt worden (z.B. Kotthoff 1984, Schmidt 1988). Darüber hinaus gibt es auch Untersuchungen im Bereich der Erwachsenenbildung (Edding 1983, Derichs-Kunstmann 1996). Aus dem amerikanischen Bereich sind vor allem die Arbeiten von *Deborah Tannen* zu nennen (dt. 1991, 1997, 1999).

Es ist aufschlussreich, zunächst das sprachliche Verhalten von Frauen und ihre Körpersprache im Kommunikationsvorgang gesondert zu betrachten. In beiden Bereichen gibt es Erkenntnisse und Einsichten bezüglich gewisser Grundtendenzen, die einen breiten Konsens gefunden haben. Ein *Gesamtmodell der Kommunikation*, wie *Friedemann Schulz von Thun* es präsentiert, kann abschließend für die Wahrnehmung von Differenzen zwischen Frauen und Männern in kommunikativen Situationen sensibilisieren und zur bewussten Reflexion des eigenen und fremden Kommunikations- und Interaktionsverhaltens anregen.

Frauen und ihr sprachliches Verhalten

Für *Deborah Tannen* ist Kommunikation zwischen Männern und Frauen ein „dauernder Drahtseilakt, bei dem die Geschlechter mit widersprüchlichen

Bedürfnissen nach Intimität und Unabhängigkeit jonglieren müssen. Um in dieser Welt zu überleben, müssen wir in Übereinstimmung mit anderen handeln, aber um in dieser Welt als wir selbst und nicht nur als Rädchen im Getriebe zu überleben, müssen wir auch eigenständig handeln" (Tannen 1991, S. 23).

(1) *Beziehungssprache versus Berichtssprache.* Tannen vertritt die These, dass Frauen und Männer unterschiedliche Sprachen sprechen. Männer verwenden eher eine „Berichtssprache", d.h., sie sprechen *öffentlich orientiert*. Für Männer sind Gespräche Wettkämpfe um Bewahrung von Unabhängigkeit und Vermeidung von Niederlagen. Es geht um Statusaushandlungen. Die Sprache der Frauen bezeichnet sie als „Beziehungssprache", die mehr *privat ausgerichtet* ist. Für Frauen sind Gespräche Verhandlungen um Nähe. Es geht darum, Bestätigung zu geben und zu erhalten sowie Übereinstimmung zu erzielen (Vgl. Tannen 1991, S. 78f.).

Hintergrund für die verschiedenen Sprachen sind nach Tannen unterschiedliche Weltbilder. Männer betrachten die Welt als hierarchisch-soziale Ordnung. Frauen dagegen nehmen die Welt wahr als ein „Netzwerk zwischenmenschlicher Bindungen ... So gesehen ist das Leben eine Gemeinschaft, ein Kampf um die Bewahrung der Intimität und die Vermeidung von Isolation" (Tannen 1991, S. 20).

Diese Weltbilder werden durch die jeweilige geschlechtsspezifische Sozialisation entwickelt. Die unterschiedlichen Sprachen, die Unterschiede im Sprachverhalten und die spezifischen Sprechweisen von Männern und Frauen haben auf die Kommunikation einen großen Einfluss.

(2) *Kooperativer, unterstützender Gesprächsstil.* Frauen schaffen durch ihre Redebeiträge zwischenmenschliche Beziehungen und zeigen damit eine hohe kommunikative Kompetenz. Sie gehen in Gesprächen auf andere Personen ein, stimmen öfter zu als Männer und nicken häufiger. Sie stellen mehr Fragen, nehmen Anteil und beziehen sich auf Vorheriges. Sie sorgen dafür, dass andere zum Sprechen kommen. Damit halten sie ein Gespräch aufrecht. Solch ein Gesprächsstil trägt dazu bei, im Gespräch ein Thema gemeinsam zu entwickeln. Frauen sorgen dafür, dass die am Gespräch Teilnehmenden beim Thema bleiben, und sie formulieren unterschiedliche Ansichten. Die Sprachforscherin *Senta Trömel-Plötz* sagt zu diesem unterstützenden Sprachverhalten, dass Frauen die Gesprächsarbeit leisten (Trömel-Plötz 1984, S. 61ff., vgl. auch Meyer 1993, S. 168).

In gemischtgeschlechtlichen Gruppen können Frauen durch diesen Gesprächsstil Nachteile entstehen. Sie haben auf Grund ihres Verhaltens weniger Möglichkeiten, auf die Entwicklung eines Gespräches nachhaltig Einfluss zu nehmen.

(3) *Tendenz zu vorsichtiger Ausdrucksweise.* Frauen haben die Tendenz, häufiger als Männer einschränkende Wendungen in ihren Aussagen zu benutzen. Zum Beispiel:

- „eigentlich, vielleicht, ein bisschen, scheinbar, etwa, ungefähr, vermutlich
- ich glaube, ich denke, ich meine
- ich würde meinen, ich möchte behaupten, ich würde sagen
- man könnte sagen, man würde sagen
- mein Eindruck ist..., könnte es nicht sein, dass...
- ich überlege, ob..., es scheint mir, dass..." (Schlüter 1998, S. 51).

Außerdem benutzen Frauen

- „häufig Frageintonation bei Deklarativsätzen
- Umgehungen, wo sie nicht angebracht sind, d.h., sie schränken die Sicherheit, mit der sie etwas sagen, ein, obwohl sie sicher sind und der Hörer nicht geschützt werden muss, z.B. ..., ich glaube, ich habe das vergessen
- Frauen benutzen mehr ‚talk questions', d.h., Sätze mit *nicht wahr*, und schränken damit die Gültigkeit ihrer Behauptungen ein" (Trömel-Plötz 1982, S. 135).

Aus den beschriebenen Wendungen können leicht Unsicherheit, Unverbindlichkeit oder Unbestimmtheit herausgehört werden. Die Benutzung solcher Formulierungen schwächt jedenfalls die einzelnen Aussagen ab. Dadurch wird die Sicherheit, mit der etwas gesagt wird, eingeschränkt. Deshalb kann leicht der Eindruck entstehen, als ob sich Frauen zurücknehmen wollten.

Als Ergebnis ist jedenfalls festzuhalten, dass Frauen dazu neigen, eine vorsichtigere Ausdrucksweise zu wählen als Männer. Frauen „schrecken" eher davor zurück, eine klare, eindeutige Ausdrucksweise zu benutzen. Dies Verhalten hat Auswirkungen auf das Gegenüber. Von der Art und Weise des Sprechens hängt es weitgehend ab, ob ein Gesprächsbeitrag beachtet, aufgenommen oder übersehen wird. So kommt es leicht dazu, dass das, was Frauen sagen, faktisch kein Gewicht hat.

(4) *Frauen und ihre Beachtung im Gespräch.* Beobachtungen haben erkennen lassen, dass in der *Interaktion* Rederechte und Redemöglichkeiten zwischen Frauen und Männern ungleich verteilt sind. Frauen ergreifen weniger oft das Wort. Männer reden deutlich mehr als Frauen. Frauen zeichnen sich durch kürzere Redebeiträge aus. Sie führen mehr Themen ein als Männer, aber bringen weniger Gesprächsthemen zu Ende.

Die Gesprächsbeiträge von Frauen finden in der Regel weniger Beachtung als die von Männern. Dabei ist es bemerkenswert, dass auch Frauen selber die Beiträge von Frauen weniger beachten. Weiterhin ist festzustellen, dass Frauen in Kommunikationssituationen weniger direkt angesprochen werden als Männer (Vgl. Schlüter 1998, S. 53).

Untersuchungen haben weiterhin gezeigt, dass bei gleichen Sprechzeiten Frauen fünfmal häufiger unterbrochen werden als Männer. Frauen unterbrechen Männer fast nie. Allerdings unterbrechen Frauen wiederum Frauen (Meyer 1993, S. 169 unter Bezug auf Metz-Göckel). Gesprächsbeiträge von

Frauen werden offenbar als weniger kompetent angesehen. Dieses ist unabhängig vom Status der Frauen. Es gibt in diesem Zusammenhang so etwas wie einen Männerbonus. Frauen haben es schwerer, gehört zu werden und ihre Themen einzubringen. Ein weiteres Experiment hat gezeigt: Wenn Frauen Vorschläge und Ideen in Gruppen einbringen und diese auch vertreten, werden diese weitaus schlechter eingeschätzt als die Vorschläge und Ideen von Männern. Bei Gruppenentscheidungen haben Frauen mit ihrer vorgebrachten Meinung offensichtlich weniger Einfluss als Männer mit ihren Voten (Vgl. Meyer 1993, S. 169).

Überdies werden Frauen in Diskussionen mit Männern weitaus weniger als Redende *wahrgenommen*, als es dem tatsächlichen Ausmaß ihres Redens entspricht. Als Partnerinnen für eine Zusammenarbeit schließlich werden sie weniger gewünscht als Männer.

Diese Ergebnisse machen deutlich, dass zumindest in einer geschlechtsgemischten Gruppe das Geschlecht eines Gruppenmitgliedes den Einfluss wesentlich mitbestimmt, den es auf die Entscheidungsprozesse ausübt. In Alltagssituationen, in Gruppen und Gremien sowie in beruflichen Situationen, in denen Frauen und Männer miteinander reden, ist es darum noch lange nicht dasselbe, wenn beide das Gleiche sagen. Vielmehr ergibt sich auf Grund der referierten Beobachtungen der Schluss: „Geschlecht' ist ein sozialer Platzanweiser, der Frauen und Männern ihren Ort in der Gesellschaft, ihren Status, ihre Lebenschance zuweist" (Derichs-Kunstmann/ Müthing 1993, S. 12).

(5) *Frauen setzen andere Schwerpunkte.* Frauen legen bei Themen mehr Wert auf Anwendung. Sie sind nicht so sehr an dem Austausch von Wissen interessiert, sondern fragen mehr nach dem *Gebrauchswert* für die eigene Lebenssituation. Untersuchungen haben gezeigt, dass die Themen, die in Frauen- bzw. Männergruppen bearbeitet werden, gravierende Unterschiede aufzeigen. In Frauengruppen ging es hauptsächlich um Themen, die mit Gefühlen, Familie und Beziehungen zu tun haben. In Männergruppen lag dagegen der Schwerpunkt bei Leistung, Wettbewerb und Aggressionen (Vgl. Derichs-Kunstmann/Müthing 1993, S. 14). Im Gespräch betonen Frauen mehr die Beziehungsebene, Männer sind stärker sachorientiert. Frauen schaffen durch ihren Kommunikationsstil Beziehungen – eine Stärke, die in der Öffentlichkeit zu wenig Beachtung findet –, Männer hingegen laufen Gefahr, Beziehungen zu ignorieren.

Frauen nehmen in Gesprächen unterschiedliche Ansichten und Positionen anderer Personen wahr und tragen dazu bei, dass diese aufgenommen und weiter bedacht werden. Durch diese Art des Verhaltens von Frauen im Gespräch werden Männer verunsichert, weil sie damit von ihrer Sachorientierung abgebracht werden. Sie versuchen die Beiträge zu „neutralisieren", indem sie diese ignorieren bzw. sich distanziert dazu verhalten. Damit schützen sie sich davor, ihr Selbstwertgefühl von der Anerkennung ihrer Beiträge abhängig zu machen. Diese Vorgehensweise trägt dazu bei, sich besser durchzusetzen.

(6) *Problemlösungsstrategien.* Berichte aus der Praxis zeigen, dass bei der Lösung von Problemen es für Frauen wichtig ist, dass das Thema ausführlich dargestellt wird. Männer legen eher Wert darauf, dass sie ihre eigene Meinung zum Thema einbringen bzw. zu ihrem Standpunkt befragt werden. Frauen tendieren dazu, die eigene Meinung zurückzustellen. Bei der Analyse von Problemen gehen sie mehr in die Breite. Um die beste Lösung zu finden, wird das Problem möglichst in seiner ganzen Komplexität gesehen. Im Vordergrund steht der Prozess der Lösungsfindung. Bei Männern dagegen geht es darum, den Kernpunkt zu finden und möglichst schnell zu einer Lösung zu kommen. Das Ergebnis steht bei ihnen im Vordergrund. Untersuchungen zeigen weiterhin, dass Frauen zu besseren und kreativeren Lösungen finden. Es wird die Vermutung geäußert, dass es durch das soziale Verhalten der Frauen zu diesem Ergebnis kommt.

Karin Derichs-Kunstmann und *Brigitte Müthing* fassen das unterschiedliche Kommunikationsverhalten von Frauen und Männern mit folgenden Gegensatzpaaren zusammen:

- „Autonomie versus Bindung,
- Kontextorientierung versus Abgrenzung,
- kommunikative Orientierung versus Selbstdarstellung,
- kooperative Orientierung versus Konkurrenzverhalten" (1993, S. 15).

Barbara Schlüter stellt zum unterschiedlichen Gesprächsverhalten von Frauen und Männern fest: „Die Frauen geben explizite Unterstützung, indirekte Komplimente, positive Bewertungen an den Mann, er erwidert sie nicht; anstatt dessen modifiziert, korrigiert er, bringt er Einwände, gibt er zu bedenken und weiß natürlich die ‚objektive Wahrheit'" (1998, S. 62 mit Bezug auf Trömel-Plötz).

Körpersprache

Die Kommunikation vollzieht sich nicht nur auf der sprachlichen Ebene, sondern auch nicht-sprachliche Signale wie die Haltung, der Gesichtsausdruck oder Gesten transportieren Informationen. „Nach einer Schätzung von Wissenschaftlerinnen und Wissenschaftlern laufen nur 35% der menschlichen Kontakte verbal – über die Sprache – ab und 65% nonverbal. Nach einer anderen Untersuchung sollen die nonverbalen Mitteilungen in sozialen Situationen viermal soviel Gewicht haben wie die verbalen Mitteilungen" (Schlüter, S. 13). Demnach sagen Blicke, Gestik, Stimmqualität, Kleidung, Distanzverhalten usw. mehr über einen Menschen aus, als das, was er tatsächlich formuliert. Wenn Menschen sich begegnen, dann kommunizieren sie, auch wenn sie schweigen.

(1) *Spezifisch und viel sagend. Gitta Mühlen Achs* nennt die Körpersprache eine Beziehungssprache und betont ihre Bedeutung für die *horizontale Beziehungsebene*, „in der emotional kommuniziert wird", wie für *vertikale Strukturen*, „in denen auf der Basis von Macht- und/oder Statusunterschieden kommuniziert wird" (Mühlen Achs 1995, S. 54). Die Körpersprache wird in der frühkindlichen Entwicklung durch den unterschiedlichen Sozialisierungsprozess für Mädchen und Jungen gelernt und verinnerlicht. „Ausgangspunkt und Grundlage für die Zuschreibung von Weiblichkeit und Männlichkeit ist in der Sicht der neuen Theorien nicht die Natur, der ‚natürliche' Körper, sondern vielmehr die herrschenden kulturellen Vorstellungen und Erwartungen, also Gender" (Mühlen Achs 1995, S. 25f.)

Vorbilder aus dem Erfahrungshorizont der Kinder sowie Verhaltensmuster der Umwelt übermitteln einen bestimmten Anwendungs- und Interpretationskodex körpersprachlicher Zeichen; Unterschiede zwischen Männlich und Weiblich, Gleichrangig und Ungleichrangig werden auch in diesem Bereich früh definiert. In der Erwachsenenwelt wird Körpersprache – meistens unbewusst – *gelesen*. Die jeweilige Lesart hängt dabei vom Kontext ab und steht im Zusammenhang mit verbalen Botschaften. „So kann ein Lächeln z.B. als Zeichen des freundlichen Entgegenkommens oder der distanzierenden Zurückweisung gemeint sein, aber auch als ‚huldvolle' oder ironische Hoheitsgeste ... interpretiert werden. Entscheidend für eine ‚endgültige' Feststellung der Bedeutung körpersprachlicher Zeichen sind letztlich also soziale Informationen" (Mühlen Achs 1995, S. 54).

(2) *Weiblich – männlich.* Anhand der Analyse von 2000 Bildern aus Illustrierten, der Werbung, aus Tageszeitungen und Katalogen macht *Mühlen Achs* deutlich, dass „Weiblichkeit weitgehend durch kindliche Verhaltensmuster dargestellt wird, die ursprünglich deren relative Schwäche, Schutzbedürftigkeit und mangelndes Selbstbewusstsein zum Ausdruck bringen. Männlichkeit andererseits wird durch Zeichen der Autonomie und Unabhängigkeit ausgedrückt und in der Interaktion mit Frauen durch die symbolische Übernahme elterlicher, d.h. beschützender, belehrender, führender und bevormundender Funktionen" (Mühlen Achs 1998, S. 43). Zur exemplarischen Verdeutlichung der unterschiedlichen Körpersprache von Frauen und Männern sollen hier die beiden Einzelphänomene *körperliche Präsenz* und *Stimmführung* genauer betrachtet werden (Vgl. dazu Mühlen Achs 1998, Schreyögg 1997, Wex 1979).

Von Kindheit an lernen Mädchen und Jungen in unterschiedlicher Weise *Raum* für sich in Anspruch zu nehmen. Während Mädchen mit wenig Raum auskommen, werden Jungen angeregt, auch Räume außerhalb der Wohnung in Anspruch zu nehmen. Es ist zu beobachten, dass Jungen in der Öffentlichkeit (z.B. auf dem Spielplatz und auf öffentlichen Plätzen) mehr Platz beanspruchen als Mädchen. Dieses gelernte Verhalten setzt sich im Erwachsenenalter fort.

Durch unterschiedliche Körperhaltungen, die Körpergröße und durch die Art des Betretens von Räumen wird die unterschiedliche „Raumergreifung" sichtbar. Männer haben eine aufrechte, beherrschte und gelassen wirkende Körperhaltung, sie stehen breitbeinig und fest auf dem Boden verankert oder haben eine bequeme „Spiel-Standbein-Haltung".

Die Körperhaltung der Frauen ist eher schmal, eng und in sich geschlossen. Frauen sitzen meist mit zusammengehaltenen Beinen, die Fußspitzen zeigen nach innen, die Arme werden eng am Körper gehalten, und die Hände liegen oft im Schoß. Sie beanspruchen beim Sitzen weniger Platz. Sie sitzen eher verkrampft und nehmen nur einen Teil der Sitzfläche ein. Diese Art des Sitzens wirkt unsicher, verlegen oder als „Auf-dem-Sprung-sein". Männer verhalten sich dagegen anders. Sie erobern ihre Sitzflächen mit größerer Selbstverständlichkeit. Dieses ist z.B. in öffentlichen Verkehrsmitteln leicht zu beobachten. Im Flugzeug beanspruchen sie in der Regel wie selbstverständlich die Armlehnen. In Gruppen verstärken sich diese unterschiedlichen Körperhaltungen. Frauen werden in der Anwesenheit von Männern in ihrer Körpersprache eher noch geschlossener. Männer dagegen sind in der Gruppe eher noch raumgreifender in ihrer Körpersprache (Vgl. Schlüter, S. 18).

Ein weiterer Aspekt ist die Körpergröße. In unserer Gesellschaft haben Männer größer zu sein als Frauen. Von einem „idealen Paar" wird erwartet, dass der Mann größer ist als die Frau. Ist dies nicht der Fall, dann braucht der Mann andere Attribute, durch die er „hervorragt", z.B. Geld oder Einfluss.

Das Schieflegen des Kopfes bei Frauen ist ein typisches Unterwerfungsritual. „Der schiefgelegte Kopf ist ... ein klassisches Symbol der Demut, der stilisierte Ausdruck von Liebenswürdigkeit und im sozialen Umgang ein probates Mittel der Beschwichtigung ... Männer halten ihre Köpfe in der Regel ebenso ‚halsstarrig' gerade wie ihre Körper" (Mühlen Achs 1998, S. 64 und S. 66).

Im beruflichen Alltag spielt die körperliche Distanz eine Rolle. Während die übergeordneten Personen entscheiden können, welche Distanz sie einnehmen wollen, müssen die untergeordneten Personen sie einhalten. So kann ein Vorgesetzter z.B. einer Mitarbeiterin anerkennend auf die Schulter klopfen. Das umgekehrte Verhalten würde eine Distanzverletzung darstellen.

Neben der körperlichen Präsenz kommt dem *stimmlichen Ausdruck* einer Person große Bedeutung zu. Frauenstimmen habe eine höhere Tonlage und eine größere Modulationsbreite als männliche Stimmen. Aufgrund der Stimme und des stimmlichen Verhaltens kann eine Person geschlechtlich zugeordnet werden. Mit dieser Zuordnung ist auch eine Bewertung verbunden. Frauen werden durch ihr stimmliches Verhalten als schwächer, emotionaler, weniger zuverlässig wahrgenommen. Die männliche Stimme dagegen wird als dominant, aggressiv, kompetent und voller Autorität empfunden. *Friedel Schreyögg* berichtet über eine Untersuchung der Klangfarben von Frauenstimmen in Rundfunk und Fernsehen: Da heißt es, „dass selbst über die bevorzugten tiefen Tonlagen bei Frauen Weiblichkeitskli-schees vermittelt werden. Die warme tiefe Stimme bringt ‚mit dunklem Klang Gefühlstiefe zum Ausdruck; ist die Stimme zudem weich und melodiös, dann aktiviert sie Stereotype von Güte und Mitgefühl. Das warme Timbre bei eher leiser, tiefer Stimme steht für Bescheidenheit, Opferbereitschaft und Begeisterungsfähigkeit'" (Schreyögg, S. 13 unter Bezug auf Slembek). Ton-schwankungen, die eine Stimme emotional wirken lassen, sind vor allem bei Frauen zu finden, wogegen die männliche Stimme eher stark und bestimmt klingt. Die Wahrnehmung und die Bewertung einer Stimme ist zwar kein bewusster Vorgang, hat aber weit reichende Konsequenzen; denn daraus folgt, dass Frauen Schwierigkeiten haben, sich Gehör zu verschaffen.

Offensichtlich ist es so, dass „weibliche" und „männliche" Körperspra-chen als ungleichwertig wahrgenommen werden. Es zeigt sich, dass durch Körpersprache die Geschlechtshierarchie gestützt wird. Die männliche Art der Darstellung zeigt die Merkmale, die das gesellschaftliche Bild von Männlichkeit prägen – selbstbewusst, stark, autonom, robust und wettbe-werbsorientiert – , während die weibliche Art der Darstellung an den typi-schen weiblichen Merkmalen orientiert ist: Emotionalität, Beziehungsorien-tiertheit, Einfühlungsvermögen und Bereitschaft zur Selbstaufgabe (Mühlen Achs 1998, S. 40). Das bedeutet, dass die Möglichkeit von Frauen, Macht zu übernehmen oder sich mächtig zu fühlen, durch die Körpersprache deutlich eingeschränkt wird. Die nonverbalen Akte unterstreichen eher ihre „Unter-werfung".

Es stellt sich die Frage, wie hier Veränderungen angestoßen werden kön-nen. Ausgehend von der Erkenntnis, dass die Individuen durch die Signale, die sie aussenden, selbst ihren Beitrag zur Festigung ihrer Rolle und Posi-tion leisten, lenkt Mühlen Achs den Blick auf die Akteure und Akteurinnen selbst. Die Körpersprache hat ihrer Einschätzung nach nicht nur Wirkung auf andere, sondern auch auf die eigene Befindlichkeit und das Selbstwert-gefühl. Sie schlägt daher *Übungen zur „Dekonstruktion von Geschlecht"* vor. Dadurch sollen die Erkenntnisse, die durch die kritische Analyse typischer Geschlechtsrituale gewonnen werden, auf die konkrete Ebene des Verhal-tens und Handelns übertragen werden. Der erste Schritt besteht darin, in bewussten Darstellungen die soziale Wirkung der gängigen Geschlechter-rituale erfahrbar und nachvollziehbar zu machen. Der zweite Schritt fordert auf, die Gender-Regel zu brechen, indem die Vorschriften zur „gender-korrekten" Geschlechterdarstellung missachtet werden und scheinbar unumkehrbare Rituale umgekehrt werden. Damit soll erreicht werden, dass „wir die volle Verfügung über unser wichtigstes soziales Kommunikations-medium Körpersprache zurück (erhalten), die bislang der Verpflichtung zur ununterbrochenen Konstruktion von Geschlecht zum Opfer gefallen ist" (Mühlen Achs 1998, S. 130f.). Mühlen Achs hat zehn Übungen zur De-konstruktion von Geschlecht entwickelt.

Bisher wurden unterschiedliche Aspekte verbalen und nonverbalen Gesprächsverhaltens von Frauen beschrieben, wie sie auf Grund von Beobachtungen und Analysen herausgearbeitet worden sind. Es stellt sich nun aber die Frage, ob und wie diese vielschichtigen Vorgänge in ein Gesamtmodell von Kommunikation einzuordnen sind. Dies ist auch deshalb von Interesse, weil die Schulung der Wahrnehmungsfähigkeit und die Sensibilisierung für die konkreten kommunikativen Situationen im beruflichen Alltag, wie sie u.a. das Ziel entsprechender Fortbildungsmaßnahmen sind, eines umfassenderen Referenzrahmens bedürfen, um diskutierbar und kontrollierbar zu sein.

Für diesen Zweck scheint mir das von dem Hamburger Psychologen Friedemann Schulz von Thun (1981, 1989, 1998, 2000) entwickelte Kommunikationsmodell in besonderem Maße geeignet zu sein. Es ist elementar im Aufbau, so dass es für Nichtpsychologen verständlich ist. Es ist differenziert genug, um den Kommunikationsvorgang generell und speziell im Blick auf die Kommunikation zwischen Frauen und Männern zu erfassen, indem es Instrumente und Kriterien für die Analyse von Gesprächen bietet, mit deren Hilfe Einseitigkeiten und Schwierigkeiten im Kommunikationsvorgang bearbeitet werden können. Auf diese Weise werden Kriterien für Kommunikationstrainings bereitgestellt.

Bei der zwischenmenschlichen Kommunikation geht es um den Austausch von Informationen zwischen zwei oder mehreren Personen. In diesem Prozess gibt ein „Sender" bestimmte Informationen, Meinungen oder Gefühle an eine andere Person weiter. Der/die Empfänger/in entschlüsselt und interpretiert die empfangene Nachricht und gibt eine Rückmeldung. Dieses Feedback stellt eine neue Nachricht dar. In diesem Grundprozess der Kommunikation können Probleme auftreten, wenn die Nachrichten nicht im Sinne der Sprechenden entschlüsselt und interpretiert werden.

Missverständnisse entstehen durch die besondere Struktur von Informationen, die sprachliche und nichtsprachliche Signale, d.h. Sprache und Körpersprache, enthalten. Somit hat das gesamte Verhalten einer Person in einer kommunikativen Situation Informationswert. Das macht die Kommunikation zu einem komplexen Vorgang.

(1) *Das „Quadrat der Nachrichten" und die „vier Ohren".* Schulz von Thuns Kommunikationsmodell geht davon aus, dass jede Äußerung oder Nachricht vier Aspekte enthält, die immer gleichzeitig „im Spiel" und wirksam sind.

Das *„Quadrat der Nachrichten"* (Schulz von Thun 1981, S. 25ff. sowie 2000, S. 33-41):

Der Sachaspekt
Jede Nachricht enthält eine Sachinformation. Das kann z.B. ein Sachverhalt zu einem Thema oder eine Meinungsäußerung sein. In Gesprächen steht dieser Aspekt häufig im Vordergrund.

Der Beziehungsaspekt

Aus einer Nachricht geht auch immer hervor, wie die Gesprächspartner und -partnerinnen zueinander stehen. Dies zeigt sich z.B. im Tonfall und in den nonverbalen Begleitsignalen. Auf diesen Aspekt der Nachricht ist das Gegenüber besonders ansprechbar, denn hierbei kommt in besonderer Weise die Person „ins Spiel". Eine Nachricht mitzuteilen bedeutet somit auch immer, eine Art von Beziehung auszudrücken. Die Sendung enthält „Wir-Botschaften". Paul Watzlawik spricht davon, dass der Beziehungsaspekt dem Sachaspekt übergeordnet ist.

Der Selbstoffenbarungsaspekt

Jede Nachricht enthält auch Informationen über die Person, die eine Nachricht sendet. Schulz von Thun nennt diesen Aspekt Selbstoffenbarung. Für ihn enthält dieser Begriff sowohl die gewollte Selbstdarstellung als auch die ungewollte Selbstenthüllung. Somit gibt jeder Sender und jede Senderin mit einer Nachricht „Ich-Botschaften" zur Person und damit ist jede Nachricht auch eine „Kostprobe" der Persönlichkeit.

Der Appellaspekt

Jede Nachricht enthält eine Absicht bzw. einen Appell; denn häufig will der/die Sprechende mit der Information etwas erreichen. Er oder sie will Einfluss nehmen auf das Denken, Fühlen und Handeln des Gegenübers. Die Appelle können verbal oder nonverbal, aber auch direkt und indirekt vermittelt werden.

Jede Äußerung umfasst viele Botschaften gleichzeitig, die sich auf die vier genannten Aspekte verteilen. Dabei wird der Sachinhalt explizit ausgesprochen, während die anderen Botschaften mehr „zwischen den Zeilen" stehen.

Dem „Quadrat der Nachrichten" entsprechend haben auch die Hörenden „vier Ohren", um die Äußerungen aufzunehmen. Die Ausrichtung der „Ohren" entscheidet, wie das Gesagte beim Gegenüber „ankommt". Die Hörenden haben somit die „freie Auswahl", auf welche Seite der Nachricht sie reagieren wollen.

Die vier Ohren:

Das „Sach-Ohr":
Mit diesem Ohr wird versucht, den Sachinhalt einer Information aufzunehmen.

Das „Beziehungs-Ohr"
Hiermit wird aufgenommen, was das Gegenüber von der sprechenden Person hält, wie sie zu ihm redet, wie die Beziehung ist.

Das „Selbstoffenbarungs-Ohr"
Mit diesem Ohr ist eine Person diagnostisch tätig: Was ist mit dem anderen/der anderen los? Was für ein Mensch ist mein Gegenüber? Welche Gefühle und Motive enthalten die Äußerungen?

Das „Appell-Ohr"
Mit diesem Ohr wird die Aufforderung herausgehört, die das Gegenüber spürt. Was wird von mir erwartet, was soll ich tun? Hier wird häufig der „Druck" wahr-

genommen, der mit einer Botschaft verbunden ist. Es kann auch sein, dass der Hörende sich „unter Druck gesetzt" fühlt.

Bei vielen Menschen ist ein Ohr besonders gut ausgebildet, unabhängig von der Situation. Je nachdem, auf welchem „Ohr" gehört wird, ist die Reaktion eine andere, und das Gespräch nimmt den entsprechenden Verlauf. Ist beispielsweise das „Beziehungs-Ohr" in besonderer Weise ausgeprägt, so wird überwiegend das herausgehört, was der Gesprächspartner oder die Gesprächspartnerin von einem hält.

Kommunikation kann nur dann gelingen, wenn alle „vier Ohren" in gleicher Weise entwickelt sind. Dann können nicht nur einzelne Aussagen, sondern alle Aspekte einer Nachricht aufgenommen werden. So wird eine selektive Wahrnehmung verhindert (Vgl. Schulz von Thun 1981).

(2) *Gestaltung zwischenmenschlicher Beziehungen.* Mit Hilfe des „Nachrichten-Quadrates" können Kommunikationssituationen erklärt und Störungen analysiert werden. Dies ermöglicht es, die Wahrnehmung für zwischenmenschliches Gesprächsverhalten zu schärfen und neues Verhalten einzuüben.

Die dafür entwickelten Methoden sind jedoch nicht für jede Person und Situation anwendbar. Deshalb lenkt Schulz von Thun die Aufmerksamkeit zum einem auf die einzelne Person mit ihren Stärken und Schwächen, zum anderen auf die konkrete Kommunikationssituation und erweitert sein Grundmodell um den Aspekt der *Beziehungsdynamik.*

Acht *unterschiedliche Kommunikationsstile* arbeitet er heraus: den bedürftig-abhängigen, den helfenden, den selbst-losen, den aggressiv-entwertenden, den sich beweisenden, den bestimmend-kontrollierenden, den sich distanzierenden und den mitteilungs-freudig-dramatisierenden Stil. Treten Menschen miteinander in Kontakt, so übermitteln sie mit ihrem Stil Botschaften, die – auch wenn sie nicht ausgesprochen werden – Auswirkungen auf das Gegenüber haben.

Als weitere Strukturelemente benutzt Schulz von Thun den „*systematischen Blickwinkel"* und das Modell des „*Entwicklungsquadrats"* (1989, 28ff., 38ff.). Er geht davon aus, dass jeder der acht Kommunikationsstile Qualitäten für das Zusammenleben enthält. Mit Hilfe des Entwicklungsquadrats, das von ihm für jeden Stil entwickelt wurde, können Stärken und Schwächen einzelner Personen aufgespürt und die entsprechenden Entwicklungsrichtungen definiert werden. Somit können angemessene Schritte zur persönlichen Entwicklung gefunden werden.

(3) *Kommunikation – situationsgerecht.* In jeder Kommunikationssituation stellt sich die Frage nach dem „richtigen" Verhalten. Diese Frage bezieht sich auf den Inhalt und auf die Art und Weise der Kommunikation. Eine Antwort darauf kann nicht generell, sondern immer nur individuell gegeben werden. Für Schulz von Thun ist „das zentrale, übergeordnete Kriterium für eine angemessene (gute, richtige) Kommunikation das Ideal der Stimmigkeit"; Stimmigkeit bedeutet „die doppelte Übereinstimmung sowohl mit sich

selbst als auch mit dem Charakter der Situation" (1998, S. 13). Für eine kommunikative Situation sind demnach der innere und der situative Kontext von Bedeutung.

Die eigene *innere* Reaktion ist nicht immer eindeutig, man ist häufig hin und her gerissen. Diese innere Vielfalt bezeichnet Schulz von Thun als „inneres Team", das das Sprechen und Handeln einer Person bestimmt. Um stimmig zu kommunizieren, ist es notwendig, die „inneren Stimmen" verstehen zu lernen und mit ihnen einen Dialog zu führen (Näheres bei Schulz von Thun 2000, S. 45–51).

Bei der Gestaltung des *situativen* Kontextes geht es darum, die Besonderheiten und die Forderungen einer konkreten Situation und ihre Eingebundenheit in ein Gesamtsystem genau zu erfassen. Dabei sind die situationsbezogenen Rollen mit ihren Abhängigkeiten im institutionellen Rahmen zu berücksichtigen. Um die Wahrheit und Logik einer Situation zu erfassen, sind Vorgeschichte, thematische Struktur, zwischenmenschliche Struktur und die Ziele zu berücksichtigen.

Das Konzept der Stimmigkeit verlangt die Erkundung des situativ-systemischen Kontextes sowie die Erkundung des inneren Kontextes. Erst wenn beides sichtbar ist, kann eine stimmige Kommunikation entwickelt werden.

(4) *Instrumente zur Analyse.* Aus der Beschreibung der Modells können Instrumente mit unterschiedlichen Schwerpunkten für die Analyse von Kommunikationssituationen abgeleitet werden.

Die unterschiedlichen Kommunikationsstile, die als Typologien menschlicher Kommunikationsweisen zu verstehen sind, geben eine Grundlage zur Reflexion des eigenen Stiles sowie der Gestaltung von Interaktionen zwischen Frauen und Männern. Es geht nicht darum herausfinden, wie viele Anteile von welchem Stil vorkommen. Es geht um die Qualität der Kontakte. Dabei können folgende Fragestellungen weiterhelfen:

- In welcher Art und Weise verwirkliche ich welchen Stil?
- Welche Wirkung hat dieser Stil auf andere und auf die eigene Person?
- Wie stehe ich mit anderen Menschen – besonders in schwierigen Situationen – in Kontakt?
- Welche Äußerungen meines Gegenübers machen mich mundtot, lassen mich den Kontakt abbrechen oder ärgerlich werden?
- An welchen Werten orientiere ich mich, an welchen möchte ich mich orientieren?
- Welche Hindernisse begegnen mir dabei?
- In welche Richtung möchte ich mich weiterentwickeln?
- Welche Rahmenbedingungen sind zu berücksichtigen?

(Vgl. Schulz von Thun 1989, S. 245)

Das unterschiedliche Gesprächsverhalten und die unterschiedlichen Sprechweisen von Frauen und Männer führen häufig zu Missverständnissen. Mit

Hilfe der beschriebenen Instrumente kann das jeweilige Gesprächsverhalten analysiert werden. Veränderungen, die angestrebt werden, müssen dabei freilich zur Person und zur Situation passen.

Die hier vorgetragenen Ausführungen zur Kommunikation sind nicht geschlechtsspezifisch. Die einzelnen zu entwickelnden Instrumente geben Anregungen, sowohl frauenspezifisches Gesprächsverhalten als auch Kommunikation zwischen Frauen und Männern zu analysieren und zu reflektieren. Damit kann eine Kommunikationsfähigkeit unterstützt und entwickelt werden, die andere und anderes wahrnimmt, vergleicht, ohne (ab-)zu werten, und auch vom anderen lernt.

Perspektiven

Die Frage nach der „Frauensprache", unter der dieser Beitrag steht, führte notwendigerweise auf den Zusammenhang mit der „Männersprache" und auf die Kommunikation zwischen Frauen und Männern. Hier stellt sich die Aufgabe, den Unterschieden und den damit verbundenen Profilen von Frauen und Männern Rechnung zu tragen. Die Überwindung von Kommunikationsbarrieren stellt für das Zusammenleben der Menschen eine große Herausforderung dar.

Primäres Ziel kann dabei nicht sein, die vorhandenen Unterschiede einfach zu minimieren, sondern darauf hinzuwirken, dass Frauen und Männer ihre Beziehungen in Übereinstimmung mit ihren Werten und Wünschen gestalten können. Unterschiede werden dabei erhalten bleiben. Sie können vielleicht noch deutlicher hervortreten. Aber wesentliches Ziel ist eine ausbalancierte Kommunikation zwischen Frauen und Männern.

Literatur

Edding, Cornelia: Frauen und Männer in der Erwachsenenbildung. In: Müller, Kurt R., Kurs- und Seminargestaltung. Ein Handbuch für Dozentinnen und Kursleiter, München 1983, S. 2–95.

Derichs-Kunstmann, Karin: Von der alltäglichen Inszenierung des Geschlechterverhältnisses in der Erwachsenenbildung. Anlage, Verlauf und Ergebnisse eines Forschungsprojektes zur Koedukation in der Bildungsarbeit von Erwachsenen. In: Jahrbuch Arbeit, Bildung, Kultur, Bd. 14, Recklinghausen 1996.

Dies./Müthing, Brigitte: Frauen lernen anders ... Lernen Frauen anders? Einige Überlegungen zum Thema, Bielefeld 1993.

Kotthoff, Helga: Gewinnen oder verlieren? Beobachtungen zum Sprachverhalten von Frauen und Männern in argumentativen Dialogen an der Universität. In: Trömel-Plötz 1984, S. 90–114.

Meyer, Birgit: Rhetorik für Frauen. In: Brückner, Margit (Hrsg.), Frauen und Sozialmanagement, Heidelberg 2. Aufl. 1993, S. 163–182.

Mühlen Achs, Gitta: Geschlecht bewusst gemacht – Körpersprachliche Inszenierungen, München 1998.

Dies., Körpersprache: Macht und Geschlecht. In: Körpersprache in der schulischen Erziehung, Hohengehren 2.Aufl. 1995

Oppermann, Katrin/Weber, Erika: Frauensprache – Männersprache, Zürich 1995.

Schlüter, Barbara: Rhetorik für Frauen, Landsberg a.L. 2. Aufl. 1998.

Schmidt, Claudia: typisch weiblich – typisch männlich. Geschlechtstypisches Kommunikationsverhalten in studentischen Kleingruppen, Tübingen 1988.

Schreyögg, Friedel: Zum Einfluss von Geschlechtsrollenstereotypen auf die Beurteilung der Arbeitsleistung, München: Gleichstellungsstelle für Frauen, Februar 1997 (Vervielf.).

Schulz von Thun, Friedemann: Miteinander reden 1. Störungen und Klärungen (rororo-sachbuch 7489), Reinbek b. Hamburg 1981 (=770.-799. Tausend 2000).

Ders.: Miteinander reden 2. Stile, Werte und Persönlichkeitsentwicklung (rororo-sachbuch 8496), Reinbek b. Hamburg 1989 (=350.-364. Tausend 2000).

Ders.: Miteinander reden 3. Das „Innere Team" und situationsgerechte Kommunikation (rororo – sachbuch 60545), Reinbek b. Hamburg 1998.

Ders.: u.a., Miteinander reden. Kommunikationspsychologie für Führungskräfte (rororo-sachbuch 1690), Reinbek b. Hamburg 2000.

Tannen, Deborah: Andere Worte, andere Welten, München 1999 (Engl. Originalausgabe: New York 1994).

Dies.: Du kannst mich einfach nicht verstehen, Hamburg 1991 (Engl. Originalausgabe: New York 1990).

Dies.: Job-Talk – Wie Frauen und Männer am Arbeitsplatz miteinander reden, München 1997 (Engl. Originalausgabe: New York 1994).

Trömel-Plötz, Senta: Frauensprache: Sprache der Veränderung, Frankfurt a.M. 1982.

Dies. (Hrsg.): Gewalt durch Sprache, Frankfurt a.M. 1984.

Wex, H.: Weibliche und männliche Körpersprache als Folge patriarchalischer Machtverhältnisse, Hamburg 1979.

3. Leiten – aus der Perspektive von Frauen

Leitungskompetenz von Frauen und die Gender-Frage in der Personalentwicklung

RENATE ROGALL

Ein Blick in die neuere Managementliteratur zeigt, dass Geschlechterdifferenz und traditionelle, geschlechtsspezifische Arbeitsteilung kaum thematisiert werden. Zu diesem Ergebnis kommt eine Gruppe von Frauen, die in Fortbildung, Management, Wissenschaft und Beratung in unterschiedlichen Institutionen tätig ist, indem sie die neueren gängigen Organisations- und Managementkonzepte aus Frauensicht untersucht hat (Vgl. Riebe u.a.).

Aus dem Gesamtspektrum der Thematik greife ich zwei Fragestellungen auf: das Führungsverhalten von Frauen und die Rolle, die die Gender-Frage in der Personalentwicklung im Blick auf die Leistungsbeurteilung und die Jahresgespräche mit Mitarbeitenden spielt.

Die gesellschaftlichen Veränderungen und die damit verbundenen Auswirkungen auf Organisationen, Institutionen, Betriebe und Unternehmen erfordern eine neue Führungskultur, die durch *Sozialkompetenz, Flexibilität, Kommunikations- und Teamfähigkeit* gekennzeichnet ist. Technologiefortschritt, Globalisierung des Wettbewerbs, Umweltbezug, Wertewandel, Umstrukturierung und politische Umwälzungen sind Stichworte dieser Veränderung. (Zur Dynamik der Arbeitswelt vgl. Schaufler, S. 13f.) Die Anforderungen an Frauen und Männer werden zunehmend höher, da die Arbeitsabläufe komplexer werden; die Orientierung an den Kundinnen und Kunden erzeugt wachsenden Druck. Mehr Innovation und Kommunikationsleistung, neue Flexibilität und Offenheit, neues Vertrauens- und Beziehungsmanagement sind gefordert. (Zur Situationsanalyse und zu den Stärken der Frauen vgl. Höhler, S. 3f.)

Es sind Managementkonzepte gefragt, die für die aktuellen Probleme Lösungen anbieten können. Schlüsselbegriffe sind: *flache Hierarchien, eigenverantwortliche Teamarbeit, Beteiligung der Betroffenen, Kommunikationsfähigkeit.* Der Veränderungsprozess kann folgendermaßen charakterisiert werden:

- „Umgestalten des Arbeitsfeldes zu einem *emotionalen Zuhause*
- Abbauen hierarchischer Schranken für eine Kommunikation über mehrere Stufen
- Flexibilisieren der Arbeitsformen und Arbeitszeiten
- Organisieren von Lernen und Entwicklung
- produktives Managen von Konflikt- und Krisensituationen
- Aushalten innerer Zielkonflikte und Widersprüche (Ambiguitätstoleranz)
- Steuern durch Kommunikation
- Fördern von Integrations- und Leitbildprozessen und Erzeugen von Identifikation."

(Riebe,S. 61)

Führungspositionen sind wie in der Privatwirtschaft und im öffentlichen Dienst so auch in Wohlfahrtsverbänden überwiegend mit Männern besetzt. Es ist nicht bekannt, wie hoch der Männeranteil in den einzelnen Bereichen ist. Die *allgegenwärtige Präsenz von Männern* in allen Entscheidungsfunktionen ist Realität. Die männliche Hierarchie definiert die Unternehmensphilosophie, die Verhaltensnormen und die Spielregeln. Arbeitsplatzstrukturen, Leitbilder, Arbeitsanforderungen, Leistungskriterien werden überwiegend von Männern für Männer entwickelt und gestaltet. Auch wenn im mittleren Management mehr Frauen als Führungskräfte tätig sind, ist ihr Einfluss geringer, da die Rahmenbedingungen Grenzen setzen. Frauen stehen vor der Frage, ob sie „ihren Mann stehen" oder ob sie ihre weiblichen Fähigkeiten betonen wollen. Das hat auch Auswirkungen auf ihre Karriere, denn auch bei Personalauswahl, Beförderungen und Leistungsbeurteilungen spielt das Geschlecht eine Rolle.

Der skizzierte Hintergrund zeigt, dass auf längere Sicht in modernen Organisationen und Betrieben auf soziale Kompetenzen, die als „weibliche" Potenziale gelten, nicht verzichtet werden kann. Das bedeutet: In einer Organisation ist zwischen „harten" (Aufbau, Produkt-/ Marktkonzept und Prozesse/Programm) und „weichen" (Fähigkeiten, Mitarbeiter-Potenziale und kultureller Stil) Faktoren eine Balance herzustellen, die immer wieder auszutarieren ist (Vgl. Riebe u.a., S. 30ff.).

Leitungskompetenzen von Frauen

Typisch männlich – typisch weiblich. Unsere Gesellschaft ist geprägt durch die Kategorien „weiblich" und „männlich". Damit werden zum einen unterschiedliche Rollenzuschreibungen verbunden, die Frauen und Männern unterschiedliche Aufgaben zuweisen. Die Aufgaben der Männer sind stärker im öffentlichen, die der Frauen eher im privaten Bereich angesiedelt. Diese Arbeitsaufteilung verstärkte sich zunehmend am Ende des 18. Jahrhunderts.

Den Frauen wurde die unbezahlte Haus- und Familienarbeit zugewiesen, während die bezahlte Arbeit des Mannes nach außen verlegt wurde. Diese unterschiedlichen Bedingungen führten mit zur heutigen Geschlechterhierarchie. Die Situation hat sich heute dahingehend verändert, dass Frauen Beruf und Familie haben wollen und auch können, wenn dies auch nicht selten mit Problemen verbunden ist. Damit vollzieht sich das Leben von Frauen in beiden Bereichen, während der Mann sich weiterhin primär über den Beruf definiert. Es entstehen somit zwei unterschiedliche Lebenszusammenhänge, die Gemeinsamkeiten zeigen, aber auch Trennendes im Blick auf die Struktur aufweisen. (Vgl. Nyssen, S. 21f.)

Zum anderen hält die Gesellschaft für beide Geschlechter unterschiedliche Normen bereit, die im Laufe des Sozialisationsprozesses – in der Familie, im Kindergarten, in der Schule, durch Medien – erlernt werden. Mädchen und Jungen werden in das System der Geschlechterrolle hineingeboren und erlernen diese durch Erfahrungen und durch eigenes Handeln. Sie lernen damit, was die Gesellschaft von ihnen als Frauen und Männern erwartet:

„Ein ‚richtiger Mann' muss demnach über folgende Attribute und Fähigkeiten verfügen:

- Stärke, Entschlossenheit, Überlegenheit

- Leistungswille, Konkurrenzdenken

- Logisch-analytisches Denken, Beherrschung und Kontrolle der Gefühle.

Zu den selbstverständlichen weiblichen Tugenden und Pflichten, welche zum kulturellen Frauenbild gehören, zählen:

- Schwäche, Passivität, Zurückhaltung

- Gehorsam, Wohlverhalten, Unterordnung

- Emotionalität, Mitgefühl, Fürsorglichkeit."

(Schaufler, S. 29)

Diese Beschreibungen sind Verallgemeinerungen und gelten daher nicht für jede Frau bzw. jeden Mann. Und doch haben sie im Umgang zwischen Männern und Frauen und für die je eigene Selbstwahrnehmung Bedeutung und Auswirkungen. Es sind zwar Veränderungen zu verzeichnen (z.B. Frauen können alle Berufe erlernen, Männer beteiligen sich ansatzweise an der Erziehung der Kinder, Ziele der Erziehung für beide Geschlechter werden neu definiert), aber die traditionellen hierarchischen Strukturen wirken doch weiter.

Fragt man nach den Ursachen dieser Gegensätzlichkeiten, so findet man in der Forschung dazu vor allem zwei Ansätze: den biologischen und den sozialisationstheoretischen. Es geht um die Diskussion der Wirksamkeit von Anlagen auf der einen und um die sozialen Einflüsse auf der anderen Seite.

Führungsverhalten von Frauen. Frauen bringen durch die geschlechtsspezifische Sozialisation in vielerlei Hinsicht *günstige Voraussetzungen* mit, die den heutigen Anforderungen im Blick auf Führen und Leiten entsprechen.

Führung und Leitung beinhalten grundsätzlich für Frauen und Männer *die gleichen Anforderungen, Aufgaben* und *Ziele.* Allerdings werden sie unterschiedlich wahrgenommen. Die folgende Übersicht gibt einen Überblick:

Merkmale „weiblichen" Führungsverhaltens	Merkmale „männlichen" Führungsverhaltens
Netzstruktur	Pyramide
Prozessorientiert	Sach- und ergebnisorientiert
Kommunikation: offen in der Sache	Kommunikation: steuernd in der Sache
suchen Nähe	halten Distanz
„wir" ist wichtiger als „ich"	„ich" ist wichtiger als „wir"
bevorzugen Anerkennung und Lob	bevorzugen Kritik und Nichtbeachtung
lassen Emotionen zu	lehnen Emotionen ab
leiten an und unterstützen	weisen an und delegieren
kooperativ	legen Rangordnung fest
diskursive prozessorientierte Problemanalyse	ergebnisorientierte Problemanalyse
Einbeziehung der Mitarbeitenden in die Entscheidungsfindung	Einsame Entscheidung

(Vgl. Kremer, S. 96)

Frauen bevorzugen gegenüber dem hierarchischen Modell die *Strategie des Netzes.* In hierarchischen Strukturen beruht die Autorität der Führungsperson darauf, dass sie den „Kopf" des Ganzen darstellt. In einer Netz-Struktur stellt die Führungsperson eher das „Herz" des Ganzen dar. Sie ermöglicht unterschiedlich weitreichende Kontakte in verschiedenen Richtungen. Frauen sehen sich nicht an der Spitze, sondern im Zentrum eines Gefüges. Ihre Autorität erlangen sie vor allem durch Kontakt und weniger durch Distanz. Teamgeist und Informationsweitergabe sind wichtige Pfeiler einer Führungsperson in Netz-Strukturen. Es ist Frauen und Männern gemeinsam, dass sie Einfluss nehmen wollen, wobei die Akzentuierung unterschiedlich ist. Frauen legen eher den Schwerpunkt auf Team- und Mitarbeiterorientierung, während Männer sich eher am Ergebnis orientieren.

Entscheidungsfindung und Informationsbeschaffung finden bei Frauen eher im direkten Austausch mit den verschiedenen Ebenen statt. Damit erscheint die Machtausübung in Netzstrukturen häufig unklar. Besondere Fähigkeiten der Mitarbeitenden werden gestärkt und die Lebenssituationen berücksichtigt.

Durch Zufriedenheit und persönliche Identifikation mit den Zielen des Betriebes wird die Kreativität der Mitarbeitenden gefördert. Dadurch kann im Team innovativ und effizient gearbeitet werden. Frauen sehen aufgrund ihrer bevorzugten Werte Verhandeln immer im Kontext längerfristiger Beziehungen, die Kontakt, Interaktion und Übereinstimmung erfordern. Männer dagegen versuchen in Verhandlungen zu gewinnen oder den Gegner zu schlagen (Vgl. Helgesen 1991, S. 215).

Frauen haben besondere Fähigkeiten, kooperatives Verhandeln zu entwickeln und zu gestalten. Im Mittelpunkt stehen die Sozialkompetenzen wie Kommunikations-, Kooperations- und Konfliktfähigkeit, die eher Frauen zugeschrieben werden. Gertrud Höhler schreibt dazu: „Die Aufgaben holen sich ihr Personal. Der neue Katalog der Managementskills für die virtuelle Welt ... entspricht genau den Stärken, mit denen Frauen unterwegs sind" (Höhler 2000, S. 4).

Barrieren für das Führungsverhalten von Frauen. Dennoch existiert eine Reihe von Barrieren, die der Führungskarriere von Frauen im Weg stehen (Zum Folgenden vgl. Schaufler). Es werden *externe Faktoren* genannt, die sich in erster Linie auf *die betrieblichen Strukturen* beziehen. Diese sind am männlichen Modell orientiert. Das Modell umfasst ein starkes zeitliches Engagement ohne Rücksicht auf die familiäre Situation, berufliche Mobilität und Kontinuität. Traditionell ist die Führungsrolle in einem Betrieb männlich. Bei der Besetzung von Stellen werden deshalb eher Männer ausgewählt, weil sie sich problemloser integrieren lassen. Die Art und Weise, wie Frauen mit Menschen und Problemen umgehen, sind für Männer eher fremd und tragen zur Verunsicherung bei. Überdies haben Frauen seltener die Chance, ihre Fähigkeiten unter Beweis zu stellen, da sie häufig Positionen innehaben, die ihrer Qualifikationen nicht entsprechen. Sie werden deshalb auch nicht von Vorgesetzten wahrgenommen und kommen für eine Beförderung nicht in den Blick.

Haben Frauen jedoch Führungspositionen inne, so stehen sie mehr unter Beobachtung. Das ergibt eine zusätzliche Belastung. Es kann gesagt werden: „Frauen müssen als Einsteigerinnen im Führungsbereich um etwas kämpfen, was ihre Kollegen aufgrund der langen Tradition der männlichen Managementkultur schon vorfinden: fachliche Anerkennung, persönlichen Respekt und soziale Integration" (Schaufler, S. 33).

Neben den organisationsinternen Barrieren liegen weitere Wurzeln in der *Geschlechterhierarchie der Gesellschaft*. Die damit verbundenen Normen und Werte bilden eine stabile Grundlage. Um die Führungsqualitäten von Frauen als Ressourcen für den Betrieb zu entdecken, sind Veränderungen auf der strukturellen Ebene und im Bewusstsein von männlichen Verantwortlichen eine Voraussetzung. Männer müssen die Geschlechtergerechtigkeit wollen.

Eine weitere Barriere bilden *die verinnerlichten Normen* von Frauen, die in ihrer Psyche wirken. Eigenschaften, Verhaltensweisen und Fähigkeiten von Frauen, die sie aufgrund der geschlechtsspezifischen Sozialisation entwickelt haben, stehen konträr zu den Werten und Normen von Männern und der männlichen Betriebskultur. Verhaltensweisen, die Frauen auszeichnen, sind diejenigen, die sie daran hindern, Führungspositionen zu übernehmen: etwa ihr Wertlegen auf Beziehungen, Bindungen und Vertrauen zu Menschen und ihre Scheu, Macht auf andere Menschen auszuüben bei gleichzeitigem Bestreben nach positiver Einflussnahme.

Auch das *Gesprächsverhalten* von Frauen trägt dazu bei, ihre Kompetenzen herunter zu spielen, um dem Gegenüber partnerschaftlich begegnen zu können. Frauen stellen sich weniger günstig dar. Ihre Selbsteinschätzung ist oft kritischer.

Die traditionsbedingten *Rollenerwartungen* kommen zusätzlich ins Spiel. Obwohl sich – vor allem unter dem Druck der Frauenbewegung – die Geschlechterrollen in den letzten Jahrzehnten gewandelt haben, hat sich an der innerfamiliären Arbeitsteilung wenig verändert. Frauen befinden sich in einem Rollenkonflikt zwischen Beruf und Familie. Sie haben mehrere Rollen inne, an welche widersprüchliche und unvereinbare Erwartungen gestellt werden.

Die skizzierten Barrieren, die für das berufliche Fortkommen von Frauen hinderlich sein könnten, können nicht den Frauen allein zur Last gelegt werden. Die vielfältigen Wechselbeziehungen müssen dabei näher betrachtet und bearbeitet werden.

Die Gender-Perspektive in der Personalführung

Geschlechtsspezifische Aspekte. Durch ihre Biographie haben Menschen Verhaltensmuster gelernt und entwickelt, die ihre Wahrnehmung beeinflussen und ihr Verhalten steuern. Die erste und wichtigste Orientierung in der Interaktion und Kommunikation zwischen Menschen – auch am Arbeitsplatz – ist die Geschlechtszugehörigkeit. Sie ist ein unübersehbares Merkmal, das sofort wahrgenommen wird. Die Geschlechterrolle wird von frühester Kindheit an erlernt und eingeübt und behält Einfluss auf nahezu alle Lebensbereiche. Etwa ab dem 2. Lebensjahr identifizieren sich Kinder mit ihrem Geschlecht. Die Berufsrolle dagegen, die sich nur auf einen begrenzten Bereich bezieht, wird relativ spät im Leben erlernt.

Für den Umgang zwischen den Geschlechtern bedeutet dies, dass die Interaktion sich einfacher gestaltet, wenn Frauen und Männer die geschlechtsspezifischen Rollenerwartungen erfüllen. In der beruflichen Kommunikation wird häufig auf die vertrauten geschlechtsspezifischen Verhaltensmuster zurückgegriffen. Dies geschieht auch dann, wenn es für die Abläufe im Betrieb nicht immer optimal ist. Da in fast allen gesellschaftlichen Bereichen männliche Verhaltensweisen und Eigenschaften höher bewertet werden als die, die Frauen zugeschrieben werden, ist davon auszugehen, dass bei Beurteilungen Frauen schlechter wegkommen als Männer. Eine Untersuchung der Gleichstellungsstelle der Stadt München belegt diese

Annahme. Unmerklich überlagern sich die Wahrnehmung der Arbeitsleistungen und des Geschlechts der Person, die diese Leistung bringt. Dieses ist nicht zu vermeiden; da Kommunikation nicht zwischen Menschen, sondern zwischen Frauen und Männern stattfindet. Um unbewussten Mechanismen bei der Beurteilung von Leistungen vorzubeugen, ist es notwendig, sich der Kriterien der Beurteilung bewusst zu werden. Dazu ist die Arbeit der Mitarbeitenden und die Art ihrer Zusammenarbeit zu beobachten und dabei auf die geschlechtsspezifischen Anteile zu achten (Vgl. Burkhardt).

Leistungsbeurteilungen und Jahresgespräche mit Mitarbeitenden. Um bei Beurteilungsgesprächen der Benachteiligung von Frauen vorzubeugen, hat die Frauengleichstellungsstelle der Ev.-Luth. Kirche in Bayern eine Handreichung zur Vorbereitung von Jahres- und Beurteilungsgesprächen für Vorgesetzte (1) und eine entsprechende Handreichung für Mitarbeitende (2) erstellt. In diesen Handreichungen, die auch die Teilzeitbeschäftigung berücksichtigen, sind Fragen aufgelistet, die eine kritische Prüfung der eigenen Wahrnehmung ermöglichen.

(1) *Die Handreichung für Vorgesetzte* gliedert sich in die Bereiche: Arbeitsanforderungen, Prüfliste zur Zusammenarbeit, Leistungsbewertung bei Frauen und Männern, Prüfliste zur Zusammenarbeit von Ordinierten und Nichtordinierten.

Im ersten Bereich geht es darum, sich die konkreten *Anforderungen*, die sich aus Arbeitsvertrag, Auftrag, Geschäftsverteilungsplan und Dienstanweisungen ergeben, bewusst zu machen. Im Bereich der *Zusammenarbeit* ist es wichtig, sich Klarheit darüber zu verschaffen, wie das Urteil über die Arbeitsleistung zustande kommt, welche Informationsquellen zur Verfügung stehen und wie die Zusammenarbeit konkret verläuft. Dieser Teil untergliedert sich in Art der Kontakte, eigene und fremde Beobachtungen und Förderung. Im Bereich *Leistungsbewertung* bei Frauen und Männern werden einerseits generell unterschiedliche Verhaltenserwartungen, andererseits geschlechtsspezifische Wahrnehmungsmuster sichtbar gemacht und hinterfragt. Es wird ausführlich darüber informiert, worauf bei der Beobachtung der Arbeit von Mitarbeiterinnen und Mitarbeitern besonders zu achten ist. So wird auf die Geschlechterorientierung, die unbewusste Überlagerung von Arbeitsleistung und Geschlecht, auf Einsatzbereitschaft und die Beeinflussung durch das gesellschaftliche Umfeld eingegangen.

Der zweite Teil enthält eine Liste von *Fragen zur kritischen Prüfung* der eigenen Wahrnehmung. Dazu einige ausgewählte Beispiele:

Aufgabenverteilung
- Wer hat welche Aufgaben?
- Wie sind die anspruchsvollen Aufgaben zwischen Frauen und Männern verteilt?

Kommunikationsverhalten
- Mit wem spreche ich in meinem Bereich häufiger, sind es Kolleginnen oder Kollegen?

- Mit wem spreche ich über welche Themen?
- Wie laufen Dienstbesprechungen? Wer redet am längsten, am häufigsten, wer wird häufiger unterbrochen?

Führung der Mitarbeiterinnen und Mitarbeiter
- Habe ich mit den Kolleginnen ebenso häufig wie mit Kollegen über berufliche Entwicklungsmöglichkeiten gesprochen?
- Wie viele Kolleginnen und wie viele Kollegen waren auf Fortbildung?
- Wie ist meine Einstellung gegenüber Kolleginnen mit Kindern, erhalten sie die gleiche Förderung wie Kollegen?
- Bewerte ich Fähigkeiten, die Frauen durch ihre Sozialisation erworben haben, besonders positiv?
- Wie habe ich Kritik aufgenommen?

Belastbarkeit
- Welche Rolle spielt die Bereitschaft zur Mehrarbeit?
- Was heißt Belastbarkeit, welche Maßstäbe lege ich an, sind diese zutreffend?
- Erwarte ich, dass Frauen mit Kindern und im Teildienst weniger belastbar sind als Kollegen und Kolleginnen ohne Kinder?

Beschäftigung im Teildienstverhältnis
- Stört mich die eingeschränkte zeitliche Verfügbarkeit?
- Übertrage ich im Teildienst Beschäftigten verantwortungsvolle Aufgaben?
- Wie viel Zeit nehme ich mir für die Förderung von im Teildienst Beschäftigten?

(2) Die *Handreichung für Mitarbeitende* erklärt im ersten Teil ihren eigenen Sinn und Zweck. Der zweite Teil geht auf die Bedeutung des Geschlechts bei der Leistungsbeurteilung ein. Der dritte Teil enthält dann eine Checkliste zu den Tätigkeitsbereichen, Arbeitsbedingungen, beruflichen Zielen, Entwicklungschancen, geschlechtsspezifischen Aspekten im Arbeitsumfeld und Fragen bei Teilzeitverhältnissen.

Zu dem Bereich *geschlechtsspezifische Aspekte* möchte ich in Anlehnung an die Handreichung einige Beispiele formulieren:

Geschlechtsspezifische Aspekte im Arbeitsfeld
- Wie sieht die Zusammensetzung des Arbeitsumfeldes nach Geschlecht aus?
- Wie sieht die Aufgabenverteilung zwischen Frauen und Männern aus?
- Wer erhält die besonders interessanten, anspruchsvollen, zeitaufwendigsten Aufgaben?
- Wie habe ich meine Wünsche geäußert?
- Werde ich von meinem Vorgesetzten, meiner Vorgesetzten im Hinblick auf meine Arbeit beraten?
- Was sind die Themen, die mit mir besprochen werden?

- Wie bringe ich meine Anliegen ein und werden sie adäquat aufgenommen?
- Wie löse ich Konflikte?
- Wem gebe ich Feed-back und von wem bekomme ich Feed-back?
- Wie wird die Bereitschaft, Mehrarbeit zu leisten bewertet?
- Habe ich den Eindruck, dass meine Vorgesetzte/mein Vorgesetzter lieber mit Männern als mit Frauen arbeitet?

Im letzten Teil werden Anregungen zur Gestaltung von Gesprächssituationen beschrieben.

Die Handreichungen machen auf wichtige Aspekte der Gender-Thematik aufmerksam und geben Anleitung zur Selbstreflexion. In Fachveröffentlichungen zum Thema wird diese Thematik bislang kaum berücksichtigt; so nimmt z.B. der Band von H. Hofbauer und B. Winkler, Mitarbeitergespräch als Führungsinstrument (1999), die Gender-Frage nur im Vorwort auf, wenn es heißt: „Um den Lesefluss nicht zu behindern, haben wir die Begriffe *Mitarbeiterinnen und Mitarbeiter* zu einem einzigen Wort *Mitarbeiter* zusammengefasst.“

Weitere Aspekte zum Leiten aus Frauenperspektive

Ich hatte die Thematik anfangs auf die beiden Aspekte begrenzt, die im Untertitel des Beitrages genannt sind. Ich möchte zum Schluss noch auf zwei weitere Aspekte hinweisen, die für frauenspezifische Aspekte im Zusammenhang mit Führen und Leiten von Bedeutung sind: (1) Organisationsentwicklung und (2) Leitbildentwicklung.

(1) Bei *Veränderungsprozessen* einer Organisation wird Geschlechtszugehörigkeit bisher kaum als ein innerbetrieblich relevantes Merkmal betrachtet. Frauensichten, Frauenerfahrungen und Frauenthemen werden bei der Analyse eines Unternehmens selten berücksichtigt, und sie werden auch nicht kenntlich gemacht. „Nur wenn die Frauen bei der Untersuchung des Systems eine Stimme bekommen, können die Veränderungsplaner sie in ihr Kalkül mit einbeziehen“ (Riebe u.a., S. 133). *Eva Renate Schmidt* hat „patriarchatskritische Fragen“ entwickelt, die dazu beitragen können, die Wahrnehmung von frauenspezifischen Aspekten zu verstärken. Sie bezieht ihre Fragen auf das Sechs-Felder-Modell von *M. Weisbord*. Dazu einige ausgewählte Fragen als Beispiele:

Ziele
- Berücksichtigen die Ziele Frauen-Erfahrungen und Frauen-Geschichten?
- Werden Frauen, Neue und Minderheiten als Analysatoren des Systems genutzt?

Struktur
- Erlaubt die Arbeitsstruktur allen fähigen Frauen den Zugang bzw. die Teilnahme an allen Funktionen?

- Wie verhalten sich Binnenstruktur und Kunden-/Klientenorientierung zueinander? Berücksichtigen sie geschlechtsspezifische Unterschiede?

Beziehungen
- Welche Vernetzungen oder Seilschaften gibt es?
- Wie wird mit „unterworfenem Wissen" und unterdrückten Erfahrungen umgegangen?

Anerkennung
- Wessen Arbeit wird benannt?
- Gibt es geschlechtsspezifische Privilegien und wie sind sie verteilt?

Hilfsmittel, technische Systeme
- Sind die Voraussetzungen für die Vereinbarkeit von Familie und Beruf für Frauen und Männer gegeben?
- Wie inklusiv ist die Sprache?

Leitung
- Welche Hürden haben Frauen im Vergleich zu Männern zu nehmen, um Leitungspositionen zu bekommen?
- Wer hat die Definitions- und Deutungsmacht in der Organisation?
- Werden frauenspezifische Erfahrungen in die Anforderungsprofile aufgenommen?

(Vgl. Schmidt, S. 127ff.)

(2) Ein weiterer Aspekt ist die Frage der Geschlechtergerechtigkeit bei der *Leitbildentwicklung*. Solange in Organisationen der sog. „männliche Blick" vorherrscht und die Definitionsmacht über männlich und weiblich vorrangig bei den Männern liegt, sind bei Leitbilddiskussionen Frauen aktiv in den Prozess einzubeziehen, denn sie sind wichtige Trägerinnen von Innovationen. Sie bringen in Prozesse andere Ressourcen ein als Männer. Sie steuern Fähigkeiten bei, die in der Frauenforschung seit Jahren als *extrafunktionale Qualifikationen* diskutiert werden. *Chancengleichheit und Chancengerechtigkeit als Unternehmensziel* sind nur dann zu erreichen, wenn sie zur verbindlichen Strategie des Managements erklärt werden (Vgl. Riebe u.a., S. 58 u. S. 65).

Literatur

Assig, Dorothea/Beck, Andrea: Was hat sie, was er nicht hat? Forschungsergebnisse zu den Erfolgen von Frauen in Führungspositionen, in: Aus Politik und Zeitgeschichte. Beilage zur Wochenzeitung „Das Parlament", B 22–23, Bonn 1998, S. 23–30.

Burkhardt, Dorothee: Wir sind Männer und Frauen, in: Nachrichten der Ev.-Luth. Kirche in Bayern 2000, Nr. 9, S. 261–264.

Frauengleichstellungsstelle der Ev.-Luth. Kirche in Bayern, Frauenspezifische Aspekte bei Jahresgesprächen für Mitarbeitende (Personalentwicklungsgespräche) und Leistungsbeurteilungen:
Handreichung für Vorgesetzte zur Vorbereitung, München August 2000 (Vervielf.).
Handreichung für Mitarbeitende zur Vorbereitung, München August 2000 (Vervielf.).

Helgesen, Sally: Frauen führen anders, Frankfurt 2. Aufl. 1991.

Höhler, Gertrud: Männer und Frauen – als Team unschlagbar, in: Aus Politik und Zeitgeschichte. Beilage zur Wochenzeitung „Das Parlament", B 31–32, Bonn 2000, S. 3–4.

Hofbauer, Helmut/Winkler, Brigitte: Das Mitarbeitergespräch. Ein Leitfaden, München 1999.

Kremer, Sybille: Frauen führen freier. Führungsstil und Weiterbildung, in: Manager Seminare Juli 1994, Nr. 16, S. 94–98.

Nyssen, Elke: Geschlechterdifferenzen im Bildungswesen, in: Derichs-Kunstmann, Karin/Müthing, Brigitte: Frauen lernen anders. Theorie und Praxis der Weiterbildung für Frauen, Bielefeld 1993.

Riebe, Helga/Düringer, Sigrid/Leistner, Herta (Hg.): Perspektiven für Frauen in Organisationen. Neue Organisations- und Managementkonzepte kritisch hinterfragt, Münster 2000.

Schaufler, Birgit: Frauen in Führung! Von Kompetenzen, die erkannt und genutzt werden wollen, Bern 2000.

Schmidt, Eva Renate/Berg, Hans Georg: Beraten mit Kontakt. Handbuch für Gemeinde- und Organisationsberatung, Offenbach/M. 1995.

Westerholt, Birgit: Frauen können führen, Weinheim/Basel 1998.

4. Leiten – aus der Perspektive von Männern

MARTIN BECK

Ich bin zweifellos Praktiker zum Thema „Leiten in männlicher Perspektive": Fünf Generationen lang engagierten sich Männer meiner Familie in öffentlichen und kirchlichen Aufgaben und – in meiner Generation – im Management von Unternehmen. Dann erschienen erstmals ältere Cousinen in Ämtern. Jetzt hat meine Tochter meine „Nachfolge" im Gemeinderat meiner Heimatgemeinde angetreten. Insofern bin ich Teilnehmer einer Langzeitstudie in eigener Sache und bin selbst auf weitere Ergebnisse gespannt!

Seit etwa fünfzehn Jahren suche, begleite, coache und trainiere ich Führungskräfte der Sozialwirtschaft; ungefähr achtzig Prozent sind Männer, zwanzig Prozent Frauen; inzwischen zeichnet sich allerdings ab, dass allmählich mehr Frauen in Führungspositionen gelangen. In meiner Praxis als Personalberater, der überwiegend Führungskräfte für die Sozialwirtschaft sucht, begegnen mir viele männliche und wenige weibliche Bewerber*innen*. Die Chancen der Bewerberinnen sind heute groß, aber ihre Zahl ist noch klein. Sie trauen sich oft nicht an größere Aufgaben, so dass dann schwächer qualifizierte Männer berufen werden. Eher selten ist heute der Fall anzutreffen, dass qualifizierte Frauen aus Angst vor dem Neuen oder wegen alter Rollenklischees nicht berufen werden.

Ob es das wirklich gibt, *Leiten in männlicher Perspektive*, weiß ich noch nicht. Ich hoffe, dass ich es im Laufe des Schreibprozesses erfahre. Ich misstraue Stereotypen! Männer seien sachlich und emotionsarm, Frauen sähen mit dem Herzen und führten menschlicher! Entschuldigen Sie bitte, verehrte Leserinnen und Leser: Alles Quatsch, jedenfalls in dieser Einfachheit! Ich habe Führungsfrauen beobachtet, die kalt und hart und distanziert führten und Männer, die sich ihren Mitarbeitern und Geschäftspartnern zuwandten und mit dem Herzen bei der Sache waren. Es ist zwar unangenehm, muss aber gesagt werden: Sozialwissenschaftliche Stammtischmeinungen sind nur wenig differenzierter als die der allgemeinen Stammtische.

Wie Männer führen, lässt sich am besten aus der Praxis heraus schildern. Hier sind einige *typische Lebensbeschreibungen* – alle aus der jüngeren Praxis geschöpft und nur leicht bearbeitet, um die Anonymität zu schützen:

(1) *Der Profi.* Der Mann, nennen wir ihn Manfred, ist ein Profi. Er ging in jungen Jahren in die Kommunalpolitik, wurde Bürgermeister einer aufstrebenden Gemeinde, übernahm immer wieder neue Ehrenämter im Kreis und im Land und hält seit fast drei Jahrzehnten einen gleich bleibend hohen und beeindruckenden Qualitätsstandard durch. Versuchungen und Einladungen, Oberbürgermeister von attraktiven Städten zu werden, hat er immer ausgeschlagen. „Lieber die Nummer eins im Dorf als einer von vielen in der Stadt", meint er. Er führt klar und erkennbar, geht mit Freunden distanziert und mit Gegnern korrekt um, wurde nie durch Affären oder Anwürfe beschädigt und macht bis heute den Eindruck, lustvoll bei der Sache zu sein. Von seinen Mitarbeitern verlangt er viel, von sich selbst aber auch. Sie fühlen sich ernst genommen und bringen gern die verlangte Leistung. Er ist in seiner letzten Amtsperiode und könnte sich eigentlich etwas schonen; schließlich kann ihm nichts mehr passieren. Seine Arbeitstage sind aber weiterhin lang, seine Familie scheint intakt, die Gesundheit macht mit – ein Phänomen, ein Glückspilz, ein Problemfall oder eben ein typischer Karrieremann?

(2) *Der Gelassene.* Paul ist Industriemanager, das heißt, er war es, und er brachte es bis zum Prokuristen in einem renommierten Industrieunternehmen. In seinen vierziger Jahren stieg er unvermittelt aus, übernahm eine Leitungsaufgabe in einer sozialen Einrichtung, ist dort inzwischen Vorstandsmitglied geworden und damit für fast tausend Beschäftigte verantwortlich. Er ist korrekt, fleißig, kompetent und zeigt keinen erkennbaren Ehrgeiz. Sein Karrierebedürfnis scheint gestillt zu sein. Seine Mitarbeiter genießen Freiräume, haben aber klare Ziele zu verfolgen. Er hat sich nicht etwa in ein Schneckenhaus zurückgezogen, aber er wirkt nicht – oder nicht mehr – getrieben. Er scheint mit sich selbst im Reinen zu sein und das strahlt beruhigend und anziehend nach außen aus.

(3) *Der Kämpfer.* Philipp ist ein Powermann. Er muss kämpfen und siegen – oder rechtzeitig aussteigen. In seiner beruflichen Laufbahn fiel ihm wenig in den Schoß. Aber selbst in diesen Fällen wollte und will er kämpfen. Der Kampf ist sein Leben – im Beruf und im privaten Umfeld. Das macht ihn nicht gerade zu einem einfachen Partner. Die Diplomatenschule hat er nicht besucht und das leichte Wortgeplänkel ist nicht seine Sache. Hindernisse will er beseitigen, Schwierigkeiten benennen und Ärgernisse klären. Elegantes Umschiffen solcher Hindernisse hält er für Schwäche. Seine Mitarbeiter scheiden sich rasch in treue, langjährige Anhänger und kritische Kurzzeit-Kollegen. Kampf kostet Kraft und beruflicher Kampf allemal. Des-

halb fehlt Philipp manchmal die Kraft, auch als Privatmann und als Familienmitglied zuzuhören und geduldig andere Meinungen zu hören. Die Folge: Stress und Verletzungen bleiben nicht aus, im Beruf wie im Privaten.

(4) *Der Loser*. Irgendwie geriet Michael in seine jetzige Führungsposition als Geschäftsführer einer mittelgroßen Unternehmung – der vorläufige Endpunkt einer langen Kette von beruflichen Aufgaben. Immer wieder schaffte er es, Auswahlgremien von sich und seiner Kompetenz zu überzeugen, obwohl die Liste seiner beruflichen Stationen immer länger und länger wurde, während gleichzeitig die Durchschnittsdauer seiner Aufenthalte in diesen Positionen immer mehr schrumpften. Kürzere Perioden mit der offiziellen Bezeichnung „Berater" tauchen im Lebenslauf immer wieder auf. Mit seinem seriösen und gewinnenden Auftreten konnte er auftretende Zweifel zerstreuen. Seinen Freunden und seiner Familie versucht er seit Jahren den Eindruck zu vermitteln, er sei ein Meister seines Faches und es warteten immer noch größere Aufgaben auf ihn. In Wahrheit ist er beruflich gescheitert: Durchsetzungskraft, Standvermögen und Fachkompetenz reichen seit Langem nicht (mehr) aus; als Führungspersönlichkeit ist er nicht geeignet. Mit etwas Glück wird er sich durch die letzten Berufsjahre winden können, um dann mit Anstand aus dem Berufsleben auszuscheiden. Es bedarf immer größerer Anstrengungen, um den Anschein einer gelungenen beruflichen Biografie aufrecht zu halten.

(5) *Der Verweigerer*. Robert hätte das Zeug zur Führungskraft, meinen jedenfalls seine Freunde und Kollegen. Aber er will einfach nicht. Seine Begründung: Er wolle schon jetzt leben, und nicht erst am Ende einer harten beruflichen Laufbahn. Deshalb stellt Robert seine Qualifikationen eher unter den Scheffel, drängt sich nie nach vorn, wenn Aufgaben zu vergeben sind und lässt Chancen bewusst an sich vorbei ziehen. Die Karrierebemühungen seiner Altersgenossen kommentiert er kritisch und manchmal auch bissig. Seine Aufgaben im Beruf erfüllt er mit mäßigem Engagement. Fast provozierend hält er Arbeitszeiten ein und pflegt seine zeitlichen Freiräume. Er lebt und lässt leben, aber seine Freunde fragen sich manchmal, warum er seine Kompetenzen und Potentiale nicht aktiver einsetzt. Gelegentlich ist bei Robert auch ein gewisser Neid auf die Kollegen zu beobachten, die „es geschafft haben".

(6) *Der Machtmensch*. Unser Modellfall lebt – positiv gesprochen – von der Vernetzung. Er zieht Strippen, er verbindet Menschen mit sich und seinen Interessen, und er arbeitet gern mit Leuten, die ihm auf Schritt und Tritt folgen. Seine Ziele sind für ihn selbst klar, für seine Umgebung aber nicht. Er verfolgt seine Pläne zielstrebig und setzt die Figuren so, wie sie ihm nützen. Er hat mit dieser Vorgehensweise Erfolg, jedenfalls überwiegend, und er findet immer wieder Mitarbeiterinnen und Mitarbeiter, die ihm ergeben sind und mit aller Kraft für ihn arbeiten. Für seine jeweiligen Arbeitgeber ist er eine attraktive Führungskraft; er setzt um, was umzusetzen ist

und macht sich dabei nicht allzu viele skrupulöse Gedanken. Geschäftsfreunde und Kollegen machen früher oder später einmal die Erfahrung, dass er ihre Nähe sucht, wenn er sich davon einen Nutzen verspricht, und dass er sie fallen lässt, wenn der Zweck erfüllt ist. In seiner Familie versucht er, ähnlich vorzugehen; dabei stößt er aber zunehmend auf Widerstand.

(7) *Hans Dampf.* Hans ist einer der glücklichen Menschen, die man überall gebrauchen kann. Er ist willig, einsatzbereit, tüchtig und freundlich, sagt lieber ja als nein und bemüht sich immer, es den Leuten recht zu machen. Das schafft ihm Freunde und führt ihm immer neue Aufgaben zu. Es fällt ihm schwer, alte Aufgaben abzugeben, bevor er neue Aufgaben übernimmt. Deshalb ist sein Terminkalender immer randvoll und Zeiten für ein wirkliches Privatleben ist knapp. Weil die vielen Aufgaben auch zeitlich miteinander kollidieren und seine Kräfte nicht mehr zunehmen, passieren ihm immer wieder Terminfehler und Nachlässigkeiten, die ihn selbst und die davon Betroffenen ärgern. Nein sagt er aber trotzdem erst, wenn der Leidensdruck nicht mehr auszuhalten ist. Das viele Ja-Sagen füllt zwar seinen Kalender, aber nicht automatisch auch sein Leben. Er leidet manchmal unter den Folgen seiner Hilfsbereitschaft.

Nach diesen – zweifellos vereinfachten, aber doch typischen – Charakterisierungen soll das Thema anhand von *Thesen* weiter bearbeitet werden, wie sie im Alltag und im Geschlechterkampf häufig zu hören sind. Zunächst aber die Bandbreite, die die genannten Typisierungen nahe legen:

Männer führen

- zielbewusst oder chaotisch
- straff oder locker
- strukturiert oder spontan
- planvoll oder planlos
- streng und gerecht oder aber lasch und beliebig
- klar oder verschwommen
- hart oder weich
- sachbezogen oder personenorientiert
- stur oder flexibel
- männerzentriert oder geschlechtsneutral

(1) *Männer werden für Leitungsaufgaben geboren und erzogen.* Männer werden ebenso wenig als Führer geboren wie Frauen als Dienerinnen. Wenn überhaupt werden Männer zu solchen erzogen. Aber ob diese Erziehung wirklich fruchtet, das ist kritisch zu sehen – insbesondere angesichts der vielen Männer, die sich zu Führungskräften berufen fühlen, aber erkennbar keine solchen sind.

Eine generelle gesellschaftliche Tendenz zur Erziehung aller Männer zu Führungskräften kann ich nicht erkennen. Das wäre auch sehr unpraktisch, weil die Zahl der Führungspositionen eher stagniert. Die Gesellschaft würde eine Vielzahl von enttäuschten Beinahe-Führungskräften erzeugen.

Viele Männer in meinem beruflichen und privaten Gesichtskreis fühlen sich von größeren Aufgaben angezogen und streben einen gewissen beruflichen und sozialen Aufstieg an. *Etwas werden*, eine Position einnehmen, sozialen und wirtschaftlichen Aufstieg erreichen, das sind Ziele, die von vielen Männern angestrebt werden. Sie werden nicht immer darüber sprechen, manche werden diese Zielrichtung sogar bestreiten; latent vorhanden ist dieses Streben aber durchaus. Weil aber die Zahl der attraktiven Führungspositionen sehr begrenzt ist, bleiben viele dieser Wunsch-Aufsteiger enttäuscht auf der Strecke oder orientieren sich in realistischer Einschätzung der Lage neu. Diese Neuorientierung geschieht dann in der Regel mehr unter qualitativen als unter quantitativen Gesichtspunkten, das heißt, dass Status und Gehalt nicht mehr an oberster Stelle der Wunschliste stehen.

(2) *Männer fühlen sich zu Höherem geboren und wissen sich durchzusetzen.* Diese Aussage glaube ich nicht, jedenfalls nicht so pauschal. Meine Erfahrung spricht nicht dafür, dass Männer bei gleichen Alters-, Bildungs- und Qualifikationsvoraussetzungen mehr Power entwickeln oder mehr Durchsetzungskraft aufweisen als Frauen. Im Gegenteil: Ich habe schon viele Männer beobachtet, die keinerlei Durchsetzungskraft entwickelt haben. Ich beobachte eher, dass Männer in Führungspositionen oft Konflikte scheuen und (notwendige) Auseinandersetzungen vermeiden wollen. Die krachledernen Durchsetzer alten Schlages sind eher selten geworden.

(3) *Männer sind hart und unsensibel.* Mir begegnen gelegentlich Führungskräfte, die in jedem zweiten Satz Wörter wie „knallhart", „durchgreifen" oder „gnadenlos" verwenden. Bei genauem Hinschauen sind das aber oft gerade die Führungsmänner, die mit diesen Verhaltensweisen Mühe haben und viel lieber nett, lieb, nachsichtig und freundlich wären. Die knallharten und menschenverachtenden Managertypen passen nicht mehr so recht in die heutige (Wirtschafts-)Welt, in der mit höchsten Anstrengungen um qualifizierte Mitarbeiter geworben wird.

(4) *Männer grenzen Frauen aus.* Ich habe öfter von diesen Männerbünden gelesen, die sich informell und hoch organisiert in Betrieben bilden und die – auf der Herrentoilette, beim abendlichen Barbesuch, auf dem Golfplatz oder wo auch immer – die wirklich wichtigen Entscheidungen treffen sollen. Leider ging dieser Teil des Männerlebens bisher an mir vorüber. Habe ich etwas falsch gemacht? Verkehre ich nicht in den wirklich wichtigen Kreisen?

Im Ernst: In meinem Gesichtskreis ist eher das Gegenteil der Fall: Frauen in Leitungspositionen werden bewusst einbezogen. Mit einer „guten Frau" zusammenarbeiten zu können, ist für moderne (jüngere) Führungskräfte eher Ehre und Ansporn als Problem oder gar Bedrohung. Diese Beurteilung ist teils aus meinem beruflichen Umfeld, der Sozialwirtschaft, abgeleitet; sie speist sich aber durchaus auch aus anderen Branchen, in die ich Einblick habe.

(5) *Männer werden leichter als Vorgesetzte akzeptiert.* Stimmt schon irgendwie, kommt aber doch stark auf Umfeld, Branche, Kultur, Bildungsniveau, Tradition, Land etc. an. Was ich schon als Beobachtung beisteuern kann: Männer werden von Frauen und Männern leichter als Vorgesetzte akzeptiert, Frauen dagegen von Frauen weniger.

(6) *Hinter jedem starken Mann steht eine (noch) stärkere Frau. Der Führungsmann kann nur Karriere machen, weil ihm die Ehefrau zu Hause den Rücken frei hält.* So was gibt's tatsächlich. Ich kenne jedenfalls Beispiele dafür. Aber auf die Dauer wird die Frau als Karriereantrieb nicht reichen. Wer nur geschoben und gedrückt wird, dem merkt man das irgendwann an, und dann endet die Karriere schnell.

Richtig ist, dass in einer Partnerschaft ohne Kinder die beiderseitige berufliche Selbstverwirklichung deutlich leichter fällt. Richtig ist auch, dass Partnerschaften, in denen beide Karriere machen wollen, eher die Ausnahme sind. Gegen diese These spricht auch die Tatsache, dass die Zahl der allein lebenden männlichen Führungskräfte durchaus dem gesellschaftlichen Durchschnitt entspricht.

Falsch ist, dass damit für die Frau jedes Streben nach Führungsaufgaben gestrichen ist. Das ist eher eine Frage der partnerschaftlichen Aufgabenteilung.

In diesem Zusammenhang sei nur auf die bisher nicht ausreichend wissenschaftlich untersuchte, aber empirisch leicht überprüfbare Tatsache verwiesen, dass erfolgreiche Männer überdurchschnittlich oft mit Lehrerinnen verbunden sind – oder, was ebenfalls noch nicht ausreichend evaluiert ist, dass Lehrerinnen überdurchschnittlich oft mit beruflich erfolgreichen Männern die Ehe oder Partnerschaft eingehen. Nachdem die (erste) Partnerschaft in der Regel in einem Alter geschlossen wird, in dem Karriere allenfalls in Anfängen möglich war, deutet sich hier ein tiefes Geheimnis an. Warum gerade Lehrerinnen? Warum eigentlich Lehrerinnen, und nicht beispielsweise Sozialpädagoginnen?

(7) *Für einen Karriereschritt opfern Männer ihre Ehe / Partnerschaft / Familie.* So direkt wird das vielleicht selten sein, aber es gibt schon echt karrieregeile Männer, die von ihrem beziehungsmäßigen Umfeld selbstverständlich höchste Opfer erwarten. Das kann bis zum Opfern von Weib und Kind gehen – vielleicht nicht bewusst und vorsätzlich, aber durch Unaufmerk-

samkeit und Überidentifikation mit dem Job. In der Praxis ist dieses Opfer nicht selten zu beobachten. Ob sich Frauen in vergleichbarer Lage ähnlich verhalten würden, lässt sich bis heute wegen der geringeren Frauenanzahl in Führungspositionen nicht verlässlich sagen.

(8) *Männer haben Angst vor Frauen. Männer können Frauen nur als Untergebene akzeptieren.* Das halte ich eher für eine Generationen- als eine Geschlechterfrage. Die Generation meiner Eltern konnte sich – von wenigen Ausnahmen wie der tüchtigen Handwerkerwitwe, die den Laden erfolgreich weiterführte – Frauen mit Einfluss nur in Spezialrollen vorstellen. Die Krankenschwester, die Volksschullehrerin, die Kindergärtnerin: ja, aber die Rektorin, die Managerin oder die Politikerin: nein!

Die *einzige Frau im Team* wird häufig als Kumpel einbezogen, akzeptiert und entsprechend behandelt. Ob sie bei entsprechender Gelegenheit – insbesondere im Karrierestress oder bei existenzgefährdenden Situationen – gleich und fair behandelt wird, hängt von vielen Faktoren ab. Eine Regel lässt sich nach Auffassung des Verfassers nicht ableiten. Es sei die These gewagt, dass die einzige Frau im Team größere berufliche Chancen hat als eine von mehreren Frauen, die aus der Gruppe heraustreten muss, wenn sie nach vorn gehen will.

Eine Anmerkung zum Schluss: Zwei der oben skizzierten typisch männlichen Biografien sind in Wahrheit aus den Lebensläufen von real existierenden Frauen adaptiert, die ich persönlich beobachte und begleite. Das zeigt mir: Es gibt wohl doch keine so klar erkennbaren geschlechtstypischen Führungstypen.

II

Instrumente zur Herstellung von Geschlechtergerechtigkeit

1. Gender-Trainings im Führungsbereich

CHRISTIANE BURBACH

Wer die *Gender-Frage* stellt, meint nicht einen linearen oder kausalen Zusammenhang zwischen Sex als dem biologischem und Gender als dem sozialen Geschlecht, sondern eröffnet einen weiten Horizont möglicher Zusammenhänge: Es gilt genau zu beobachten, wie biologisches und soziokulturell konstruiertes Geschlecht in welchem Kontext zusammen wirken, aus welchen Gründen sich Hierarchien entwickeln, wozu und wem sie dienen, auf wessen Initiative und mit wessen Mitwirkung sie zustande kommen. Dieser so genannte *Differenzansatz* bedeutet den Abschied von der Annahme generell oppositioneller, polarer oder komplementärer Geschlechterverhältnissen. Gegenüber der Politik der Frauenbewegung, des Feminismus und der Frauenforschung bedeutet es eine Akzentverschiebung, dass der Fokus nicht auf die Frauen, sondern auf das *Verhältnis* der Geschlechter, auf die Dynamiken und Kräfteverhältnisse, Hierarchien und Unterordnungen, die sich darin finden und verändern, gesetzt wird (Vgl. Jähnert/Nickel). Bei der Männerbewegung sind erste Bestrebungen erkennbar, sich ebenfalls in Richtung Genderperspektive zu bewegen.

Von der Gender-Frage zum Gender-Training

Die Geschlechterrollen sind durch viele verschiedene Faktoren eingeübt und werden auf verschiedenen Ebenen durch eine ganze Reihe von Mustern stabilisiert und auch fixiert. Um die individuellen, gesellschaftlich bedingten, milieugesteuerten, institutionskulturellen und peer-group-orientierten Selbst- und Fremdbilder, Verhaltensweisen, Einstellungen und Interaktionsmuster wahrzunehmen, ihre Wirkung auf andere zu entdecken, Alternativen zu phantasieren und auszuprobieren, zu bewerten und sich möglicherweise anzueignen, bedarf es der Arbeit auf verschiedenen Ebenen.

(1) *Die Beteiligten.* Wir haben in der Diakonie und in der ev.-luth. Landeskirche Hannovers verschiedene Modelle von Gender-Trainings entwickelt und erprobt. Es beteiligten sich die Zentrale Einrichtung Weiterbildung der Ev. Fachhochschule Hannover, das Lutherstift Falkenburg und das Pastoral-

kolleg der Hannoverschen Landeskirche. Unter den Kursteilnehmerinnen und –teilnehmern befanden sich sowohl Haupt- als auch Ehrenamtliche. Daher waren Berufsgruppen vertreten, die nicht in das spezifisch kirchlich-diakonische Spektrum gehören, wie z.B. Schulleiter, Apothekerinnen oder Ingenieure. Das erweiterte den Horizont und befruchtete die Lernsituation.

Die Grundsätze und Methoden unseres Gender-Trainings sind ebenso wenig „binnenkirchlich" wie die Beteiligten; sie sind auf andere gesellschaftliche Bereiche übertragbar.

(2) *Teilnahmevoraussetzungen.* Die Teilnahme an einem Gender-Kurs kann auf freiwilliger Basis oder durch Verordnung zustande kommen. Die freiwillige Teilnahme ist ein Resultat von Ausschreibung und Zulassung. Bei verordneten Gender-Kursen gibt es zwei Modelle: Entweder unterziehen sich Organisationen oder selbstständige Abteilungen geschlossen einem solchen Training, oder das Training wird zur Vorbedingung für die Übernahme von Leitungsaufgaben gemacht. Je nach Teilnahmemotiv variiert in der Regel die Motivation. Bei freier Ausschreibung ist die Wahrscheinlichkeit eines eigenständigen Interesses der Teilnehmenden am größten. Bei Verordnung hingegen ist zunächst durchaus auch mit Wiederständen zu rechnen. Wenn Teams oder Organisationen teilnehmen, stehen die verschiedenen Teilnehmenden dem Gedanken der Geschlechterdemokratie und der Verteilungsgerechtigkeit unter den Geschlechtern unterschiedlich nahe. Wenn schließlich die Teilnahme ein Qualifikationsmerkmal darstellt, ist mit einer Mischung aus intrinsischer und extrinsischer Motivation zu rechnen.

(3) *Organisatorisches.* Ein Gender-Training muss geschlechterparitätisch zusammengesetzt sein. Das gilt für das Leitungsteam gleichermaßen wie für die Gruppe der Teilnehmenden. Als eine neue Art des Lernens im und am Zwischenraum der Geschlechter ist dies eine sehr wichtige Voraussetzung. Auf der Seite der Teilnehmenden sollte die Abweichung bei kleineren Gruppen (bis zehn Personen) nicht mehr als zehn Prozent betragen, bei größeren Gruppen (bis zwanzig Personen) nicht mehr als fünfzehn Prozent. Bei einer Gruppenstärke von zwanzig Teilnehmerinnen sollte mit einem Leitungsteam von zwei Männern und zwei Frauen gearbeitet werden. Dies ermöglicht Teilgruppenarbeit sowohl in geschlechterhomogenen als auch in geschlechtergemischten Gruppen.

Weder Einzelgespräche noch Seminare oder Workshops mit zu großer Abweichung von der geschlechterparitätischen Zusammensetzung sind in diesem Sinn Gender-Trainings. Damit soll nicht bestritten werden, dass sie in Gewinn bringender Weise auch Gender-Aspekten behandeln können.

Für die Leitung eines Gendertrainings ist nur qualifiziert, wer über eine theoretisch und praktisch fundierte Gender-Kompetenz (Stiegler, 11) verfügt. Der *Team*entwicklung sollte angesichts der Tatsache, dass es bisher keine Aus- und Weiterbildung für Gender-Kurs-Leitung gibt, besondere Aufmerksamkeit geschenkt werden. Die Leitung hat für einen solchen Kurs außer einer bestimmten sachlichen und kommunikativen Kompetenz auch immer eine große Bedeutung für das modellhafte Handeln in der Zusammenarbeit. Bei ungenügender Teamentwicklung kann die Leitung kontraproduktive Effekte erzielen, die schwer wieder kompensiert werden können. Neue Verhältnisse zwischen den Geschlechtern und Geschlechtergerechtigkeit sollte zuerst im Team eingeübt und umgesetzt werden, bevor ein gemeinsamer Kurs angeboten wird.

(4) *Innovationspotenzial und Grenzen.* Das Innovationspotenzial von Gender-Kursen liegt darin, dass Männer und Frauen in gemeinsamen Lernprozessen ihr Verhältnis in Gruppen- oder Arbeitsverhältnissen wahrnehmen, analysieren und reflektieren, sich über ihre Erfahrungen gegenseitig Mitteilung machen und Feedback geben. Ein gemeinsamer Lernprozess trägt dazu bei, jenseits von Rechtfertigungs- und Schuldzuweisungsspielen gegenseitiges differenziertes Wahrnehmen oder Verstehen zu fördern, eingefahrene Wahrnehmungsraster zu verändern oder das Repertoire an Verhaltensweisen zu erweitern.

Gender-Trainings sind darauf angewiesen, dass die Beteiligten Lust dazu haben, Neues zu erkunden und dass sie bereit sind, ihr Weltbild, ihr Verhalten und ihre Werte zu hinterfragen und gegebenenfalls zu verändern. Gegen eine „interessengeleitete Nichtwahrnehmung" aus männlicher Perspektive (Höyng/ Puchert) oder gegen autonome Skepsis aus weiblicher Perspektive sind auch Gender-Trainings kein Allheilmittel. Jedoch im Verbund mit geschlechterpolitischen Maßnahmen, mit entsprechenden Gesetzesänderungen und mit ernsthaften Versuchen, das Verhältnis von Berufs-, Privat- und Familienleben neu zu bewerten, ist es ein sinnvoller Weg zu einer Humanisierung der Geschlechterverhältnisse.

(5) *Inhalte.* Unabhängig von der Länge und der Intensität eines Gender-Kurses sollten folgende Ebenen eine Rolle spielen:

○ *Institutionsanalyse*
  Ein vertiefter Blick unter Gender-Aspekt auf die Institution, Organisation, in der der Teilnehmer/die Teilnehmerin arbeitet, soll Aufschlüsse darüber geben, in welchem Maße Geschlechtergerechtigkeit hinsichtlich der Verteilung von Macht, Einfluss, Ressourcen und Verdienst realisiert ist. Weiter ist interessant, wie hoch das Gefälle zwischen Männern und Frauen ist und welche Stelle die jeweilige Teilnehmerin/ der Teilnehmer im System einnimmt.

○ *Biographiearbeit*
  In der Arbeit an der eigenen Biographie unter Gender-Aspekt sollen eigene Prägungen durch die Herkunftsfamilie, den Kindergarten, die Schule, andere Bildungseinrichtungen, Freundinnen und Freunde, Peergroups, kulturelle Agenten (Musikmilieus, Sportvereine, Kunst, autonome Gruppen, kirchliche Gruppen, Parteien etc.) bewusst machen. Wer

hat mich geprägt oder beeinflusst? Welche Rollenverweigerungen als Frau und Mann bin ich eingegangen? Welche Vor- und Nachteile habe ich durch mein Geschlecht, welche Freiheiten sind noch möglich? Welche Beziehung besteht zwischen meinem Geschlecht und der Rolle an meinem Arbeitsplatz? Diese und ähnliche Fragen können in der Auseinandersetzung mit den individuellen Biographien geklärt werden.

○ *Theorie*
Theoretische Inputs über weibliche und männliche Sozialisation in analytischer und sozialkonstruktivistischer Perspektive, Untersuchungsergebnisse über geschlechterdifferenzierende Studien zu Einzelthemen wie Konfliktbewusstsein, Kommunikation, Konfliktstrategien oder Haltungen gegenüber Macht und Hierarchie, bei längeren Trainings auch Referate und Vorträge geben Einblick in den aktuellen Forschungsstand. Sie sprechen in erster Linie die kognitive Ebene an.

○ *Wahrnehmungsübungen*
Rollenspiele, die Betrachtung von Bildern, Filmsequenzen, Werbematerialien, das Lesen und Analysieren aussagekräftiger Texte und andere Wahrnehmungsübungen sensibilisieren für Rollenklischees, die in der Öffentlichkeit akzeptiert und tradiert werden. Diese äußeren Bilder können mit den inneren verglichen werden. Dabei entdecken die Teilnehmenden auch, wie unterschiedlich solche inneren Bilder bei Männern oder Frauen oft sind.

○ *Interaktionen*
Es gibt Rollenspiele, die sich ausgezeichnet dazu eignen, Interaktionen zwischen Mann und Frau so vorzuführen, dass sie diskutierbar werden. Es gilt, zu beobachten und zu analysieren, welche Rollen eingenommen, welche „Spiele" gespielt werden, wie Dominanz und Unterwerfung sich darstellen. Weiterhin ist zu fragen, welche kooperativen, die Stärken der anderen und der eigenen Person zulassenden Rollenverteilungen möglich sind, welche Wahrnehmungsraster sich in bestimmten Konfliktkonstellationen zeigen und welche Strategien zur Bewältigung angewandt werden. Schließlich geht es darum, herauszufinden, wem und welchem Ziel die Strategien dienen und ob es in positivem Sinne spannungsvolle Interaktionen gibt, die ohne die Polarität von Dominanz und Unterwerfung zwischen den Geschlechtern auskommen. – Weisen diese möglicherweise neue Wege in der Problembewältigung?

○ *Institutionskultur*
Jede Institution hat ihre eigene *Kultur* und innerhalb dieser Kultur ihren spezifischen Umgang zwischen Frauen und Männern, der sie von anderen Institutionen unterscheidet. So gibt es beschreibbare Unterschiede beispielsweise zwischen einer politischen Partei und einem Gericht, zwischen einer Gewerkschaft und einem diakonisches Werk, einer Kirche und einem Verein, einem Unternehmen und einer Behörde. Als prägend für eine Institutions-Kultur können gelten: Gründerpersönlichkeiten,

wichtige Personen und Ereignisse in der Erinnerungskultur der Institution, Werte, die vertreten werden, Ziele, die im Zentrum stehen. Bei der Analyse solcher Prägungen kommt die Kehrseite zum Vorschein: Was steht am Rande der Institution, welche dunklen Stellen hat sie, was liegt im Schatten? Welche Rollen spielen Frauen und Männer? In welchem Maße können Frauen und Männer die „Seele" der Institution repräsentieren?

(6) *Exemplarischer Ablauf eines dreitägigen Kurses*

Freitag Nachmittag	Begrüßung, Vorstellung und Erwartungen:	Ziel/Inhalt
	1. Was hat Sie dazu bewogen, sich ein Wochenende lang mit Gender-Fragen zu beschäftigen (Zweier-Gruppen)	Kennenlernen
	2. Vorstellung: Wer bin ich? Wo arbeite ich? Was wünsche ich von diesem Seminar? Was befürchte ich?	
Freitag Abend	Meine Sozialisation als Frau/als Mann	Ziel/Inhalt
	Wer hat mich in welcher Altersstufe geprägt? Welche Botschaften für das Leben sind mir mitgegeben worden? (Einzelarbeit, geschlechtshomogene Gruppen) ; evtl. gegenseitige Vorstellung im Plenum: als Mottos zusammengefasste Lebensskripten. (s. Baustein Burbach: Prägung als Frau und als Mann)	Biographiearbeit
	Abendliches Feedback	
Samstag Morgen (1)	Bilder von Männern und Frauen	Ziel/Inhalt
	1. Wie werden Frauen und Männer in ihrer Beziehung zueinander dargestellt? (Filme, Werbung, Bilder; s. Krämer: Wie im Kino)	Wahrnehmung
	2. Welche Geschlechterbeziehungen erlebe ich an meinem Arbeitsplatz? (Geschlechtshomogene Gruppen)	
Samstag Morgen (2)	Sozialisation von Frauen und Männern	Inhalt
	Theoretische Inputs und Diskussion im Plenum Inhalt	Theorie

Samstag Nachmittag (1)	Kommunikations- und Konflikt-verhalten von Männern und Frauen	Inhalt
	Kurzer theoretischer Input	Theorie
Samstag Nachmittag (2)	Rollenspiele in gemischt-geschlechtlichen Gruppen	Ziel/Inhalt
	Problematische Situationen im Rollenspiel darstellen und nach alternativen Verläufen suchen. Evtl. Frauenrollen durch Männer und Männerrollen durch Frauen spielen (s. Burbach/Wagner: Szenische Darstellung).	Interaktion
Samstag Abend	Meine Institution/mein Arbeitsplatz	Inhalt
	Institutionsanalyse. Einzelarbeit und Austausch in der Kleingruppe. Diskussion der Auswirkungen. (Z.B.: Burbach: Institutionsanalyse)	Institution
	Abendliches Feedback im Plenum	
Sonntag Morgen (1)	Rollenspiele in Gruppen in gemischtgeschlechtlichen Gruppen	Ziel/Inhalt
	Mein Leitungsverhalten. Meine Leiterin.	Selbsterleben in der Institution
Sonntag Morgen (2)	Schluss-Feedback: Was ich mitnehmen möchte – was ich hier lasse.	Ziel/Inhalt
		Evaluation/Integration/Abschied

Hier wurde der Weg von der Biographie des Individuums über allgemeine Bilder von Geschlechterrollen hin zu Theorie und Interaktion gegangen und bei der Auseinandersetzung mit der eigenen Arbeitsstelle und dem Selbsterleben darin angekommen. Man kann jedoch auch in umgekehrter Richtung vorgehen: von der Institution über die eigene Biographie zur Interaktion und zum Selbsterleben.

Bei längeren Kursen können an verschiedenen Stellen die Akzente verstärkt werden und verschiedene andere Bausteine (s. Kap. III) eingebracht werden. Beim abendlichen Feedback werden die Teilnehmenden stets auch gefragt, welche Wünsche sie für das Programm des nächsten Tages haben. *Partnerschaftliches* Lernen gehört nicht nur zum Inhalt, sondern auch zum Selbstverständnis eines derartigen Trainings. Insofern ist das vorgestellte Schema variierbar; es stellt eine Sammlung von *Modulen* dar, aber keinen

Seminarplan im engen Sinne. Hier sollten die Trainer*innen* Flexibilität gegenüber den Lernwünschen der Teilnehmer*innen* walten lassen.

Seminar – Workshop – Training

Die Begrifflichkeit oszillierte bisher zwischen diesen drei Organisationsformen: Dabei steht das Seminar für einen hauptsächlich kognitiven Zugang, der Workshop für emotional geprägten Erfahrungsaustausch, das Training für konkrete Übungen zum zwischenmenschlichen Verhalten.

Ich habe mich bewusst nicht auf die eine oder andere Didaktik festgelegt, weil alle drei Formen möglich sind und in der Praxis niemals exklusiv vorkommen. Je nach Motivationslage und Lernwünschen der Teilnehmenden verstärke oder beschneide ich den seminaristischen, den workshopartigen oder den trainingsorientierten Anteil der Kurse. Ich empfehle aber, in jedem Falle alle drei Lernebenen – kognitiv, emotional und interaktiv – sowie alle drei sozialen Bereiche – Individuum, Gesellschaft und Institution – zu berücksichtigen.

Literatur

Hagemann-White, Carol: Die Konstrukteure des Geschlechts auf frischer Tat ertappen? Methodische Konsequenzen einer theoretischen Einsicht, Feministische Studien, Bd.11/2, 1993, S. 68ff.

Höyng, Stephan/ Puchert, Ralf: Die Verhinderung der beruflichen Gleichstellung. Männliche Verhaltensweisen und männerbündische Kultur, Bielefeld 1998.

Hof, Renate: Die Entwicklung der Gender Studies, in: Bußmann, Hadumod/Hof, Renate: Genus. Zur Geschlechterdifferenz in den Kulturwissenschaften, Stuttgart 1995, S. 2ff.

Jähnert, Gabi/ Nickel, Hildegard Maria: Geschlechterstudien an der Berliner Humboldt-Universität: Professionalisierungsdruck und fächerübergreifendes Lernen, in: Zeitschrift für Frauenforschung 15.Jg., 4/97, S.20ff.

Stiegler, Barbara: Frauen im Mainstreaming – Politische Strategien und Theorien zur Geschlechterfrage, hg. Friedrich-Ebert-Stiftung, Abt. Arbeits- und Sozialforschung, Bonn 1998.

2. Gender-Training: Position beziehen – Begegnung erleben

CHRISTEL EWERT/BERND DRÄGESTEIN

Das Folgende basiert auf den jahrelangen beruflichen Seminarerfahrungen der Verfasserin und des Verfassers. Waren es in den ersten Jahren vornehmlich geschlechtshomogene Gruppen, die wir jeweils aus der besonderen Perspektive in unserer Rolle als Frau (für Frauen/Mädchen) respektive als Mann (für Männer/Jungen) erreichen wollten, stellen wir nun die *reale* Begegnung von Frauen und Männern in den Mittelpunkt unserer Aufmerksamkeit. In den letzten vier Jahren hat es sich bewährt, dass wir Seminarkonzepte mit geschlechtsdifferenten Ansätzen anbieten, um somit unseren Beitrag zur Geschlechterverständigung zu leisten.

Planung und Konzeption

Wenn wir ein neues Projekt entwickeln, stellen wir uns zunächst eine Reihe *grundsätzlicher Fragen*, zum Beispiel:

— Wer wünscht sich ein Gender-Seminar?
— Welches Anliegen (ausgesprochen/unausgesprochen) steht dahinter?
— Was war/ist der offizielle Anlass?
— Was verbindet die Frauen und Männer, die zum Seminar erscheinen?
— Existieren hierarchische Strukturen?
— Wie gestaltet sich quantitativ das Geschlechterverhältnis?
— Verfolgt die Gruppe ein gemeinsames Ziel?
— Werden Teilnehmerinnen/Teilnehmer verpflichtet?
— Welche Erwartungen werden an die Seminarleitung formuliert?

(1) Aufgrund unserer Seminarerfahrungen müssen bestimmte *Strukturbedingungen* erfüllt werden, damit sich der Gender-Prozess entwickelt.

● Das *quantitative Verhältnis* von Frauen und Männern im Teilnahmefeld sollte höchstens zwei Drittel zu einem Drittel betragen. In der Regel sind die Frauen in der Mehrheit; diese darf aber nicht überwältigend sein, da

62

sonst häufig die männlichen Teilnehmer – je nach Themenausrichtung – zu kollektiver Schuldübernahme oder/und übermäßiger Rechtfertigung neigen, was dem angestrebten Dialog der Geschlechter zuwider läuft. Ideal wäre ein paritätisch zusammengesetztes Teilnahmefeld. Ein weiterer Anspruch richtet sich dies bezüglich auch an die Seminarleitung. Wir halten es für grundlegend für den Gesamtprozess, dass auch hier das Geschlechterverhältnis paritätisch repräsentiert ist (Vorbildcharakter).

○ Erscheint das gesamte Kollegium einer Organisation oder Einrichtung, so sind die *Hierarchieebenen* von zentraler Bedeutung und müssen unter geschlechterbezogener Perspektive beachtet und kommunizierbar gemacht werden (Transparenz). Die Qualität der Dynamik hängt entscheidend davon ab, ob beispielsweise Frauen aus Leitungsfunktionen heraus ein Gender-Seminar gewünscht haben oder ob Männer als Führungskräfte mit mehrheitlich weiblichen Untergebenen am Seminarprozess teilnehmen.

○ Eine nicht unerhebliche Rolle spielt die *Bildungskultur* in der Organisation. Welchen Stellenwert hat in dieser Einrichtung das Lernen?

○ Bei offenen Ausschreibungen muss im Vorfeld ermittelt werden, welches *gemeinsame Anliegen* für diejenigen, die sich anmelden, angenommen werden kann. Welche gemeinsamen Interessen könnte man – aufgrund ihrer Lebens- und Arbeitsverhältnisse – voraussetzen?

(2) Die Auftraggeberinnen und Auftraggeber von Bildungsmaßnahmen im Gender-Bereich definieren ihre *Ziele* in Vorgesprächen; diese sind von Fall zu Fall unterschiedlich.

Wir als Leitungsteam für Gender-Prozesse bieten den teilnehmenden Frauen und Männer einen *konstruiert-öffentlichen Raum* an, in dem sie sich in einer gewissermaßen geschützten Öffentlichkeit an tabuisierte Themenfelder aus dem Gender-Bereich heranwagen können. Wir haben nämlich festgestellt, dass in der ungeschützten Öffentlichkeit die Frage der Geschlechterdifferenz weitgehend verdrängt wird. Die – als *politically correct* anerkannte – Maxime „Alle sind gleich" verhindert genaueres Hinschauen. Dies führt zu „Wahrnehmungsverzerrungen" auf beiden Seiten. Eine Art emotionaler Nebel umhüllt selbst die Problembewussten unter den Seminarmitgliedern. Es ist unser Ziel, Geschlechterdifferenzen sichtbar und erlebbar zu machen und sie für die Gruppe nutzbringend und ressourcenorientiert in Szene zu setzen. Wir fordern jeden Einzelnen und jede Einzelne gezielt heraus und möchten damit einen Reflexionsprozess in Gang bringen. Lösungsstrategien bieten wir nicht an. Wir sind am Ziel, wenn die Teilnehmerinnen und Teilnehmer erkennen, dass sie zwar nicht alle gleich sind, dass es sich jedoch möglich und lohnend ist, in einen offenen Dialog über die vorhandenen Differenzen einzutreten. Wenn dieser dann auch nicht immer konfliktfrei verläuft, vermittelt er doch in jedem Fall neue individuelle Wahrnehmungen, die den Austausch und das gemeinsame Interesse fördern.

(3) *Methodische Komponenten.* Um solche Interaktionen in Gang zu bringen bzw. für alle Beteiligten auch sichtbar zu machen, bedarf es einer abgestimmten Methodik. Wir möchten hier zwei Ansätze vorstellen. Es sind, streng genommen, keine „Neuerfindungen", sondern Mischformen bekannter Ansätzen, die aus dem besonderen *Setting* neue Dynamik entwickeln und Interaktions- und Erlebnisprozesse auslösen.

Erstes Beispiel: „Arbeiten mit dem Standpunkt"
— Vorbereitung
  Der Seminarraum wird stuhl- und tischfrei geräumt. In der Mitte des Raumes wird ein möglichst großes Blatt Papier mit einer Kernaussage/Kernfrage zum Thema (z.B. *„Von den jetzigen gesellschaftlichen Machtverhältnissen profitieren nur wenige Männer?"*) ausgelegt. Wichtig ist, dass die Aussage offen formuliert ist, damit sie eine Auseinandersetzung in Gang bringt.

— Aufgabe
  Die Anwesenden lesen diese zentrale Aussage, überlegen eine kurze mündliche Antwort für sich (*einen* Satz!) und suchen sich zu dem Thesenpapier einen – räumlichen (!) – Standpunkt, der durch Nähe oder Entfernung den Grad ihrer Zustimmung oder Ablehnung symbolisiert. Wenn jede und jeder seinen „Standpunkt" gefunden hat, werden alle aufgefordert mit ihrem Antwort-Satz öffentlich Position zu beziehen. Nacheinander werden die persönlichen Standpunkte in Form von „Ich-Aussagen" vorgetragen. In dieser Phase lassen wir keine Kommentare oder Bewertungen zu. Erst nach der Auflösung dieser Formation geben wir der Gruppe die Gelegenheit, einander im Plenum Verständnisfragen zu stellen und sich über individuelle Erfahrungen auszutauschen.

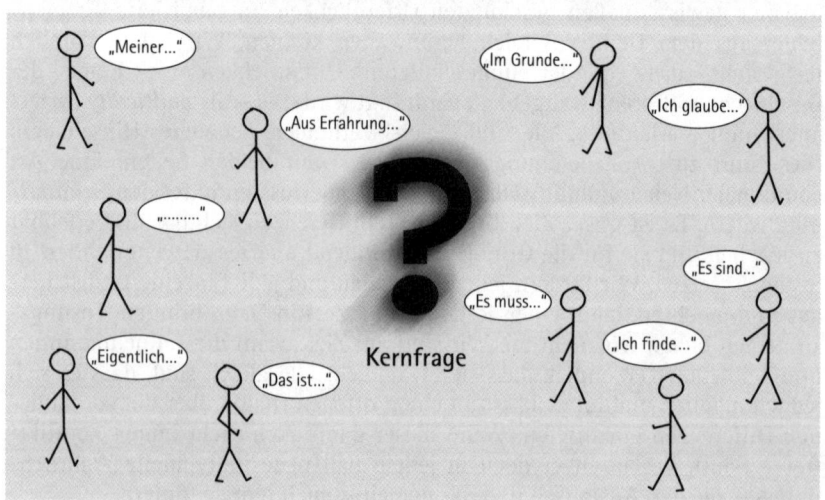

— Anwendungsbereiche

Die Methode hat sich vor allem als *Warming up* oder thematischer Einstieg bewährt. Aber auch, wenn beispielsweise im Rahmen einer Plenumsdiskussion immer die gleichen Personen die gleichen Argumente austauschen, eignet sich das beschriebene Modell, erneut alle Teilnehmenden ins Spiel und zu Wort kommen zu lassen. In jedem Fall ist damit eine augenfällige Sensibilisierung für die Vielfalt unterschiedlicher Standpunkte zu erreichen.

— Grenzen

Damit diese Standpunkt-Übung überschaubar bleibt und nicht zu langatmig wird, sollte man sie nur mit *kleinen Gruppen* (höchstens zwanzig Teilnehmende) ausprobieren.

— Sinn und Zweck

Die Übung eignet sich gut, um die unterschiedlichen Positionen und Einstellungen sichtbar und die Rede vom *Meinungsbild* transparent zu machen. Sie gibt der Leiterin/dem Leiter einen Überblick über die in der Gruppe vertretenen Positionen und bringt Bewegung in fest gefahrene Diskussionen.

Zweites Beispiel: „Positionslinie"

— Vorbereitung

Der Seminarraum wird von Tischen und Stühlen freigeräumt. Zwei Stühle werden mit großen Abstand gegenüber aufgestellt. Auf jedem Stuhl wird sichtbar ein großes Blatt Papier ausgelegt, auf dem jeweils ein *Statement* geschrieben steht. Die Stuhlpositionen symbolisieren polare Aussagen, die sich auch im Inhalt der Statements wiederfinden. Beispielsweise könnte Folgendes behauptet werden: *„Die Gender-Thematik ist ein Gewinn für die Männer!"* und *„Die Gender-Thematik bringt für die Männer nichts!"* Die Aussagen sollten kurz und prägnant sein, damit die Teilnehmenden sich rasch und eindeutig für die eine oder die andere entscheiden können. Nachdem den Anwesenden beide Thesen laut vorgelesen worden sind, stellen sie sich an einen Punkt zwischen den Stühlen, der dem Grad ihrer Zustimmung oder Ablehnung entspricht. Anschließend wird jede Person aufgefordert, sich einen Satz zu überlegen, der die gewählte Position begründet.

— Anwendungsbereiche
Auch diese Übung eignet sich zum *Warming up* oder zur (Neu-)Belebung einer Diskussion. Darüber hinaus kann es aufschlussreich sein, sie am Anfang und zum Ende eines Prozesses durchzuführen, um so die Veränderungen zu dokumentieren, die im Verlauf ausgelöst worden sind.

— Grenzen
Wiederum sollte die Gruppe nicht mehr als zwanzig Teilnehmende umfassen.

— Sinn und Zweck
Die Teilnehmenden werden dazu angeregt, persönlich Stellung zu beziehen, lernen andere Positionen kennen, setzen sich mit ihnen auseinander und erleben Differenzen in großer Anschaulichkeit.

3. Gender-Training in der Jugendbildung

HEIKE SCHLOTTAU

Gender-Trainings kommen nicht nur für Erwachsene mit viel Lebenserfahrung in Betracht, sondern unterstützen auch Jugendliche beim Start in ihr „erwachsenes" Leben. So sind Gender-Trainings beispielsweise ein fester Bestandteil der Veranstaltungen zur geschlechterbezogenen Arbeit, die die Evangelische Trägergruppe für gesellschaftspolitische Jugendbildung durchführt. Die Angebote richten sich an Jugendliche und junge Erwachsene im Alter von etwa 15 bis 25 Jahren. Sie sind speziell für diese Zielgruppe konzipiert.

Die Bedeutung der Gender-Frage für Jugendliche

Geschlechterbezogene Arbeit bewegt sich in einem Paradox: Bewusst und sensibel berücksichtigt sie das Geschlecht der Adressat*innen* und hält zugleich an dem Ziel fest, Geschlecht möge als sozial strukturierende Kategorie an Bedeutung verlieren. Deshalb kommt es darauf an, besonders aufmerksam sozialen Wandel wahrzunehmen und keine „Das ist nun mal so"-Statements zu akzeptieren. Wir wissen es ja inzwischen besser: Mädchen und Frauen sind den Geschlechterverhältnissen nicht bloß passiv unterworfen, sie gestalten aktiv deren Veränderung; dass mittlerweile auch Jungen und Männer zum Wandel der Geschlechterverhältnisse beitragen, belegen z.B. die Studien von *Meuser* und *Zulehner/Volz*.

Eine Expertise von *Mechtild Oechsle* belegt, in welchem Ausmaß sich die Lebenslagen der Geschlechter angeglichen haben und dass Mädchen mit dem selbstverständlichen Anspruch auf Gleichheit aufwachsen. Daneben existieren in einzelnen Bereichen weiterhin Ungleichheiten – und sie existieren auch im subjektiven Erleben der Mädchen und Jungen. Die Auswertung von 33 gender-bezogenen Veranstaltungen der Evangelischen Trägergruppe für Jugendbildung (aus dem Jahr 2000) macht deutlich, worum es dabei geht:

Mädchen klagen über Ungerechtigkeiten im Hinblick auf sexuelle Selbstbestimmung, sexuelle Belästigung und sexuelle Gewalt, sie äußern die Befürchtung, Mädchen müssten berufliche Nachteile hinnehmen, wenn sie

Kinder wollten, und sie diskutieren die vergleichsweise niedrige Vergütung in traditionellen Frauenberufen. *Jungen* berichten über Herabsetzungen, die sie erfahren, sobald sie dem dominanten Bild von Männlichkeit nicht entsprechen. *Mädchen wie Jungen* beschweren sich gelegentlich bei der jeweils anderen Gruppe darüber, dass Praxis und Klischees traditioneller Männlichkeit und Weiblichkeit sie einengen.

Die Gleichzeitigkeit von Veränderung und Beharrung zeigt sich auch im alltäglichen Umgang der Geschlechter miteinander. Neben einer großen Vielfalt gelebter Darstellung von Geschlecht bestehen zugleich im Bewusstsein überkommene Geschlechterbilder hartnäckig weiter. Diese Diskrepanz findet sich bei Mädchen und Jungen ebenso wie bei Pädagog*innen*. Wie stark alte Vorurteile über Geschlecht und Verhalten das Miteinander – oft unbemerkt – beeinflussen und lenken, mag ein Praxisbeispiel verdeutlichen.

René oder Renée. In einer fremden Gruppe gibt es einige wenige, mit denen wir spontan ein Lächeln austauschen, wenn wir uns begegnen. Sie gehörte dazu: eine junge Frau, kräftig, mit burschikosem Auftreten und mit sehr kurzen, blond gefärbten Haaren. Eine lange Strähne hing ihr in die Stirn.

In den ersten Stunden einer Tagung sind die Jugendlichen meist etwas verunsichert; einige überspielen das mit Sprüchen und coolem Auftreten. Sie tat das auch, aber ich sah mit einem Lächeln darüber hinweg.

Beim Essen erklärte ich, von Tisch zu Tisch gehend, wohin das Geschirr abgeräumt werden solle. Sie saß an einem Tisch mit fünf Jungen. Da ich fürchtete, die Jungen würden ohnehin nicht zuhören, weil sie sich für „Frauenarbeit" nicht zuständig fühlten, war ich sehr froh, dass sie mit am Tisch saß. So konnte ich ihr, dem verständnisvollen Mädchen, mein Anliegen ausführlich darlegen, in der Hoffnung, sie werde den Auftrag an ihre Gruppe weitergeben. Das tat sie dann auch. Sie hatte Verständnis – ganz so, wie ich es unterstellt hatte.

In einem Teamgespräch am späten Nachmittag stellte sich heraus: Sie ist ein Junge. Ich hatte mich heftig getäuscht. Meine Kollegin, die ihn gleich als Jungen erkannt hatte, fand ihn von Beginn an recht schwierig. Ich war sehr irritiert: Darüber dass ich mich getäuscht hatte, darüber, dass ich das Klischee „Jungen räumen nicht ab" ohne Überlegung angewendet hatte und schließlich viel mehr noch über etwas anderes: Weil ich *geglaubt* hatte, René sei ein Mädchen, war ich ihr – oder jetzt besser: ihm – offenbar anders begegnet. Hätte ich sie für einen Jungen gehalten, hätte ich Dominanzgebaren erwartet und wäre auf der Hut gewesen. Ich hätte mich distanzierter verhalten und kürzer mit ihm geredet. Vorsorglich hätte ich mein Anliegen etwas forscher und entschiedener vorgebracht, um Einwände gar nicht aufkommen zu lassen. René begegne ich anders und – merkwürdig: auch René verhält sich anders.

Und ich merke, wie ich selbst diesen Unterschied erst *erschaffe*. Ich unterstelle, wie ein Junge oder ein Mädchen sein mag, und so trete ich ihm oder ihr dann entgegen. Meine Haltung beeinflusst die Reaktion des Gegenübers.

Gewiss ist die schnelle Unterscheidung hilfreich und erleichtert die Kommunikation. Wie aufwändig und verunsichernd wäre es, bei Begegnungen zuerst vorsichtig erforschen zu müssen, wen man da vor sich hat! Ich verkürze und erleichtere mir die Entscheidung, wie ich mit jemandem umgehen soll, dadurch, dass ich ihn oder sie rasch zuordne und mich so verhalte, wie es der tief in mir verankerten Vorstellung entspricht. Nur selten erlebe ich so deutlich wie mit René, wie stark ich damit die andere Person und auch mich selbst festlege und das Verhaltensrepertoire einenge. Menschen agieren jeden Tag unzählige Male auf diese Weise, sie wiederholen bekannte Muster und schaffen dadurch immer wieder neu, was sie eigentlich für Vorgaben halten.

Allerdings sind diese Wiederholungen nicht komplett identisch. Brüche und Irritationen lassen etwas Neues aufscheinen. Jede neue Generation, jede andere Person, lebt und interpretiert Geschlecht auf ihre Weise und trägt zur Vielfalt der Bilder bei. In diesen Variationen erweist sich die Flexibilität der Muster. Hier lohnt es sich, einzuhaken, und zwar ganz besonders mit und bei Jugendlichen, in denen – aufgrund ihrer Lebenssituation und ihrer Lebenseinstellung – das meiste Veränderungspotenzial steckt.

Sinn und Zweck der Gender-Kurse für Jugendliche

Die Jugendlichen sollen zunächst geschlechtsbezogene Einstellungen und Verhaltensweisen wahrnehmen und lernen, darauf zu achten, wo geschlechtsstereotype Muster angewendet und reproduziert werden. Sie stellen dabei fest, wie stark das vorherrschende System kultureller Zweigeschlechtlichkeit ihre Wahrnehmung und ihr Verhalten beeinflusst. Verschiedene *Bausteine* führen zu diesem Ziel.

- Ein Kurs könnte danach fragen, wie sich das System der Zweigeschlechtlichkeit historisch herausgebildet hat. Dazu beschäftigt er sich exemplarisch mit Personen aus anderen historischen Epochen und mit deren Lebens- und Denkweisen.
- Spannend ist der Blick auf Alltagssituationen, die Geschlechterklischees prägen und von ihnen geprägt sind.
- Auch anhand der eigenen Biographie lassen sich geschlechtsbezogene Einstellungen und Verhaltensmuster verdeutlichen.

Bei allem geht es ausdrücklich *nicht* darum, in der geschlechterbezogenen Arbeit eine vermeintlich weibliche oder männliche Identitätsbildung zu unterstützen. Dies würde den Mythos einer konsistenten Gruppenidentität befördern. Nach Meinung der Gender-Trainer*innen* jedoch gibt es schlichtweg *keine* stereotypen Eigenschaften, die sich nur bei einer bestimmten, äußerlich identifizierbaren Gruppe und jedem ihrer Mitglieder fänden!

Hauptlernziel eines Gender-Kurses ist, dass die Absolvent*innen* dazu beitragen können, Veränderungen der Geschlechterverhältnisse in der Gesellschaft herbeizuführen. Dazu sollen die Kursteilnehmenden

- Machtgefälle in Geschlechterverhältnissen wahrnehmen
- Ungleichheiten zwischen Mann und Frau in der Gesellschaft erkennen
- In den Geschlechterbildern Hierarchien entdecken und problematisieren
- In Ungleichheiten innerhalb der Gruppe der Jungen bzw. Mädchen Probleme der sozialen und kulturellen Ordnung identifizieren (Wer ist ein „richtiger" Junge?).

Gender-Trainings sollten Anzeichen und Elemente der Auflösung geschlechtsstereotyper Muster aufnehmen und stärken. Gerade in Jugendszenen und im Umgang Jugendlicher miteinander finden sich bereits Ansätze zur Veränderung des Systems bipolarer Zweigeschlechtlichkeit und Tendenzen zur Irritation und Auflösung starrer traditioneller Bilder. Jugendliche können auf diesem Hintergrund Kriterien und Schritte für eine Strategie entwickeln, die dazu beiträgt, dass Geschlecht als sozial strukturierende Kategorie in der Interaktion an Bedeutung verliert.

Gender-Trainings öffnen den Blick für die Vielfalt: Mädchen und Jungen entwickeln längst individuelle Vorstellungen vom eigenen Weg. Darin sollen sie Unterstützung erfahren, soll ihr Gestaltungswillen gestärkt werden. Die aktuellen Lebenslagen von Mädchen und Jungen bilden hierfür einen guten Ausgangspunkt. Die Trainer*innen* müssen sich daher stets vor Augen halten, dass Jugendliche andere Haltungen und Erfahrungen mitbringen als Erwachsene. Dafür ist es z.B. hilfreich, Jugendzeitschriften zu kennen und über Vorlieben, Geschlechterverhältnisse bei Freizeitaktivitäten, im Sport und bei anderen Begegnungen von Jugendlichen Bescheid zu wissen, so dass wenig Raum für Unterstellungen und Projektionen bleibt.

Für alle diese Vorhaben ist die Kooperation von geschlechtsbewusst arbeitenden Frauen und Männern wünschenswert.

Inhaltlich widmen sich Gender-Trainings mit Jugendlichen im Rahmen der Bildungsarbeit der Evangelischen Trägergruppe für gesellschaftspolitische Jugendbildung besonders folgenden Themen:

- Entfaltung persönlicher und sozialer Kompetenzen
- Erweiterung der kommunikativen Fähigkeiten
- Suche nach neuen Lösungswegen in Konfliktsituationen und im Umgang mit Aggression und Gewalt
- Erweiterung des Berufswahlspektrums
- Reflexion über gesellschaftliche Arbeitsteilung und Muster in den Geschlechterverhältnissen
- Entwicklung vielfältiger Bilder von Männlichkeit und Weiblichkeit.

Methodisch enthält jeder Kurs in der Regel Phasen der Arbeit in geschlechtsgetrennten Gruppen und in gemischten Gruppen. Die Programmteile beziehen körperliche Aktivitäten ebenso mit ein wie Rollenspiele und Gespräche.

Beispiel für einen viertägigen Genderkurs

mit einer gemischten Gruppe von Jugendlichen

Montag

Vormittag
Kennenlernen
Warming Up

Bilder von Weiblichkeit und Männlichkeit.
(Baustein von H. Schlottau, s. Seite 105)

Nachmittag
Traumbilder und Real Life
(Baustein von H. Poggensee, s. Seite 133)

Abend
Move your Body
Bewegung für alle, z.B. ein Kurs zum Inline-Skaten

Dienstag

Vormittag
Botschaften für das Leben
(Baustein von A. Hoppler, s. Seite 155)

Pop Musik – Darstellung von Männern und Frauen
(Baustein von A. Hoppler, s. Seite 135)

Nachmittag
Love don't cost a thing
Spiel und Gespräch über Liebe und die Gestaltung von
Partnerschaft

1. Runde in getrennten Gruppen. Dabei legt sowohl die
   Mädchengruppe wie die Jungengruppe die Fragen
   beiseite, die sie gern mit der anderen Gruppe bereden
   möchte.
2. Runde gemischt.

Grundlage für diese Aktion bildet das „Sexspiel" von
Pro Familia, mit einigen ergänzten und abgewandelten
Fragen.

Abend
Entspannungs- oder Meditationsübung

Mittwoch

Vormittag
Bedrohung und Belästigung
(Baustein von H. Schlottau, s. Seite 158)

Übungen zur Konfliktlösung und zum Umgang mit
Aggression und Gewalt

Mittwoch	
Nachmittag	**Inszenierungen**
	Rollenspiele oder Szenen, die mit Video aufgezeichnet werden. Die Gruppe spielt vorgegebene oder selbst entwickelte Situationen. Die Teilnehmenden fügen z.B. wie in einer *Soap* Szenen mit unterschiedlichen Protagonisten zusammen und zeigen beispielhaft einige Aspekte des Alltagslebens. Die Ausgangsfrage könnte lauten:
	Wie gestalten Personen, die in derselben Straße wohnen, ihre Beziehungen als Männer und Frauen, Jungen und Mädchen?
Abend	**Laufsteg**
	Party mit einem Gender-Parcours: Verkleidung, Bewegung, Düfte, Stimmen erproben und raten.
Donnerstag	
Vormittag	Erarbeitung einer **Ausstellung**:

1. Neue Bilder von Männern und Frauen
   (Baustein von Chr. Kohrs: „Köpfe tauschen", s. Seite 184)

2. Kleine Gruppen bereiten die Arbeitsergebnisse zu den einzelnen Bausteinen der Woche auf (mit Hilfe von Fotos, die im Laufe der Woche geschossen wurden) und präsentieren sie in der Ausstellung.

Kommentare zur Ausstellung und

Feedback zur Tagung

Literatur

Meuser, Michael: Geschlecht und Männlichkeit. Soziologische Theorie und kulturelle Deutungsmuster. Opladen 1998

Oechsle, Mechtild: Gleichheit mit Hindernissen. Hrsg. von: Stiftung SPI Berlin 2000

Zulehner, Paul M./ Rainer Volz: Männer im Aufbruch. Wie Deutschlands Männer sich selbst und wie Frauen sie sehen. Ein Forschungsbericht. Ostfildern 1998

4. Gender-Mainstreaming –
Eine europäische Perspektive

MONIKA BARZ

Ein Plakat, auf dem eine Gruppe von Menschen zu sehen ist, lächelnd, entspannt, zuversichtlich, mit allen Attributen des Erfolgs – darunter ein Slogan, der deutlich macht, wofür sie stehen, für modernes Management, etwa für „Beschäftigung und Innovation": Gewiss kennen Sie diese Art der Selbstdarstellung von Führungsriegen. Nehmen Sie einmal solch ein Plakat und montieren dazu den Slogan:

Die Qualität eines Produktes ist umso besser,
je vielfältiger die Gruppe zusammengesetzt ist,
die es erstellt.

Fällt Ihnen etwas auf? Wie „vielfältig" ist denn die „Gruppe"? Ich wette, Sie sehen ausschließlich Männer.

Geschlechterfragen haben den Status von Gerechtigkeitsfragen längst überschritten. Es geht bei der fairen Berücksichtigung von Frauen an Macht und Entscheidungen um Qualitätssteigerung. Führungsverantwortung und -kompetenz beinhaltet die kreative Suche nach konkreten Strategien, die dazu führen, Monokultur in Macht- und Entscheidungsetagen aufzubrechen.

Wirtschaft und Politik gehen Hand in Hand, wenn es um die Problematisierung bestehender Geschlechterverhältnisse geht. „Staat und Gesellschaft können sich dies auf Dauer nicht leisten", es sei weder „gerecht noch ökonomisch klug", wenn die geistigen Potenziale und die Kreativität von Frauen sich in Wirtschaft und Gesellschaft nicht voll entfalten können. So lauten die offiziellen Verlautbarungen der Bundesregierung (Bundesministerium für Familie, Senioren, Frauen und Jugend;1999).

Die politische Antwort auf die Herausforderung einer geschlechtergerechten gesellschaftlichen Weiterentwicklung ist das in den 70er und 80er Jahren eingebrachte Instrument der Quote. Darüber hinaus macht aktuell ein neues Instrument von sich reden: *Gender-Mainstreaming*. Was versteckt sich hinter diesem noch jungen englisch sprachigen Begriff? Hält es, was es verspricht? Ist es die europäische Zauberformel der Gleichstellungspolitik?

Begriffsklärung. Mit Gender-Mainstreaming ist der Prozess und die Vorgehensweise gemeint, die Perpektive des Geschlechts in die zentralen Entscheidungsflüsse (mainstream) einzuspeisen.

Ziel. Gender-Mainstreaming zielt darauf, die Geschlechterperspektive in die Gesamtpolitik aufzunehmen und alle Entscheidungsprozesse für die Gleichstellung der Geschlechter nutzbar zu machen (Bundesministerium für Familie, Senioren, Frauen und Jugend/Schweikert, Birgit; 2000 und Stiegler, Barbara; 2000, S. 8). Durch Gender-Mainstreaming soll gewährleistet sein, dass im politischen Entscheidungs- und Gestaltungsprozess die Interessen von Frauen von Anfang an mit reflektiert und berücksichtigt werden. Darüber hinaus sollen Entscheidungsprozesse so gestaltet werden, dass sie für die Gleichstellung der Geschlechter nutzbar gemacht werden können. Letzteres weist über quantitativ nachweisbare Berücksichtung von Graueninteressen hinaus. Es geht um die Zusammensetzung von Gremien, um eine geschlechterdemokratische Entscheidungskultur und Prozessqualität. In diesem Verständnis von Gender-Mainstreaming gerät neben dem Ziel auch der Weg in den Blick.

Um sich die Bedeutung dieses Ansatzes zu vergegenwärtigen, ist es hilfreich, sich vorzustellen, wie bislang in den meisten Fällen verfahren wird. *Barbara Stiegler* vergleicht Entscheidungsprozesse in politisch handelnden Organisationen mit dem Flechten eines Zopfes. Bisher werden die Zöpfe mit den Strängen Sachgerechtigkeit, Machbarkeit und Kosten geflochten. In einigen Fällen wird zum Schluss die Frage gestellt, in welcher Weise Frauen von den Entscheidungen betroffen sein könnten. Der fertige Zopf wird quasi am Ende mit einer kleinen lila Schleife versehen (Stiegler, 2000, S. 8).

Entscheidungsprozesse
ohne Gender-Mainstreaming

Entscheidungsprozesse
mit Gender-Mainstreaming

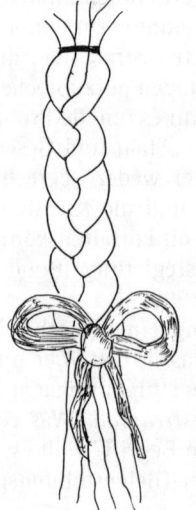
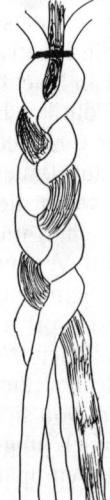

Bleiben wir im Bild des Zopfes, so wird durch Gender-Mainstreaming die Frage der Geschlechterverhältnisse zu einem der wesentlichen Stränge des Zopfes selber. Dieser Strang prägt den Gesamtprozess von Anfang an.

Das Symbol des Zopfes macht deutlich, dass Gender-Mainstreaming ein Prinzip ist, das die Entscheidungsprozesse einer Organisation verändert. Es ist keine Strategie, die von Frauen allein in ihren Netzen und Kanälen verfolgt werden kann. Das Prinzip zielt darauf ab, Organisationen zu verändern. Es handelt sich um einen Reorganisationsprozess, der von der Führung verantwortet, in einem *top-down*-Verfahren eingeleitet, in systematischer Weise sicherstellen soll, dass die Geschlechterperspektive berücksichtigt wird.

Grundannahme. Unternehmerische und politische Entscheidungen, die geschlechtsneutral erscheinen, können unterschiedliche Auswirkungen auf Männer und Frauen haben, auch wenn diese Auswirkungen weder geplant noch beabsichtigt waren. Durch die Bewertung geschlechtsspezifischer Auswirkungen lassen sich unbeabsichtigte, negative Folgeerscheinungen verhindern und die Qualität und Wirksamkeit der Entscheidung verbessern. Die Verwirklichung von Chancengleichheit ist in einer Demokratie nicht Aufgabe der jeweils benachteiligten Gruppe, sondern Aufgabe aller demokratischen Kräfte. In der unternehmerischen und politischen Praxis heißt dies, dass Chancengleichheit nicht mehr Sache allein der Frauen ist, sondern zur Aufgabe einer ganzen Organisation wird. Hiermit wird es Teil der strategischen Planungsverantwortung für Führungskräfte.

Gender-Mainstreaming ergänzt bisherige Ansätze der Gleichstellungspolitik. Gemeinsam mit der Normierung (Schaffung von Gesetzen und Programmen), der Quotierung (als Zielvorgabe und notwendiger Umkehrprozess der bisher wirksamen Ausgrenzung von Frauen) und der Tradition autonomer Frauenstrukturen wird Gender-Mainstreaming als *vierte Säule der Geschlechterpolitik* verstanden.

Geschlechterpolitik

Normierung	Quotierung	Gender Mainstreaming	Autonome Strukturen
der Ziele (Gesetze, Programme)	als Umkehrprozess des Ausschlusses	als Instrument zur Verbesserung polit. Entscheidungen	und autonome Praxis von Frauen

Internationale rechtliche und politische Vorgaben. Der Begriff des Gender-Mainstreaming tauchte erstmals 1985 nach der Dritten Weltfrauenkonferenz der *Vereinten Nationen* auf. In der Aktionsplattform der *Vierten Weltfrauenkonferenz 1995* in Peking wurde die Strategie des Gender-Mainstreamings aufgegriffen und ausdrücklich unterstützt. Die *Europäische Kommission* erwähnte den Begriff des Gender-Mainstreaming erstmalig in ihrem dritten mittelfristigen Aktionsprogramm für die Jahre 1991 bis 1995. Sie machte den Gender-Mainstreaming-Ansatz zum zentralen Punkt des vierten Aktionsprogramms für die Jahre 1996 bis 2000 und verankerte ihn 1996 endgültig in der europäischen Politik. (Rede von Ministerin Merk vor dem Gleichstellungsausschuss des Niedersächsischen Landtages am 18.3.1999)

Die *deutsche Bundesregierung* ist zur Umsetzung einer effektiven Gleichstellungspolitik im Sinne des Gender-Mainstreaming-Ansatzes durch den Amsterdamer Vertrag von 1997 verpflichtet. Dieses Vertragswerk bildet das Kernstück der *Europäischen Union*. In ihm wird ausdrücklich festgehalten, dass es Aufgabe der europäischen Gemeinschaft sei, die Gleichstellung von Männern und Frauen zu fördern (Art.2) und bei all ihren Tätigkeiten darauf hin zu wirken, Ungleichheiten zu beseitigen (Art.3). (Bundesministerium für Familie, Senioren, Frauen und Jugend / Schweikert, 2000; S.3)

○ *Art. 2 des Amsterdamer Vertrages*
„Aufgabe der Gemeinschaft ist es, durch die Errichtung eines Gemeinsamen Marktes und einer Wirtschafts- und Währungsunion sowie durch die Durchführung der (...) gemeinsamen Politiken und Maßnahmen in der ganzen Gemeinschaft (...) die Gleichstellung von Männern und Frauen (...) zu fördern."

○ *Art. 3 des Amsterdamer Vertrages*
„Bei allen in diesem Artikel genannten Tätigkeiten wirkt die Gemeinschaft darauf hin, Ungleichheiten zu beseitigen und die Gleichstellung von Männern und Frauen zu fördern."

In Anlehnung an den Amsterdamer Vertrag hat das Bundeskabinett in seinem Beschluss vom 23. Juni 1999 die „Gleichstellung von Frauen und Männern als durchgängiges Leitprinzip" der Bundesregierung anerkannt und sich dafür ausgesprochen, „diese Aufgabe als Querschnittsaufgabe unter dem Begriff, Gender- Mainstreaming zu fördern" (Schweikert, 2000, S.17).

Konkrete *Umsetzungschritte* mündeten in der Einrichtung einer interministeriellen Arbeitsgruppe auf Ebene der Abteilungsleitung unter der Federführung des Bundesministeriums für Familie, Senioren, Frauen und Jugend. In dieser Arbeitsgruppe sind sechzehn Ministerien vertreten. Geplant ist, dass jedes Ministerium an einem konkreten Routinevorgang exemplarisch den Gender-Mainstreaming-Ansatz praktiziert. Aufbauend auf diese Erfahrungen soll ein Handbuch für die Bundesverwaltung erstellt werden. Es soll im Verwaltungshandeln die Umsetzung des Gender-Mainstreaming durch konkrete Prüfkriterien erleichtern.

Die Europäische Kommission und die Bundesregierung nennen Kriterien, die eine Mainstreaming-Politik erfüllen muss, um erfolgreich zu sein:

— Engagement der Führungsebene mit klaren Zielvorgaben
— Sensibilisierungsaktivitäten für Qualitätsaspekte

– Abschied vom Verständnis einer geschlechtsneutralen Politik
– Statistiken zu geschlechtsspezifischen Unterschieden
– Vermittlung von Sachkenntnis
– Doppelstrategie (Beibehaltung der Maßnahmen, die ausschließlich Frauen dienen)
– Notwendigkeit der Erhöhung des Frauenanteils
– Ressourcen
– Klare Verantwortlichkeiten und Zuständigkeiten
– Kontrollmechanismen zur Begleitung und Bewertung

Um die Wirkung des Gender-Mainstreaming langfristig einschätzen zu können, bedarf es aussagekräftiger Vergleichsdaten. Im folgenden *Exkurs* ist für Deutschland die „Stunde Null" zum Zeitpunkt der Amsterdamer Verträge festgehalten.

Geschlechterverhältnisse in Deutschland zur Zeit des Amsterdamer Vertrages

Politik 1998[1]

Bundestag   70%*

Länderparlamente   70%*

Kommunen   80%*

Verwaltung/oberste Bundesbehörden 1996[2]

Abteilungsleitung   98%*

Unterabteilungsleitung 92%*

Referatsleitung   90%*

Wissenschaft, 1997[3]

C4-Professuren   95%*

Professuren   91%*
insgesamt

* Zahlen geben den Prozentsatz der Männer wieder

1 *www.bundestag.de* und BMFSFJ, Frauen in der Bundesrepublik Deutschland, 1998 S. 137, *www.bmfsfj.de*
2 BMFSFJ, Frauen in der Bundesrepublik Deutschland, 1998 S. 82, *www.bmfsfj.de*
3 BMFSFJ, Programm ‚Frau und Beruf', Aufbruch in der Gleichstellungspolitik, 1999 S. 6, *www.bmfsfj.de*

Wirtschaft, 1996[4]

Oberes Management 94%*

Kirche, evangelisch, 1996[7]

Bischöfe 98%*

Synoden 60%*

Gewerkschaften, 1994[6]

Bundesvorstände 83%*

Betriebsräte 77%*

Sport, 19967

Präsidium 80%*

Vereinsvorsitzende 95%*

Ehrenamtliche im sozialen Bereich[8]

Ältere Menschen 25%*
im sozialen Ehrenamt

Teilzeitbeschäftigung, 1994[9]

7%*

* Zahlen geben den Prozentsatz der Männer wieder

4 BMFSFJ, Programm ‚Frau und Beruf', Aufbruch in der Gleichstellungspolitik, 1999 S. 6, *www.bmfsfj.de*
5 BMFSFJ, Frauen in der Bundesrepublik Deutschland, 1998 S. 141, *www.bmfsfj.de*
6 BMFSFJ, Frauen in der Bundesrepublik Deutschland, 1998 S. 142, *www.bmfsfj.de*
7 BMFSFJ, Frauen in der Bundesrepublik Deutschland, 1998 S. 143, *www.bmfsfj.de*
8 BMFSFJ, Frauen in der Bundesrepublik Deutschland, 1998 S. 144, *www.bmfsfj.de*
9 BMFSFJ, Frauen in der Bundesrepublik Deutschland, 1998 S. 80, *www.bmfsfj.de*

Einkommen, 1996[10]

Brutto Monatsverdienst, Arbeiterinnen ohne Teilzeit

Alte Bundesländer	Männer: DM 4.200	Frauen: DM 3.000
Neue Bundesländer	Männer: DM 3.100	Frauen: DM 2.400

Brutto Monatsverdienst, Angestellte ohne Teilzeit

Alte Bundesländer	Männer: DM 6.200	Frauen: DM 4.200
Neue Bundesländer	Männer: DM 4.600	Frauen: DM 3.500

Rente, 1996[11]

Eigene Altersrente

Alte Bundesländer	Männer: DM 1.800	Frauen: DM 800
Neue Bundesländer	Männer: DM 1.800	Frauen: DM 1.100

Witwen- und Witwerrente

Alte Bundesländer	Männer: DM 400	Frauen: DM 1.000
Neue Bundesländer	Männer: DM 400	Frauen: DM 900

Umsetzungsprozesse – europäische Perspektive

Schweden. In der schwedischen Regierungserklärung wurde 1994 festgestellt, dass Gleichstellung der Geschlechter nicht nur die Angelegenheit der Gleichstellungsministerin sei, sondern Gleichstellungsaspekte alle Bereiche der Politik durchdringen und von allen Minister*innen* in Ihren Ressorts beachtet und umgesetzt werden müssen. Alle Bereiche der Schwedischen Gesellschaft wurden aufgefordert, ebenso zu verfahren. (Schweikert; 2000, S. 13 und ÖTV; 2000, S.C1-C6)

Der Verband der schwedischen Kommunen (vergleichbar mit dem Deutschem Städtetag) startete 1995 die Entwicklung eines politischen Programmes „Kommunen und Gleichstellung". Ziel war es, herauszufinden, in welchen Bereichen die Kommunen für Gleichstellung aktiv werden könnten. Ferner sollte eine Methode entwickelt werden, wie Gender-Mainstreaming systematisch betrieben werden könne. Die Untersuchung ergab, dass in sämtlichen Verantwortungsbereichen der Kommunen Gleichstellungsarbeit möglich und sinnvoll sei. Als Methode zur Umsetzung des Gender-Mainstreaming wurde die *3-R- Methode* entwickelt. Sie steht für *Repräsentation,*

---

10 BMFSFJ, Frauen in der Bundesrepublik Deutschland, 1998 S. 67f, *www.bmfsfj.de*
11 BMFSFJ, Frauen in der Bundesrepublik Deutschland, 1998 S. 131, *www.bmfsfj.de*

Ressourcen und Realisierung. Maßnahmen, die unter der Gender-Perspektive bearbeitet werden, sollen diesen drei Prüfkriterien unterliegen (Stiegler; 2000, S. 15).

- *Repräsentation (R1)* bedeutet: Hier wird geprüft, wie hoch die jeweilige Geschlechterbeteiligung ist, also zum Beispiel, wie viele Männer bzw. wie viele Frauen von einer Maßnahme betroffen sind, an ihr mit wirken, etc.
- *Ressourcen (R2)* bedeutet: Hier wird geprüft, wie sich die gemeinsamen Ressourcen auf die Geschlechter verteilen. Als Ressourcen gelten Zeit, Geld, Raum. Es ist also zu beachten, wie viel Geld etwa für Männer bzw. für Frauen im Bereich der Sozialhilfe oder für Mädchen bzw. Jungen in der Jugendarbeit ausgegeben wird, wie viel Raum Mädchen und Jungen in Vorschule, Schule und Freizeiteinrichtungen für sich beanspruchen, wie viel Zeit in Treffen zur Behandlung der von Frauen bzw. der von Männern eingebrachten Fragen investiert wird etc.
- *Realisierung (R3)* bedeutet: Hier wird nach den Ursachen für aufgedeckte Ungleichbehandlungen gefragt und über Konsequenzen nachgedacht. Es geht um Handlungsschritte, die dazu dienen, mehr Gerechtigkeit herzustellen.

Erfahrungen aus Schweden zeigen, dass es durch die 3R-Methode gelungen ist, sachgerechte Diskussionen unter Politiker*innen* und den Beschäftigten der Kommune zu ermöglichen. Anstelle einer allgemeinen Diskussion über den Nutzen von Gleichstellung innerhalb verschiedener Tätigkeitsbereiche konnte konkret diskutiert werden, was Gleichstellung in den jeweiligen Bereichen bedeuten würde und welche konkreten Veränderungen erforderlich seien.

Derzeit beteiligen sich 18 schwedische Kommunen an der versuchsweisen Einführung der integrierten Gleichstellung unter Anwendung der 3R-Methode[12]. Die erste Pilotphase begann im Februar 2000 und endete im Herbst 2000. Publizierte Praxisbeispiele liegen bisher vor aus den Bereichen der Sozialdienste, des Schulamtes und des Kultur- und Freizeitamtes.

Betrachten wir als Beispiel das *Sozialamt der Stadt Köping*:

- Repräsentation. Die Frage nach der Geschlechterverteilung bei bewilligten und abgelehnten Anträgen auf Sozialhilfe ergab, dass in Relation zu den jeweiligen Beantragungen mehr Männer als Frauen Bewilligungsbescheide erhielten. Dies galt auch im Vergleich innerhalb der Alleinlebenden mit Kindern. Hier war der Anteil der Väter, die einen Bewilligungsbescheid erhielten, größer als der der Mütter.
- Ressourcen. Die Höhe der Sozialhilfebeträge, die jeweils an Frauen und Männer ausgezahlt wurde, wurde in Köping nicht erhoben. Die nationalen Statistiken, die hierüber vorliegen, zeigen, dass Männer generell einen höheren Sozialhilfebetrag erhalten als Frauen.

12 Zentrales frauenpolitischen Forums der ÖTV; (2000), Gender Mainstreaming in der alltäglichen Gewerkschaftsarbeit, Berlin 10.Februar 2000, Tagungsdokumentation, Stuttgart 2000, S. C2 –C6

- Realisierung. Im Rahmen der Gender-Analyse gingen die Behörden der Frage nach, woran liegt es, dass Männer häufiger als Frauen einen positiven Bescheid bekommen. In ersten Untersuchungsschritten wurden festgestellt, dass eine große Mehrheit von Frauen ihre Anträge damit begründete, dass ihre Einkommen nicht ausreichten, während sich bei den Anträgen der Männer eine deutlich größere Variation der aufgeführten Gründe für die beantragte Unterstützung fand.

Diese Ergebnisse führten zu Überlegungen, ob Sozialsekretärinnen und -sekretäre möglicherweise bei der Beratung der antragstellenden Männer andere Kategorien von Gründen hervorheben als bei Frauen und dies dazu führt, dass qualitativ unterschiedliche Antragsbegründungen geliefert werden und bzw. oder ob stereotype Entscheidungsmotivationen von Sachbearbeiter*innen* dazu führen, dass den Bedürfnissen von Männern größere Aufmerksamkeit geschenkt wird als denen der Frauen.

Ein zweites Beispiel ist das *Kultur- und Freizeitamt der Stadt Vaxjös*, das die 3-R-Methode im Bereich Jungen- und Mädchenfussball anwandte.
- Repräsentation. Die Mädchenmannschaft hatte 16 Spielerinnen, die Jungenmannschaft 15 Spieler. Beide Mannschaften hatten männliche Trainer. Die Anzahl der Trainingseinheiten und Spiele war gleich.
- Ressourcen. Die Mädchenmannschaft erhielt fast ein Drittel weniger Geld als die Jungenmannschaft. Im Vereinsblatt erschien die Mädchenmannschaft zwischen 1991 und 1996 viermal und die Jungenmannschaft zwölfmal. Im Geschäftsbereich des gleichen Zeitraums nahm der Bericht über die Jungenmannschaft 50% mehr Platz in Anspruch als der der Mädchenmannschaft.
- Realisierung. Als Konsequenz aus dieser Analyse hat das Freizeit- und Kulturamt neue Beantragungsbögen herausgegeben. In denen müssen die Verbände und Vereine, die um kommunale Mittel für Sport und Freizeitaktivitäten nachsuchen, eine geschlechtsspezifische Aufteilung über die verbrauchten und beantragten Mittel machen.

Im Bereich Kunst wurde der *Kunsteinkauf der Stadt* untersucht:
- Repräsentation. Dies ergab für den Zeitraum 1992 bis 1996 zwanzig von männlichen Künstlern und siebzehn von Künstlerinnen gekaufte Kunstwerke.
- Ressourcen. Der Durchschnittspreis für die Kunstwerke von Männern lag um circa ein Drittel höher als der von Frauen.
- Realisierung. Derzeit geht die Kommune der Frage nach, warum für Kunstwerke von Männern mehr Geld bezahlt wird. Ob eine Quotierung der Mittel in Erwägung gezogen wird, ist nicht bekannt.

Die Schulbehörde in Köping untersuchte die *Geschlechterverteilung in verschiedenen Kursen* des Gymnasiums:
- Repräsentation. Es zeigte sich, dass sich Mädchen und Jungen nicht gleichmäßig auf die Kurse verteilten. Es gab jungendominierte und mädchendominierte Kurse.
- Ressourcen. Es erwies sich, dass die finanziellen Mittel, die für die jungendominierten Kurse ausgegeben wurden, circa doppelt so hoch waren, als die für mädchendominierte Kurse.
- Realisierung. Die Ursachenanalyse ergab, dass die jungendominierten Kurse raum- und ausstattungsmäßig teurer waren. Des Weiteren wurde festgestellt,

dass die von Mädchen dominierten Kurse sehr wohl auch einen höheren Mittel-bedarf gehabt hätten – zum Beispiel mehr Computer im Handelskurs. Derzeit geht man in Köping der Frage nach, welches die Motive für die unterschied-liche Prioritätensetzung zwischen den Kursen sind und ob eine andere Mittel-vergabe die Geschlechterverteilung innerhalb der Kurse der Gymnasien ver-ändern und somit ein Beitrag zum Abbau der Geschlechtersegregation geleistet werden kann.

Bewertung

Alle Analysen führen zu quantitativ belegbaren Unterschieden zwischen den Geschlechtern. Durch den Gender-Mainstreaming Prozess wurden sie amtlicher-seits erhoben und von der Kommune in einem selbstreflexiven Prozess analysiert. Hierin mag eine Chance für Veränderungspotentiale liegen. Über konkrete politi-sche Konsequenzen liegen zur Zeit noch keine Informationen vor. Der weitere Entwicklungsprozess wird von der Bundesregierung aufmerksam verfolgt. (Schweikert, Birgit; 2000/2).

Finnland

Die finnische Regierung hat eine dreijährige Erprobungsphase zur Einfüh-rung von Gender-Mainstreaming beschlossen. Die Projektzeit reicht von 1998-2001. Ziel ist die Herausgabe eines Methodenpakets, um die systema-tische Durchführung des Gender-Mainstreaming zu ermöglichen. In jedem Ministerium wurde ein Themenbereich ausgewählt. So machte zum Beispiel das Bildungsministerium die Jugendpolitik zum Schwerpunkt für die Anwendung des Gender-Mainstreaming. (Schweikert, Birgit; 2000, S. 14f)

Norwegen

In Norwegen sind seit 1996 die Staatssekretäre und -sekretärinnen der Ministerien für die Durchführung des Gender-Mainstreaming zuständig. Innerhalb des Kabinetts liegt die Hauptverantwortung beim Gleichstellungs-ministerium. (Schweikert, Birgit; 2000, S. 15),

Niederlande

Die niederländische Regierung hat 1998 einen Aktionsplan zum Gender-Mainstreaming erarbeitet, der von 1999 bis 2002 umgesetzt werden soll. Jedes Ministerium mußte mindestens drei konkrete Maßnahmen benennen. Die Vorgabe war, dass es Ziele sein sollten, die in vier Jahren erreichbar und konkret messbar sind. Als Vorläufer wurde bereits 1994 eine analytische

Methode für eine Gleichstellungsverträglichkeitsprüfung (GVP) entwickelt. Sie besteht aus fünf Schritten.

1. Bewertung der geschlechterbezogenen Relevanz. Gefragt wird hierbei zum Beispiel: An welche Zielgruppe richtet sich die Maßnahme? Gibt es Unterschiede zwischen Frauen und Männern bezüglich von Rechten und Ressourcen?
2. Beschreibung der aktuellen und zukünftigen Situation
3. Analyse des Handlungsvorschlags
4. Aufzeigen der Auswirkungen auf Strukturen und Prozesse
5. Endbeurteilung der Maßnahme (Schweikert, Birgit; 2000, S. 15f)

Mittelvergabe als Steuerungsinstrument

Die Berücksichtung von Fraueninteressen wird auf der Ebene der Europäischen Kommission über die Mittelvergabe durchgesetzt. So sind beispielsweise die Mittel des europäischen Strukturfonds seit 1999 mit der Auflage verbunden, die Auswirkungen der jeweiligen Maßnahmen differenziert nach Männern und Frauen zu erfassen. Das bedeutet für nationale Antragsteller*innen*, ihre Projekte müssen Auseinandersetzungen mit der Genderperspektive aufweisen, um eine Chance auf Bewilligung zu haben. (Stiegler, Barbara; 2000, S. 22) Als Folge hat beispielsweise die Landesregierung Schleswig-Holstein im Landesprogramm ,Arbeit für Schleswig-Holstein' (ASH 2000) versucht den Anforderungen der Europäischen Union nachzukommen indem sie die Berücksichtigung von Fraueninteressen in ihrem Programm verankert hat. So enthalten die Förderrichtlinien die Verpflichtung, Frauen entsprechend ihrem Anteil an Arbeitslosigkeit/bzw. Sozialhilfebezug zu fördern. Bei der Wirtschaftsförderung und Schaffung neuer Gewerbegebiete und Technologiezentren werden im ,Regionalprogramm 2000' erstmalig Vertreterinnen von Fraueninteressen in die Vorbereitung des Regionalprogramms 2000 einbezogen. Die Beispiele zeigen, wie die Mittelvergabe als Steuerungsinstrument von einer Hierarchieebene auf die nächste Wirkung zeigen kann. Ohne den sanften Druck des Geldes hätte auch dies noch Jahre dauern können. (Vgl. Landesministerium für Justiz, Frauen, Jugend und Familie, Rede der Ministerin Lütke anlässlich der Fachtagung ,Gender Mainstreaming', Kiel, 12.10.2000)

Politische Einschätzung

Gender-Mainstreaming basiert auf der theoretischen Annahme, dass Veränderungen dort ansetzen müssen, wo Entscheidungen vorbereitet und umgesetzt werden. Quasi nach dem Verursacherprinzip. Dort wo Regelungen und Entscheidungen zum Erhalt patriarchaler Strukturen beitragen, dort soll Veränderung eingeleitet werden. Kritische Stimmen sagen, es bedarf nicht eines aufwendigen Gender-Mainstreaming Prozesses, um festzustellen, dass für Mädchen weniger Geld in Sportverein und Schule ausgegeben wird und männliche Künstler mehr Geld verdienen, etc. Es handelt sich hierbei um Erkenntnisse die seit Jahrzehnten von Frauen vorgebracht würden. Nicht viele Worte und neue Analysen seien nötig, sondern konsequentes Handeln.

Diese Kritik ist ernst zu nehmen. Führungskräfte stehen hierdurch vor neuen Herausforderungen. Sie können den Prozess des Gender-Main-streaming aktiv unterstützen und sicherstellen, dass Veränderungspotentiale, die entstehen, wenn Systeme sich selbst evaluieren, in konsequentes Handeln umgesetzt werden. Frauen kann nicht länger die Aufgabe aufgebürdet werden, alleine für die Umsetzung von Chancengleichheit verantwortlich zu sein. Tagtäglich handelnde Verwaltungssysteme müssen selbst, im Sinne der Zielerreichung eines Qualitätsstandards bei der Umsetzung von Chancen-gleichheit beteiligt werden. Diese insgesamt positive Grundhaltung dem Gender-Mainstreaming Ansatz gegenüber darf nicht darüber hinweg täuschen, dass in der Praxis negative Auswirkungen des Ansatzes zu beob-achten sind.

Problematische Auswirkungen

Erfahrungen weisen auf erste Problemfelder im Hinblick auf die Grund-philosophie des Ansatzes hin. Ein zentrales Problem liegt darin, dass Füh-rungsebenen und Verwaltungen, die bislang noch von Männern dominiert werden (vgl. Datenmaterial) durch den Politikansatz des Gender-Mainstrea-ming ideologisch legitimiert werden, Fraueninteressen zu vertreten, über sie zu urteilen und zu entscheiden. Hierfür werden ihnen Macht und finanzielle Ressourcen zur Verfügung gestellt.

Die letzten 30 Jahre Frauenbewegung haben ein Klima geschaffen, in dem zunehmend anerkannt war, dass Frauen darauf bestehen, für sich selbst zu reden und gehört zu werden. Sie brachen mit der Vorstellung des Mitgemeint- und Mitberücksichtigt-Seins, wenn Männer Politik für ‚Men-schen‘ machten. Nicht selten schienen Männer empört, die von wohl-meinend bis ignorant in altväterlicher Vorstellung mit Selbstverständlich-keit davon ausgegangen waren, ‚neutral‘ zu sein und die Interessen ‚aller Menschen‘ zu vertreten. Frauen sprachen ihnen ab, durch sie vertreten zu sein. Dies war ein wichtiger Schritt in der Sichtbarwerdung von Frauen-interessen und -realitäten.

Die politische Grundhaltung des Gender-Mainstreaming geht davon aus, dass nicht mehr nur die Frauen zuständig sind, für ihre Interessen einzuste-hen. Der Versuch, die Lösung gesellschaftlicher Ungleichheit wieder in den Verantwortungsbereich der ‚Herrschenden‘ zurückzugeben, ist ein gewagter Schritt. Zumal dann, wenn Männern denen diese Macht zugestanden wird, sich noch nicht gelöst hatten, von der Vorstellung, sie seien geschlechtsneu-tral, und ihre Handlungen kämen ‚den Menschen ganz allgemein‘ zugute.

Fehlentwicklungen in der Umsetzung des Gender-Mainstreaming entstehen dort, wo gegen die zugrundeliegenden Standards (vgl. die bereits erwähnte Kriterienliste) verstoßen wird.

Gefahren in der Umsetzung des Gender-Mainstreaming

1. Pseudo-Engagement in der Führungsebene ohne Zielvorgaben
2. Fehlende Sensibilisierungsaktivitäten für Zusammenhänge mit Qualitätsentwicklung
3. Festhalten an Vorstellungen geschlechtsneutraler Politik
4. Unspezifische Datenlage
5. Mangelnde Sachkenntnis über geschlechtsspezifische Zuschreibungsphänomene
6. Abbau von Maßnahmen, die ausschließlich Frauen dienen
7. Ablehnung der Erhöhung des Frauenanteils mit der ‚objektiven' Begründung, dass auch Männer Fraueninteressen berücksichtigen müssten
8. Fehlende Ressourcen – insbesondere für Datenerhebung
9. Unklare Verantwortlichkeiten und Zuständigkeiten
10. Mangelnde Kontrollmechanismen und Beliebigkeit in der Bewertung

Ausblick

Für Führungskräfte eröffnet Gender-Mainstreaming eine große Herausforderung. Sollte Gender-Mainstreaming zu dem werden, was es sein kann, so wird in den nächsten zehn bis zwanzig Jahren ein gewaltiger Reorganisationsprozess die Verwaltungen des Bundes, der Länder und Kommunen durchziehen. Die Privatwirtschaft wird sich diesem Sog nicht entziehen. Schulungen, Gendertrainings werden ebenso nötig sein, wie die Entwicklung klarer Zielvorgaben, Zielvereinbarungen, Prüfkriterien und Contollingverfahren.

Literatur

Bundesministerium für Familie, Senioren, Frauen und Jugend
BMFSFJ, Programm ‚Frau und Beruf‘, Aufbruch in der Gleichstellungspolitik, Bonn 1999.

Bundesministerium für Familie, Senioren, Frauen und Jugend (BMFSFJ)/Schweikert, Birgit; (2000), Grundlagenpapier zu Gender Mainstreaming, Az.: 401–8102. (Abk. Schweikert, Birgit, 2000).

Bundesministerium für Familie, Senioren, Frauen und Jugend; (2000), Dossier, Gleichstellungspolitik und Gender Mainstreaming in Schweden, Referat 401, Berlin 28.7.2000. (Abk. Schweikert, Birgit, 2000/2).

BMFSFJ, Frauen in der Bundesrepublik Deutschland, 1998.

Stiegler, Barbara: Wie Gender in den Mainstream kommt, Konzepte, Argumente und Praxisbeispiele zur EU-Strategie des Gender-Mainstreaming, Bonn 2000.

Zentrales frauenpolitischen Forums der ÖTV; (2000), Gender Mainstreaming in der alltäglichen Gewerkschaftsarbeit, Berlin 10. Februar 2000, Tagungsdokumentation, Stuttgart. Bezugsadresse: Gewerkschaft ÖTV, Hauptverwaltung, Vera Morgenstern, Postfach 103662, 70031 Stuttgart, Tel. 0711/2097-150, Fax –166, e-mail: vera.morgenstern@oetv.de (Abk.: ÖTV 2000)

III
Methodische Bausteine
für Gender-Trainings

1. Geschlechtergerechtigkeit in Institutionen

Institutionsanalyse

CHRISTIANE BURBACH

Zielgruppe	Erwachsene, Jugendliche, insofern sie berufstätig sind.
Zeit	Je nach Gruppengröße 90 bis 120 Minuten.
Material	Für jeden Teilnehmenden zwei große Blätter (mindestens DIN A3), Farbstifte, Metaplanwand
Fokus	Wie sieht es mit der Verteilungsgerechtigkeit in Bezug auf Arbeitsplätze und Lohn im eigenen Betrieb aus?
Ziele	– Die Teilnehmer*innen* sollen sich ein Bild von ihrer Institution und der Verteilung von Arbeit, Verdienstmöglichkeiten und Macht erarbeiten. – Sie sollen anhand von harten Daten die Verteilung von Macht und Abhängigkeit eruieren und beobachten, welchen Anteil Männer und Frauen daran haben. – Sie sollen herausfinden, welcher Grad an Verteilungsgerechtigkeit in der eigenen Institution erreicht werden könnte.
Durchführung	Jede/r legt einen „Job-Spiegel" an, auf dem abzulesen ist, welche Positionen in der eigenen Institution von unten bis oben vorhanden sind, welche Gehälter dort verdient werden und mit wem sie besetzt sind. Es wird auch vermerkt, welche Stellen mit Frauen und welche mit Männern besetzt sind. (Evtl. kann man dies mit zwei verschiedenen Farben markieren.) Auf einem weiteren Blatt wird ein Organigramm angefertigt, auf dem die Weisungsbefugnisse, Dienst- und Fachaufsicht eingezeichnet werden. Auch hier wird markiert, welche Stellen von Männern oder Frauen besetzt sind.

- Für diese *Einzelarbeit* sollten 45 bis 60 Minuten Zeit gegeben werden.

- Anschließend stellt jede/jeder den anderen die eigene Institution vor und erläutert den Stand der Verteilungsgerechtigkeit. Der Schwerpunkt liegt auf Beobachtungen, die im Hinblick auf die Gerechtigkeitsthematik aufschlussreich sind.

Fragestellung

Welche Stellen wurden bei Stellenreduktionen gestrichen?

Welche Tendenzen sind bei Neueinstellungen, Neuberufungen festzustellen?

Wer arbeitet im Angestelltenverhältnis, wer ist verbeamtet?

Gibt es ein Gefälle im Hinblick auf die Macht- und Geldverteilung zwischen Frauen und Männern?

Die besprochenen Organigramme können an eine Metaplanwand geheftet werden.

Geschlechtergerechtigkeit als Qualitätskriterium

BIRGIT GRONER-ZILLING

Zielgruppe	Diese Methode eignet sich für erwachsene Teilnehmende, die in einem Arbeitszusammenhang stehen. Gruppengröße: 10 bis 15 Teilnehmende
Zeit	Abhängig vom Prozess
Material	Arbeitsblätter, Stifte
Fokus	Der Gender-Ansatz wurde in den 80er Jahren in der Entwicklungszusammenarbeit fruchtbar gemacht, und zwar aufgrund der Kritik von Frauen aus den Entwicklungsländern: Die Entwicklungshilfeprojekte kämen überwiegend nur ihren Männern zugute und teilweise zeigten sich sogar negative Auswirkungen auf die Lebenssituation und den Status von Frauen.

Der in diesem Rahmen entwickelte Gender-Ansatz als Qualitätskriterium sieht als oberstes Ziel – auch für uns, für heute, für unsere Institutionen –, die Gleichstellung und demokratische Partizipation aller Bevölkerungsgruppen in einem Land zu fördern. Damit soll eine gleichwertige Kooperation von Frauen und Männern erreicht werden.

Prämissen dieses Ansatzes

Rollen und Tätigkeitsbereiche, sowie Verantwortungsbereiche von Frauen und Männern sind in verschiedenen (Arbeits-) Kulturen sehr unterschiedlich.
Folglich bestehen verschiedene Bedürfnisse (Gender-Bedürfnisse) von Frauen und Männern an ihrem jeweiligen (Arbeits-) Alltag.
Gender-Bedürfnisse werden aufgeteilt in:

(1) Praktische Gender-Bedürfnisse
wie Einkommen, Grundversorgung, reproduktive Arbeiten, produktive Arbeiten, soziale Kontakte, Tauschmittel) und die existierende Rollenverteilung im Mikrobereich.
(2) Strategische Gender-Bedürfnisse
wie den Zugang zu (Fort-) Bildung, politischer Partizipation, Zugang zu gesellschaftlicher/institutioneller Macht.

Dieser Ansatz fragt nach praktischen und strategischen Bedürfnissen und nach den bestehenden Anerkennungsmustern in einer Gesellschaft/Institution. Auf der Basis einer Analyse des Status Quo werden Möglichkeiten der Veränderung im Sinne des Gender-Mainstreaming konzipiert, umgesetzt und evaluiert.

Ziele
- Erkennen, dass die eigene Institution Geschlechter-Ungerechtigkeit reproduziert
- Vergleichen mit dem Leitbild der Institution
- Planen von Veränderungsprozessen zur Verankerung des Gender-Mainstreaming

Durchführung
- Mit dem vorliegenden Arbeitsblatt (*Arbeitsblatt 1*: „Die Gender-Gerechtigkeit in einer Institution analysieren") wird der Versuch unternommen, auf der Ebene der Institution/Organisation etc. Zugänge von Frauen und Männern zu analysieren und zu reflektieren. Die Trainerinnen setzen hier ihre Schwerpunkte entsprechend ihrer Zielgruppe und Fragestellung. Die einzelnen Positionen auf dem Arbeitsblatt 1 können entsprechend gesondert betrachtet, erweitert und vertieft werden.

- Anschließend wird Arbeitsblatt 2 behandelt. Drei Strukturierungshilfen – das Leitbild, die Praktiken, das *Organisationsklima* – geben Ausschluss über die Differenzen zwischen „Ist" und „Soll".

Das *Leitbild* bedingt die Struktur einer Institution/Organisation und ist abhängig von deren Organisationsziel und Gegenstand (Inhalt). Die *Praktiken* ,d.h. die tatsächliche Umsetzung, machen die Werte und Vorstellungen im Umgang sichtbar. Das *Organisationsklima* wird durch gemeinsame Werte, gegenseitiges Vertrauen oder Misstrauen, das Vorhandensein oder Nicht-Vorhandensein von Verantwortungsbewusstsein und Gemeinschaftssinn geprägt.

Aus ihnen folgen die Notwendigkeiten der anstehenden Veränderungsprozesse für das Gender-Mainstreaming.

Gender-Gerechtigkeit in einer Institution analysieren

Ebene: Struktur einer Institution/Organisation/Einrichtung/Firma
Ziel: Erhebung des Status quo

Personal	Anerkennung 1/2/3[1] Anzahl Frauen	prakt. ×	strateg.	Anerkennung 1/2/3 Anzahl Männer	prakt. ×	strateg.
Ebene = Gesamt-unternehmen						
1.Hierarchie z.B. Direktorium Geschäftsführung ...						
2. Arbeitsbereiche ...						
Ebene = Team						
3. Aufgaben-verteilung ...						
4. Voll- oder Teil-zeitbeschäftigte – u. > – 50 % – 75% –100%						
5. Sonderauf-gaben? ...						
Gesamtsumme =						
Summe Positionen =						

1 3 = hoch, 2 = mittelmäßig, 1 = niedrig. Diese Zahlen werden in die Tabelle eingetragen, mit der Anzahl an Männern oder Frauen multipliziert, am Ende addiert und durch die Positionen dividiert. Je höher der Wert, desto höher die Anerkennung.

2 Praktische Genderbedürfnisse beziehen sich gesellschaftsstrukturanalytisch auf die Microebene, konkret z.B. auf die Arbeit und die Arbeitsatmosphäre. Dazu gehört auch die Bezahlung für die Arbeit und die gesundheitlichen Auswirkungen der Arbeit. Weiter gefasst fallen unter die praktischen Genderbedürfnisse eines Menschen alles zum Leben in einer Gesellschaft Notwendige (Nahrung, Wohnung, Bekleidung, Arbeit, soziale Kontakte, Tauschmittel).

3 Strategische Genderbedürfnisse beziehen sich gesellschaftsstrukturanalytisch auf die Meso- und Makroebene, d.h. im weitesten Sinn auf den Zugang zu Macht (politisch, gesellschaftlich, institutionell, persönlich).

Innerhalb der Organisation – Philosophie und Praktiken

1. **Leitbild:** Welche Vorstellungen/Werte gelten in der Organisation/Institution?

2. **Praktiken:**
Wie werden Vorstellungen und Werte tatsächlich gelebt/umgesetzt/ sichtbar?

3. **Organisationsklima:** Wodurch ist unser Organisationsklima gekennzeichnet?

Veränderungsprozesse einleiten

	Wie?	Unterstützung?	Hindernisse?	Wie beseitigen?
Was wollen wir praktisch verändern?				
Was wollen wir strategisch verändern?				

Planung

Meine nächsten Schritte:
1.
2.
3.
. . .

Detailplanung (mein erster Schritt)

Was? (Inhalt)	Wann? (Zeitangabe)	Wo? (Ort)	mit wem?

Evaluationsform?   Zeitlich   Inhaltlich

Analyse der Institutions-/ Organisationskultur

CHRISTIANE BURBACH

Zielgruppe	Erwachsene, ältere Jugendliche
Zeit	Bei vertiefter Plenumsdiskussion ca. 90 – 120 Minuten
Material	– Arbeitsblätter mit dem Satzergänzungstext in hinreichender Anzahl – Flipchart
Fokus	Organisationen und Institution haben einen unterschiedlichen Charakter hinsichtlich des Umganges mit dem Geschlechterverhältnis. Dieser Charakter soll analysiert werden.
Ziele	– Die Teilnehmer*innen* machen sich ein Bild von ihrer Organisation/Institution hinsichtlich der Repräsentanz durch Frauen und Männer. – Die Rollen der Geschlechter werden untersucht und verglichen. – Die Geschichte der Organisation/Institution wird hinsichtlich der Bedeutung von Männern und Frauen beleuchtet. – Veränderungsmöglichkeiten werden diskutiert.
Durchführung	– Jede/r Teilnehmer/in füllt den anliegenden Satzergänzungstest aus. – Danach werden in Kleingruppenarbeit (mit Personen aus möglichst anderen Organisationen, anderen Arbeitsbereichen) die Ergebnisse vorgestellt und diskutiert. – Die wichtigsten Ergebnisse werden auf einem Flipchart festgehalten und im Plenum vorgestellt.

Fragestellung

Welche Parameter sind entscheidend zur Herstellung von Geschlechterge-rechtigkeit?

Welche Veränderungen des Charakters der Organisation/Institution ergeben sich bei paritätischer Repräsentanz beider Geschlechter auf allen Hierarchieebenen?

Wäre eine solche Veränderung eher grundlegend oder peripher?

Welche Vorteile hat wer, wenn alles so bleibt, wie es ist?

Welche Nachteile hat wer, wenn alles so bleibt, wie es ist?

Gibt es auch neutrale Bereiche?

1. Meine Organisation/Institution hat folgende Aufgabe:

2. Sie wurde gegründet von:

3. Diese Gründungspersönlichkeiten werden durch folgende Charaktermerkmale gekennzeichnet:

4. Weitere für die Organisation/Institution wichtige Männer und Frauen sind:

5. Ihre Bedeutung für die Organisation ist folgende:

6. Das Image der Gründerpersönlichkeiten/Bedeutungsträger*innen* ist folgendes:

7. Die höchsten Werte, für die meine Organisation/Institution steht, sind folgende:

8. Männer haben in dieser Organisation/Institution folgende Rollen und Aufgaben:

9. Frauen haben in dieser Organisation/Institution folgende Rollen und Aufgaben:

_____

_____

_____

10. Repräsentiert/geleitet wird diese Organisation/Institution durch Herrn/ Frau: _____

11. Mitarbeiterinnen und Mitarbeiter stehen zur Leitung in folgendem Verhältnis: _____

12. Folgende Probleme würden sich ergeben, wenn die Leitung nicht durch Herrn/Frau _____, sondern durch eine Person des anderen Geschlechts übernommen würde:

_____

_____

_____

13. Die Organisation/Institution hätte folgende Vorteile, wenn sie statt von Herrn/Frau _____, von einer Person des anderen Geschlechts geleitet würde:

_____

_____

_____

14. Wenn Frauen und Männer gleichmäßig auf allen Hierarchieebenen repräsentiert wären, hätte dies folgende Veränderungen zur Folge:

_____

_____

_____

15. Zu meiner Organisation/Institution habe ich folgendes Verhältnis:

_____

_____

16. Wenn sich das Geschlechterverhältnis verändern würde, hätte das auf meine Arbeitszufriedenheit folgende Auswirkungen:

_____

_____

_____

17. Weitere Einfälle, Beobachtungen und Ideen zum Thema:

_____

_____

„Maskulinität und Femininität" in Organisationen

EDDA KIRLEIS

Diese Übung wurde gemeinsam mit Wolfram Walbrach in Gender-Trainings mit unterschiedlichen Gruppen entwickelt; sie besteht aus verschiedenen Schritten und bietet viele Variationsmöglichkeiten.

Zielgruppe	Erwachsene und ältere Jugendliche, die Erfahrungen in Organisationen haben. Sie müssen nicht aus derselben Organisation sein.
Zeit	Ca. 1,5 Stunden.
Material	s.u.
Fokus	Unsere Gesellschaft benutzt die Kategorien „Maskulin" und „Feminin" zur Einordnung und Bewertung von Eigenschaften, abgehoben vom physischen Mannsein oder Frausein. Entsprechende Denk-Schemata wirken wie im privaten Miteinander so auch in Institutionen und Organisationen.
Ziele	Die Teilnehmenden sollen wahrnehmen, dass viele Eigenschaften und Werte in unserer Gesellschaft als maskulin oder feminin definiert werden. Sie sollen entdecken, dass sie über Eigenschaften beider Kategorien selbst verfügen. Sie sollen sich mit ihren eigenen Bewertungen dieser Eigenschaften auseinandersetzen. Sie sollen sich der polarisierenden Wirkung dieser Kategorisierung bewusst werden. Durch die Übung soll deutlich werden, dass in vielen gesellschaftlichen Zusammenhängen in maskulinen und femininen Kategorien gedacht wird und dass auch Organisationen als weiblich oder männlich gedacht werden.
Vorbereitung/ Material	Stuhlkreis, in der Mitte des Kreises ein Tuch oder ein mit Tesakrepp oder Packband markierter Innenkreis, dort liegen ausreichend Metaplankarten in zwei Farben (wer Spaß daran hat, kann rosa und hellblau wählen). Jede/r Teilnehmende erhält

einen dicken Stift zur Beschriftung der Karten. Der Stuhlkreis ist an einer Seite offen, dort steht eine Metaplan-Pinnwand. Evtl. Tafel/ Flipchart.

Durchführung
- In der Gruppe wird – durch die Teamer eingeleitet – eine kurze Diskussion (5-10 Min) darüber geführt, dass in jedem Menschen eine unterschiedliche Kombination von Eigenschaften existiert, von denen einige in unserer Gesellschaft als *maskulin*, andere als *feminin* kategorisiert werden. De facto haben jedoch alle Menschen sowohl so genannte feminine und so genannte maskuline Eigenschaften.
- Die Teilnehmenden werden gebeten, für sich privat (die Ergebnisse müssen nicht in der Gruppe veröffentlicht werden!) aufzuschreiben, welche fünf so genannten maskulinen und so genannten femininen Eigenschaften sie in sich selbst entdecken. (5 Min)
- Die Teilnehmenden werden gebeten, sich mit ein bis zwei Nachbar/innen (*Murmelgruppen*, höchstens drei Personen, die spontan durch Zusammenrücken der Stühle entstehen!) über die Erfahrungen beim Erfüllen der Aufgabe zu unterhalten: Wie ist es Euch/Ihnen dabei ergangen? Es sollte noch einmal darauf hingewiesen werden, dass die Eigenschaften selbst nicht offengelegt werden müssen. (10 Min)
- Danach fragen die Teamer, ob es Einsichten oder Erfahrungen gibt, die für das gesamte Plenum von Interesse sind; diese werden dann kurz (10 Min) im Plenum gehört (und evtl. kommentiert).
  Wenn die Diskussion nicht in Gang kommt, sind Impulsfragen angebracht.

Fragestellung

Bei welchen Eigenschaften fiel das Aufschreiben schwerer?

Wie geht es mit den Eigenschaften, die von der Gesellschaft

dem anderen Geschlecht zugeordnet sind?

- Alle rücken die Stühle wieder zum Kreis. Die Teamer führen ein, dass es auch in Organisationen Eigenschaften gibt, die als männlich oder weiblich kategorisiert werden.
- Die Teilnehmenden werden gebeten, auf die blauen Karten zu schreiben, welche in unserer Gesellschaft als typisch maskulin kategorisierten Eigenschaften sie in ihrer Organisation erleben. Diese Karten werden wahllos in die Mitte des Stuhlkreises

gelegt. Das Tuch oder der markierte Innenkreis bleibt frei. (Wenn die Teilnehmenden sehr wortgewandt sind oder die Gruppe sehr groß ist, u.U. die Anzahl der zu beschriftenden Karten auf 2-3 pro Person begrenzen.) Anschließend werden die in unserer Gesellschaft als typisch·feminin kategorisierten Eigenschaften, die sie in ihrer Organisation erleben, auf die rosa Karten geschrieben und ebenfalls in die Mitte gelegt.

– Gemeinsam werden die Karten beider Farben herausgesucht, die aus Sicht der Gruppe *negative* Eigenschaften tragen, d.h. Eigenschaften, die sie in einer Organisation nicht gern sehen. Diese werden an die Metaplan-Pinwand gesteckt. Karten, über die keine Einigung erzielt werden kann, bleiben liegen und werden mit einem Blitz markiert.

– Aus den liegen bleibenden Karten suchen die Teilnehmenden die heraus, die sie für eine grundsätzlich gute Organisation für unabdingbar, wichtig und wünschenswert halten; diese kommen in die Mitte auf das Tuch bzw. in den markierten Innenkreis. Die Teilnehmenden sollen jeweils erklären, warum sie eine bestimmte Karte ausgewählt haben.

– Nachdem alle Teilnehmenden, die wollten, Karten in die Mitte gelegt haben, leiten die Teamer die Diskussion über die Karten in der Mitte ein.

Fragestellung

Wie viele rosa, wie viele blaue Karten liegen in der Mitte und was sagt das aus?

Welche Eigenschaften haben sich der geschlechtlichen Zuordnung entzogen?

Wie empfindet die Gruppe die Kategorisierung in maskuline und feminine Eigenschaften? Ist diese Polarisierung wünschenswert? Warum existiert sie?

Sind die so genannten maskulinen Eigenschaften eher bei Männern zu finden? Sind die so genannten femininen Eigenschaften bei Frauen zu entdecken?

Wie werden die Eigenschaften, die auf rosa Karten stehen, bewertet (in Form von Gehaltsklasse, Beförderungspotenzial, Hierarchiestufe, Status, etc.)? Wie ist das bei den blauen Karten?

– Diese Diskussion wird übergeleitet in eine *Schlussreflexion* zum Ertrag der Übung.

Fragestellung

Welche Auswirkungen hat die Geschlechterkategorisierung in Organisationen für Männer und für Frauen?

Wem nützt das bipolare Geschlechtsdenken, wem schadet es, warum?

Gibt es Handlungsoptionen für die Teilnehmenden?

> **Anmerkung:**
> Die Schwierigkeit, aber auch Herausforderung dieser Übung liegt darin, die Teilnehmenden immer wieder daran zu erinnern, dass *feminine* Eigenschaften nicht automatisch die Eigenschaften sind, die sie bei Frauen erleben und *maskuline* Eigenschaften nicht die, die sie bei Männern erleben. Es geht vielmehr um die stereotypen Zuschreibungen, die gesellschaftliche Normen widerspiegeln und mit denen sich Männer und Frauen in Organisationen auseinandersetzen müssen.

„Jahresgespräche" –
Die Gender-Frage in der Personalentwicklung

RENATE ROGALL

Zielgruppe	Erwachsene
Zeit	120 Minuten, hängt von der Gruppengröße und der Intensität der Diskussion ab.
Material	Papier, Stifte, Flipchart oder Metaplantafel
Fokus	Bewertungen von Leistungen sind ein subjektiver Vorgang – auch wenn man sich um Objektivität bemüht. Durch unterschiedliche Verhaltenserwartungen an Frauen und Männer werden die Bewertungen beeinflusst. Es ist nach wie vor so, dass Verhaltensweisen und Eigenschaften, die Männern zugeschrieben werden, einer höheren Bewertung unterliegen als jene, die Frauen zugeordnet werden.
Ziele	Es geht darum, geschlechtsgeprägte Sichtweisen in Jahresgesprächen bewusst zu machen und dazu anzuregen, geschlechtsspezifische Typisierungen im Alltag wahrzunehmen und in ihrer Relevanz zu bedenken.
Durchführung	– Zunächst bilden sich geschlechtshomogene Gruppen. Diese diskutieren über das Thema „Was ist in Jahresgesprächen mit Mitarbeitenden zu bedenken?"

Fragestellung

Welche Bereiche sind zu berücksichtigen?

Welche Gesichtspunkte sollte eine Vorgesetzte/ein Vorgesetzter für sich reflektieren, bevor sie/er ein Bewertungsgespräch durchführt?

Was ist zu bedenken, wenn ich als Frau/als Mann Frauen bzw. Männer zu beurteilen habe?

- Nachdem die Gruppen das Thema diskutiert haben, verständigen sie sich darüber, was sie der anderen Gruppe aus der Diskussion mitteilen möchten. Der zweite Schritt erfolgt im Plenum mit der „fish-bowl" Methode. Die Gruppen verständigen sich darüber, wer beginnt. Die Gruppe, die beginnt, setzt sich in den Innenkreis. Die Leitung ordnet sich geschlechtsbezogen zu und moderiert das Gespräch. Sie sorgt dafür, dass die Gruppe beim Thema bleibt und mit dem Außenkreis keinen Kontakt aufnimmt. Die im Aussenkreis sitzende Gruppe hört zu und macht Notizen. Sie darf aber nicht in das Gespräch eingreifen. Nach zehn bis fünfzehn Minuten wechseln Gruppe und Moderator/Moderatorin. Es folgt der zweite Bericht im Innenkreis.
- Im Plenum werden dann Erfahrungen beim Zuhören und beim Berichten ausgetauscht. Im Anschluss daran können Beobachtungen zur Kommunikation unter Frauen bzw. Männern mitgeteilt werden.

Im anschließendem Gespräch geht es darum, folgende Aspekte zu vertiefen:

Die *Grundlagen* der Beurteilung
Arbeitsanforderungen.
Es geht darum, sich die konkreten Anforderungen, die sich z.B. aus Arbeitsverträgen oder Dienstanweisungen ergeben, bewusst zu machen.

Zusammenarbeit.
Wichtig ist es, sich z.B. Klarheit darüber zu verschaffen, welche Informationsquellen herangezogen werden und wie die Zusammenarbeit konkret aussieht.

Leistungsbewertung.
Hier kommt in besonderer Weise die geschlechtsspezifische Sichtweise zum Tragen, z.B. wer bekommt welche Aufgabe? Mit wem spreche ich über welches Thema? Welche Maßstäbe lege ich bei wem an? Wie gehe ich mit Teilzeitbeschäftigten um?

Der Aspekt der *Wahrnehmung.*
Dabei ist zu beachten, dass sich die Wahrnehmungen der Arbeitsleistungen und das Geschlecht der Person, die die Leistung bringt, überlagern. Von Bedeutung kann in diesem Zusammenhang sein sich zu fragen, welche Erwartungen habe ich an Frauen/an Männer und wie sind diese im Laufe meiner Lebensgeschichte entstanden?

Die Berichte der *geschlechtshomogenen* Gruppen.
Bei der Auswertung der Berichte kann herausgearbeitet werden, welche Schwerpunkte Frauen bzw. Männer gesetzt haben, z.B.: Waren es mehr Themen auf der Sachebene oder auf der Beziehungsebene? Welche Themen wurden vorrangig in welcher Gruppe angesprochen?

2. Bilder vom eigenen und vom anderen Geschlecht

Bilder von Weiblichkeit und Männlichkeit

HEIKE SCHLOTTAU

Zielgruppe	Erwachsene und Jugendliche.
Zeit	45 bis 60 Minuten – Je nach Gruppengröße und Intensität der anschließenden Diskussion.
Material	Eine Sammlung unterschiedlichster Bilder von Frauen und Männern und von Personen, die nicht sofort eindeutig einem Geschlecht zugeordnet werden können. Die etwa 70 einheitlich auf DIN A4 vergrößerten Bilder stammen aus Zeitschriften, der Werbung, sind Postkarten z.B. von Schauspielern und Schauspielerinnen oder anderen bekannten Persönlichkeiten, Reproduktionen von Kunstwerken, Schnappschüsse von Alltagssituationen. Auf den Bildern sind verschiedene Altersgruppen und unterschiedliche soziale und kulturelle Gruppen repräsentiert. Bieten Sie auf jeden Fall ausreichend Bilder von Personen im Alter der jeweiligen Zielgruppe an. Sie können auch Zeitschriften auslegen, so dass die Teilnehmenden selbst die Bilder heraussuchen.
Fokus	Im Alltag entscheiden Menschen blitzschnell, ob es ein Mann oder eine Frau, ein Junge oder ein Mädchen ist, der oder die ihnen gerade begegnet. Ganz spontan und ohne groß darüber nachzudenken, wird das Gegenüber einem Geschlecht zugeordnet. Diese Zuordnung von Personen zu einem Geschlecht führt zu sehr weit gehenden Unterstellungen über deren Eigenschaften, Verhaltensweisen und Beziehungen zu anderen Menschen.
Ziele	Der Baustein „Bilder von Weiblichkeit und Männlichkeit" macht Vorstellungen von Weiblichkeit und Männlichkeit bewusst und

regt ein Gespräch über Stereotypien oder Vielfalt dieser Bilder sowie über ihre Ursprünge und Wirkungen an.

Durchführung – Eine Auswahl von Bildern liegt auf Tischen oder auf dem Boden aus. Die Teilnehmenden schauen sich in Ruhe alle Bilder an und jede und jeder wählt dann jeweils zwei Bilder aus.

Fragestellung

Welches Bild verkörpert für dich/Sie Weiblichkeit?

Welches Bild verkörpert für dich/Sie Männlichkeit?

(*Nicht:* Was ist typisch weiblich bzw. männlich!)

– Wer möchte, stellt der Gruppe (Fünfergruppen oder Plenum) die Bilder seiner Wahl vor und begründet seine Entscheidung.
– Oder: Das gewählte Bild wird an eine Pinnwand gehängt, daneben hält jede Teilnehmerin/ jeder Teilnehmer auf einem vorbereiteten Fragebogen Gründe für die Auswahl des Bildes in Stichworten fest. Alle gehen herum, lesen die Stichworte und fragen nach.

Fragestellung

Wie wird deiner/Ihrer Meinung nach Männlichkeit in dem Bild dargestellt? (in Haltung, Gesichtsausdruck, Kleidung...)

Wie wird deiner/Ihrer Meinung nach Weiblichkeit in dem Bild dargestellt? (in Haltung, Gesichtsausdruck, Kleidung...)

Was ist an diesem Bild besonders spannend für dich/Sie?

– In der zusammenfassenden Erörterung der Bilderauswahl in der gesamten Gruppe spielen die folgenden Aspekte eine Rolle: Wurden überwiegend Bilder ausgewählt, die dem traditionellen Muster von Zweigeschlechtlichkeit entsprechen, bei dem Männlichkeit als der eine Pol und Weiblichkeit als der andere, entgegengesetzte Pol gesehen wird? Sehen wir vor allem stereotype Bilder von „typischen" Männern und Frauen oder haben die Teilnehmenden vielfältige, unterschiedliche Vorstellungen von Weiblichkeit und Männlichkeit gewählt? Wie konstruieren wir selbst Geschlecht, indem wir Bilder auf eine bestimmte Weise sehen und interpretieren? Wie werden Weiblichkeiten und Männlichkeiten durch Haltung, Gestik, Mimik,

Kleidung und Position zu anderen Personen im Bild dargestellt? Neben stereotypen Formen tauchen möglicherweise, z.B. je nach Altersgruppe, andere Bilder von weiblich und männlich auf. Daran könnte sich eine Diskussion über den Wandel der Vorstellungen von Geschlecht anschließen. Zu anderen Zeiten und in anderen Kulturen, Altersgruppen und Milieus galten und gelten unterschiedliche Muster als weiblich bzw. männlich. Geschlechterunterschiede sind also gesellschaftlich und kulturell „gemacht". Die Kategorie *Gender* weist auf diesen Sachverhalt hin.

„Vorurteile"

Joachim Glatzel

Zielgruppe	Erwachsene und Jugendliche Diese Methode ist gut geeignet für die geschlechtsgetrennte Arbeit, bei der sich in der Leitung nur eine Frau oder ein Mann befinden.
Zeit	1 Stunde
Material	Papier und Stifte
Fokus	Es bestehen mehr Vorurteile über das jeweils andere Geschlecht, als allgemein bewusst ist.
Ziele	– Benennen der Vorurteile über das andere Geschlecht. – Relativierung durch Rückbesinnung auf die eigene Lebenswirklichkeit. – Finden von übergeordneten Gemeinsamkeiten. – *Verständnis* und *Wunsch* statt *Vorwurf* (Vorwurf = versteckter Wunsch), *Toleranz* im Sinne von *Gleichwertigkeit in Differenz*, *Bereicherung* durch Unterschiede.
Durchführung	– In geschlechtsgetrennten Gruppen tragen die Teilnehmenden Meinungen zu folgenden Fragen auf jeweils einem Blatt Papier zusammen: Für die *Frauen*: „Was ist schön daran, ein Mann zu sein?" Für die *Männer*: „Was ist schön daran, eine Frau zu sein?" – Dann tauschen die Gruppen ihre Papiere und diskutieren das Ergebnis der anderen Geschlechtsgruppe.

Wo treffen die Meinungen der anderen Geschlechtsgruppe meine Realität? (mit ++ markieren!)

An welchem Punkt könnte etwas Wahres sein? (mit + markieren!)

Wo liegen sie eindeutig falsch? (mit – markieren!)

> – Anschließend trifft sich die gesamte Gruppe zum Meinungs-austausch.

Wo treffen wir uns im Vor-Verständnis mit dem anderen Geschlecht?

Wo gibt es Differenzen? Welche Gründe haben diese Differenzen?

Bei welchen Punkten haben sich in den geschlechtsgetrennten Gruppen Diskussionen ergeben?

Bei welchen Punkten gab es Meinungsverschiedenheiten?

Wo konnte man sich schnell, wo sehr schwer einigen?

„Familienbilder" – Frauen, Männer, Söhne, Töchter in der Malerei der Aufklärung und des Biedermeier[1]

CHRISTIANE BURBACH

Zielgruppe	Jugendliche und Erwachsene
Zeit	Je nach Anzahl der besprochenen Bilder und Ausmaß der Vertiefung: 30 bis 120 Minuten.
Material	Bilder aus dem Anhang oder andere.
Fokus	Die Rolle von Müttern und Vätern, von Söhnen und Töchtern wird sozial vermittelt. Die Malereien zeigen auf subtile Weise Erziehungsziele, kleine Abweichungen, Stilisierungen und Befreiungstendenzen.
Ziele	Die Beschäftigung mit den Bildern will den bürgerlichen Erziehungszielen der vergangenen zwei Jahrhunderte auf die Spur kommen und zum Vergleich mit der eigenen Sozialisation anregen.
Durchführung	Eine Auswahl der Bilder wird der Gruppe möglichst als Folien zugänglich gemacht, gemeinsam betrachtet und besprochen. Mögliche Hinweise und Fragestellungen finden sich im Anhang zu den einzelnen Bildern.

1 Die Materialien sind dem ausgezeichneten Katalog entnommen: Hildegard Westhoff-Krummacher: „Als Frauen noch sanft und engelsgleich waren". Die Sicht der Frau in der Zeit der Aufklärung und des Biedermeier. Westfälisches Landesmuseum für Kunst und Kulturgeschichte Münster Landschaftsverband Westfalen-Lippe, 19.11.1995–11.2.1996.

Fragestellung

Beachten Sie die allgemeinen stilistischen Darstellungsmittel: Körperhaltungen von Männern und Frauen, Beinstellungen („Beinfreiheit"), Schuhe, Arme und Hände („Handlungsfreiheit"), Hintergrunddarstellungen (gibt es Hinweise auf Unterschiede zwischen Männern und Frauen?)

Gibt es Parallelen im Erleben der Herkunftsfamilie, der eigenen Familie?

Ähnlichkeiten im eigenen Empfinden?

Differenz, Dissens und Abstand zu den abgebildeten Darstellungen?

Wer in der Familie hat auf traditionelle Rollen Wert gelegt, wer hat sich als Befreier*in*, als erlaubende Instanz, die Abweichung ermöglicht, erwiesen?

1. „Der Vater muss unterhalten werden"

Abbildung 1: Philipp Friedrich von Hetsch, „Die Familie des Architekten Fischer" (1788), Staatsgalerie Stuttgart

Kurzbeschreibung

Dargestellt ist die Familie des Stuttgarter Architekten und Professors für Zivilbaukunst Reinhard Ferdinand Fischer mit seiner Ehefrau Juliana Charlotte geb. Bilfinger, seinen drei Töchtern Franziska, Heinrike Franziska und Charlotte Juliane sowie dem vierjährigen Sohn.

Die älteste Tochter spielt dem Vater zur Begrüßung eine Allemande, die anderen Töchter erscheinen mit Strickzeug und Handarbeitsbeutel, der kleine Sohn reicht dem Vater Apfel und Spekulatius. Der Stammhalter nimmt das Zentrum des Bildes ein. Fast alle Augen sind auf den Vater gerichtet. Die Mutter scheint alles so arrangiert zu haben, dass der Vater das Familienglück genießen kann. Der Sohn bildet mit der Büste des antiken Architekten Vitruv eine Achse und zeigt an, welcher Bestimmung der Kleine entgegengeht. Die Töchter demonstrieren die Erziehungsziele der weiblichen Jugend: Sie erheitern den Patron des Hauses oder zeigen sich als zukünftige fleißige Ehefrauen. Die Augen des Vater jedoch sind weder auf die liebende Frau noch auf die hoffnungsvollen Kinder gerichtet. Der Blick geht an ihnen vorbei, wohin auch immer. Er ist noch mit Stiefeln, Hut und Mantel gekleidet. Offenbar hat er nicht viel Zeit, ist nur auf einen kurzen Sprung zu Hause und muss sogleich wieder seinem bürgerlichen Beruf, der all seine Aufmerksamkeit erfordert, nachgehen.

Fragestellung

Rollen in der Familie: damals – heute?
Beziehung Vater-Kinder, Mutter-Kinder, Kinder untereinander?
Beziehung der Eheleute?

Abbildung 2: Wilhelm Joseph Laquy, „Familienbild" (um 1790), © Museum Kurhaus Kleve; Foto: A. Gossens

Kurzbeschreibung

Dargestellt ist eine fünfköpfige Familie von Stand. Die Einrichtungsgegenstände und Dekorationen weisen darauf hin, dass der Herr des Hauses wahrscheinlich einen soldatischen Beruf ausübt: Prinz Eugen in einer Rüstung und die Darstellung eines Reiterkampfes als Gemälde, zwei Pistolen an der Wand, der an den Tisch gelehnte Säbel, das Fernrohr und der Globus sowie der Waffenrock des Vaters lassen dies vermuten. Die Kinderschar, die in das Arbeitszimmer eingedrungen ist, führt eine kleine, wilde Schlacht auf: Das wenige Monate alte Kind in der Wiege schlägt bereits kraftvoll auf die Trommel, der ca. vierjährige älteste Sohn zielt mit einem Gewehr auf den Hund, der in der Szene die feindliche Position übernommen hat. Die Mutter steht in weißem Kleid mit einer goldenen Schärpe in Ruhe und Gelassenheit, sich auf die Schulter ihres Mannes stützend, inmitten der Schlacht, die kleine Tochter, im Sonntagskleid mit Hütchen auf dem Kopf, spielt anmutig Federball. Der Vater hat seinen Zeichenstift nicht aus der Hand gelegt, wendet sich aber wohlwollend der Aufführung seiner Kinder zu.

Fragestellung

Wie könnten die männlichen Rollen bezeichnet werden?
Wie die weiblichen?
In welchem Verhältnis stehen Mann und Frau?

Abbildung 3: Carl Begas d. Ä., „Familie Begas" (1821), Rheinisches Bildarchiv, Köln

Kurzbeschreibung

Das Familienbildnis stellt die Familie des Kölner Landgerichtspräsidenten Begas dar. Das Elternpaar, vier Töchter und drei Söhne sind in der guten Stube versammelt, um sich malen zu lassen. Der Vater bildet das Zentrum des Bildes, er ist stehend im Mantel, pfeiferauchend, mit ernster Miene dargestellt. Vor ihm zwei seiner Söhne, die unter dem Patronat der Justitia und der Ausgießung des Heiligen Geistes posieren. Der schreibende Sohn wird später Jurist wie der Vater, der sitzende Arzt. Der älteste Sohn steht am äußersten rechten Rand; er ist Maler geworden. Die Ehefrau sitzt dem Ehemann gegenüber und handarbeitet an einem großen Tuch, das in harmonischem Faltenwurf über ihren Schoß zur Erde gleitet. Eine der Töchter spielt die Laute; sie trägt eine Schürze, um ihr gutes Kleid zu schonen. Eine andere Tochter schmiegt sich an den Vater, die älteste stickt Kränzchen auf ihre Haubenspitze, die zweitälteste schaut der Mutter bei der Arbeit zu.

Fragestellung

Typische Tätigkeiten von Männern und Frauen – damals und heute?
Männliche und weibliche Rollen?
Welches Familienideal wird hier dargestellt?

114

Abbildung 4: Friedrich Wasmann, „Paul, Maria und Filomena Putzer" (1840),
Staatliche Museen zu Berlin – Preußischer Kulturbesitz, Nationalgalerie;
Foto: © bpk, Berlin

Kurzbeschreibung

Dargestellt sind drei der zahlreichen Kinder des Bozener Großkaufmanns und liberalen
Abgeordneten des Tiroler Landtages, Johann Florian Putzer Edler von Reiberg und
seiner Ehefrau Anna Freiin von Ingram. Der Stammhalter schaut mit ernster Miene
in die Welt, seiner Verantwortung für die jüngeren Schwestern offenbar voll
bewusst. Die jüngste der Schwestern sucht den älteren Bruder zu erfreuen, indem sie
ihm eine mundgerecht abgezupfte Traube darreicht. Er jedoch nimmt diese Fürsorglichkeit nicht wahr.

Fragestellung

Darstellung des Geschlechterverhältnisses unter Geschwistern?
Was ist die männliche, was die weibliche Rolle?
Welche Beziehung ist zwischen den Geschwistern wahrnehmbar?
Welche Erziehungsziele werden erkennbar?

Abbildung 5: Johann Michael Voltz, „Der Geburtstag" (Nürnberg um 1830), Westfälisches Landesmuseum für Kunst und Kulturgeschichte, Münster; Foto: Rudolf Wakonigg

Abbildung 6: Johann Michael Voltz, „Die Geburtstagsfeier" (Nürnberg um 1820–1825).

Kurzbeschreibung
Beide Bilder zeigen eine Geburtstagsgratulation der Kinder.

Dem *Vater* gratulieren fünf Kinder, drei Söhne und zwei Töchter, im prunkvollen Ambiente des großbürgerlich eingerichteten Wohnzimmers. Die Mutter betritt den Raum mit dem Kaffeetablett in den Händen. Durch die Tür ist die Küche mit Teller-regal zu sehen. Alle sind sonntäglich gekleidet. Die Geschenke für den Vater sind ein Blumentopf, ein Kuchen, dazu ein langes Gedicht, eine Pfeife und ein Tabaksbeutel sowie ein großer Blumenkranz.

Der *Mutter* wird in ihrem schlicht eingerichteten Schlafzimmer gratuliert. Sie ist all-täglich mit Rock, Haube und Schultertuch gekleidet und soeben dabei, den neuen Tag bei geöffnetem Fenster und mit Gebetbuch oder Gesangbuch in der Hand zu begrüßen. Der Vater kommt mit dem jüngsten Kind nicht aus der Küche, sondern einem Raum, in dem die Uhr und Bilder hängen. Ihre Geschenke sind ein Kuchen, eine Flasche Wein, ein Kranz und ein Gedicht.

Fragestellung
Welche Signale gehen von den Räumen aus? Welche Aussage machen sie über den Jubilar, die Jubilarin?
Welche Aussagekraft haben die unterschiedlichen Geschenke?

2. Bildungs- und Erziehungsziele für Mädchen (und Jungen)

Abbildung 7: Januarius Zick, „Der Hüttenherr Gottfried Peter von Requilé mit zwei Söhnen und Gott Merkur" (1771), Rheinisches Landesmuseum, Bonn

Abbildung 8: Januarius Zick, „Bildnis von Frau von Requilé mit einer Tochter und einem Sohn" (um 1771), Rheinisches Landesmuseum, Bonn.

Kurzbeschreibung

Abgebildet ist der Besitzer des Schmelz-, Hammer-, Schneid- und Hüttenwerkes in Hohenrhein bei Niederlahnstein G.P. von Requilé mit seinen beiden Söhnen. Der *Vater* sitzt, reich in Samt und Seide gekleidet, auf einer Steinbank vor einem Wasser speienden Delphinbrunnen. Der ältere der beiden Söhne, ebenfalls reich und höfisch gekleidet, steht neben dem Vater, der ihm Erklärungen gibt über das Erzgestein, das er in seiner linken Hand hält. Auch der Sohn hat bereits ein Körbchen mit Erzgestein herbeigetragen, ebenso beschäftigt sich der weniger prunkvoll gekleidete jüngere Sohn bereits mit Erzgestein. Merkur, der Gott des Handels und der Wege, ist dem Unterricht mit Interesse zugetan.

Das Pendant bildet das Gemälde mit Frau Requilé und ihrer Tochter und einem jüngeren Sohn. Auch die *Mutter* und die beiden Kinder sind festtäglich gekleidet. Die Tochter übt sich im Umgang mit Nadel, Faden und Schere unter der Aufsicht der Mutter.

Interessant ist auch das *Ambiente* der beiden Bilder. Das „Herrenbild" ist gekennzeichnet durch *Kultur* (Brunnen, Kapelle?) und wird überhöht durch göttliche Präsenz, das „Damenbild" ist hinterlegt mit *Landschaft* und Handarbeit betreibenden Menschen (pflügen, hacken, Arbeit im Weinberg).

Fragestellung

Wozu werden die Kinder erzogen, welche Rollen sollen sie übernehmen? Gibt es außer den offiziellen auch *heimliche* Erzieher?

Abbildung 9: Franz Michaelis, „Friedrich Ludolf Graf von Westerholt-Gysenberg und seine Frau Wilhelmine geb. von Westerholt im Park" (um 1795), Westfälischer Privatbesitz

Kurzbeschreibung

Das Ehepaar sitzt gemeinsam auf einer Rasenbank im Garten. Der Ehemann in Stiefeln, mit etwas ausdruckslosem Gesicht, schaut in die Ferne; auf seinen Knien hat er ein aufgeschlagenes Buch liegen.

Sie ist ihm zugewandt und scheint auf ihn einzureden. Auf dem Kopf trägt sie einen weit ausladenden, extravaganten Hut mit gardinenartigem Schleier und Schleife. In ihrer Hand hält sie ein Strickzeug.

Wie bekannt ist, besaß die Ehefrau auf ihrem Landsitz in Berge bei Buer eine große Bibliothek mit sehr vielen Erstausgaben, was ein reges Interesse an zeitgenössischer Literatur verrät. Sie ist auch die Namensgeberin.

Er war Oberstallmeister am Hof in Münster. Er war dem Glücksspiel verfallen.

Fragestellung

Dominanz kann verschiedene Quellen haben – die gesellschaftliche Rolle, die gesellschaftliche Stellung, persönliche Kompetenz u.a. Welche Formen der Dominanz werden hier dargestellt?

Kennen Sie Widersprüche zwischen gesellschaftlicher Rolle bzw. Stellung und persönlicher Kompetenz? Welche Chancen, welche Probleme bergen solche Konstellationen?

Abbildung 10: Johann Baptist Seele, „Die Familie Dr. Klein" (1809),
Staatsgalerie Stuttgart

Kurzbeschreibung

Hier wird die junge Familie des bedeutenden Arztes und Gelehrten Karl Christian
Klein dargestellt. Der Ehemann sitzt gedankenverloren am Tisch und notiert bedeu-
tende Informationen auf sein Blatt Papier. Seine Frau hat das Töchterchen auf dem
Arm, das zu ihm drängt. Er jedoch schaut durch es hindurch oder an ihm vorbei und
ist mit den Gedanken anderweitig beschäftigt. Es ist deutlich, der Vater würde auch
ohne die „Damen" auskommen, aber sie ohne ihn?

Fragestellung

Welche Aufgabe kommt dem Vater zu, welche der Mutter?
Mit welchen Stilmitteln werden Mann und Frau unterschiedlich dargestellt?
Welche stilistischen Parallelen gibt es zwischen Mutter und Tochter?
Gibt es auch Darstellungsparallelen zwischen Vater und Tochter?
Welche Beziehung phantasieren Sie zwischen Vater und Tochter?

Kurzbeschreibung

Der Stich stammt aus der zwischen 1793 und 1796 von Cochin herausgegebenen Ausgabe des „Emile" von J.J. Rousseau. Dargestellt werden die Erziehungsschritte des Knaben.

In der Mitte des Blattes ragt die von Jean Antoin Houdon geschaffenen Büste des Philosophen auf einem kannelierten Säulenpodest heraus. Dieser dominiert die Szene. Davor ist eine anmutig und natürlich wirkende Mutter zu sehen, die ihren Säugling stillt und ein weiteres Kind, einen Knaben, von den engen Windeln befreit. Über die Schulter schaut ihr die Tochter aufmerksam zu und lernt durch Nachahmung.

Die Jungen auf dem Bild sammeln Erfahrungen und lernen mit ihren Kräften und den Kräften der Natur umzugehen. Ein Knabe übt die Hebelwirkung, ein anderer lernt im Hintergrund schwimmen, ein Erzieher im Bild rechts unterweist den Knaben anhand des Sonnenaufgangs über den Lauf der Gestirne. Zwei Jungen üben sich im Wettlauf. Links hinter der Säule lernt ein Junge das Schreinern.

Das Bild kann auch als Allegorie des abwesenden Vaters betrachtet werden, der nur in Stein gemeißelt bei der Erziehung präsent ist. Allerdings sind immerhin drei männliche Erzieher anwesend, die den Jungen als Modelle und Gegenüber dienen.

Fragestellung

Welche Erziehungsziele werden mit den Jungen, welche mit Mädchen verfolgt?
Welche Grenzen hat dieser Erziehungsstil?
Gibt es Parallelen zur eigenen Ausbildung, Erziehung?

3. Gute Frauen – schlechte Frauen

Abbildung 12: Friedrich Wilhelm Müller, „Italienerin mit Spinnrocken" (um 1836), Staatliche Museen Kassel

Kurzbeschreibung

Dargestellt ist eine junge Italienerin in freier Natur, evtl. auf dem Heimweg von der Kirche, die noch unterwegs mit Spindel und Spinnrocken beschäftigt ist. Handarbeit galt als bewährtes Mittel gegen Müßiggang und insofern auch als Konzept gegen die aufkeimenden Triebe.

Fragestellung

Welche Bedeutung hat Handarbeit?
Gibt es parallele eigene Erfahrungen?

Abbildung 13: Ludwig Richter, „Trink und iß, Gott nicht vergiß" (1874),
Germanisches Nationalmuseum, Nürnberg

Kurzbeschreibung

In einer Stube verteilt die Mutter, unterstützt durch eine Tochter, Brot, Äpfel und ein
Getränk. Links im Bild sitzt die älteste Tochter, die an der Szene nur wenig beteiligt
ist und spinnt. Rechts drängen die Kinder heran, um ihre Mahlzeit zu erhalten. Während die drei Mädchen kniend oder stehend ein Dankgebet sprechen, stürmt rechts
mit weit ausholenden Bewegungen der Bruder, die Gitarre geschultert, heran. In der
Mitte steht der Vierjährige mit dem umgehängten Schwert und isst bereits sein Brot
und den Apfel.

Das Motto unten im Bild zeigt das Lernziel des Bildes.

Fragestellung

1. Was soll durch dieses Bild gelernt werden?
2. Ist hier eine Rollenverteilung zu erkennen?

Kurzbeschreibung

Dargestellt ist eine Frau, die sich der Wissenschaft verschrieben hat. Sie sitzt am Schreibtisch, die Feder am Mund, die Augen der Eingebung harrend nach oben zur Zimmerdecke gerichtet, um ein angefangenes Manuskript zu beenden. Ein fertiges liegt bereits auf dem Tisch. Die etruskische Vase, der Foliant mit dem Titel „Etudes etrusques" weisen sie als Archäologin oder Altertumswissenschaftlerin aus. Das Mikroskop, die beiden Gläser mit Präparaten von Missgeburten und eine Schmetterlingssammlung deuten auf naturwissenschaftliche Interessen. An der Wand hängt ein „Diplom de l'Academie", das Bild der Frau mit Feder und Leier sowie der Lorbeerkranz über dem Bücherregal verweisen auf wissenschaftliche Meriten. Die vielen abgeschriebenen Federn, die herumliegenden Bücher, Manuskripte und Zeichnungen deuten darauf hin, dass in diesem Studierzimmer fleißig produziert wird.

Die Kehrseite dieser Tätigkeit ist durch die Hausfrauenhaube, die der Büste im Lorbeerkranz aufgesetzt wurde, ironisch auf den Punkt gebracht: Mäuse tummeln sich im Strickkasten, der Hund sitzt neben einem leeren Fressnapf und abgefressenen Knochen, die Laute liegt neben dem Nachttopf, das ältere Kind, halb nackt, barfuß und im zerrissenen Hemd, tobt im Zimmer herum und muss vom Kindermädchen zur Ruhe ermahnt werden; um das Baby in der Wiege kümmert sich niemand, der Ehemann in Schlafmütze und Schlafanzug macht sich sein Essen am Kaminfeuer selbst warm, in der Ecke prangt eine große Spinnwebe, und ein Dieb stiehlt die letzten Kostbarkeiten aus der Vitrine. Über der Tür hängt ein Bild mit einer leierschlagenden Nixe, die offenbar den Missstand des Hauses beklagt.

Fragestellung

Welches Erziehungsziel soll durch dieses Bild evoziert werden?
Welche Botschaft enthält es an Männer, welche an Frauen?

Kurzbeschreibung

Der Maler stellt seine 18jährige Tochter elegant gekleidet, mit aufwendiger Frisur auf einem Stuhl sitzend vor einer fülligen Samtportiere dar. Die Arbeit an ihrem zarten Haubenband ruht, auf dem Tisch liegen ein vornehmer Stickkasten, Schere, Fingerhut, Fäden und kleine Wachstäfelchen. Durch das Fenster ist eine friedliche Naturlandschaft zu sehen.

Alles wirkt weich und formbar: das Kleid ist aus duftigem Organza, die Gesichtszüge sind weich und kindlich, Schultern, Arme und Hände fließen sanft und ohne Eigenwilligkeit und Eigendynamik herab. Die Haare wirken weich und glänzend. In kindlicher Unbewusstheit ruht das Mädchen in sich. Es schaut die Betrachtenden an ohne eigenen Willen oder Erwartungen zu verraten. Eine formbare junge Braut.

Fragestellung

Welche Rolle spielt dieses junge Mädchen in der Gesellschaft? Welche soll sie in Zukunft spielen?
Welche Bedeutung hat Luise vermutlich für ihren Vater, den Maler und welche für ihre Mutter?

4. „Neue Frauen"

Abbildung 16:
Philipp Friedrich von
Hetsch, „Bildnis Caroline
Scheffauer" (1792–1794),
Galerie der Stadt Stuttgart

Kurzbeschreibung

Porträtiert ist die Tochter des Stuttgarter Goldschmiedes und Hofjuweliers Heigelin, die 1791 den Bildhauer Philipp Jakob Scheffauer heiratet. Der Freund des Ehemannes hat das Bild gemalt.

Caroline trägt ihre natürlichen Locken offen. Statt einer Hausfrauenhaube hat sie ein leichtes dekoratives Kopftuch umgebunden. Sie lässt sich mit übereinandergeschlagenen Beinen malen. Ihr leichtes Batistkleid lässt ihre Körperformen erahnen. Statt an einer Handarbeit zu arbeiten, spielen die Hände miteinander. Der Gesichtsausdruck ist wach und interessiert.

Fragestellung

Welchen gesellschaftlichen und familiären Spielraum hat diese Frau?
Welche Beziehung phantasieren Sie zwischen Caroline und ihrem Ehemann Philipp Jakob?

Abbildung 17: Carl Joseph Begas, „Zwei Mädchen auf dem Berge" (1835), Rheinisches Landesmuseum, Bonn

Kurzbeschreibung

Zwei junge Mädchen sind auf einem Berg und schauen in die Weite der Landschaft. Eine sitzt und hält die andere freundschaftlich umfangen, die sich halb liegend gegen die Brust der anderen lehnt. Die Haare tragen sie z.T. offen, die ältere hat einen schwungvollen Florentinerhut aufgesetzt. Die Anregung zu diesem Bild wurde durch das Sonett von Ludwig Uhland „Die zwo Jungfrauen" gegeben. Entgegen den Sozialisationszielen damaliger Zeit sind diese Frauen in Gesellschaft, schauen in die Ferne und sind heiterer Stimmung.

Fragestellung

Welche gesellschaftliche und familiale Rolle spielen diese beiden jungen Frauen? Wohin sollen sie sozialisiert werden?
Worin liegen die revolutionären Ausdrucksmittel?

„Wie im Kino..." – Arbeit mit Spielfilmszenen

MARKUS KRÄMER

Zielgruppe	Jugendliche und Erwachsene
Zeit	mind. 90 Minuten
Material	Benötigt werden ein Videorecorder, ein Fernsehgerät, Videofilme sowie Plakatpapier und Stifte. Als Filmszenen empfehle ich:

- **Green card**, USA 1996, Regie: Peter Weir, mit Andy McDowell und Gerard Depardieu.
  George und Laurent sind eine Scheinheirat eingegangen, um sich eine Wohnung (sie) bzw. eine *Greencard* (er) zu verschaffen; Nachforschungen der Einwanderungsbehörden zwingen sie dann zu einer Begegnung, die beide gar nicht gewünscht haben; in der Szene (31. bis 41. Filmminute) treffen sie sich in Laurents Wohnung in Manhattan, gehen einkaufen, treffen eine Freundin, kehren zu dritt in die Wohnung zurück und kochen und essen zusammen. Die Szene beginnt mit: "Würde es dir etwas ausmachen, hier nicht zu rauchen?" und endet mit: "Du blöder französischer Affe!"

- **In the line of the fire**, USA 1993, Regie: Wolfgang Petersen, mit Clint Eastwood und Rene Russo.
  In diesem Agententhriller versuchen Frank Horrigan und seine Kollegin Lilly Raines, einen Anschlag auf den amerikanischen Präsidenten zu verhindern. In der ausgewählten Szene (15. bis 18. Filmminute) kommt Frank in eine Konferenz und wird seiner Kollegin Lilly vorgestellt; er kommentiert die Vorstellung mit den Worten: "Die Sekretärinnen werden hier von Tag zu Tag hübscher." Sie kontert: „... und die Sicherheitsbeamten immer älter."

- **Short cuts**, USA 1993, Regie: Robert Altman, mit Lily Tomlin und Tom Waits.

In der ausgewählten Szene (22. bis 24. Filmminute) besucht Earl seine Freundin Doreen an ihrem Arbeitsplatz in einer Cafeteria; drei Männer an der Theke bestellen mehrmals Butter bei Doreen, um ihr unter den Rock schauen und ihren Hintern taxieren zu können.

Fokus

In diesem methodischen Baustein skizziere ich Möglichkeiten, die Gender-Thematik mit Hilfe von *Spielfilmszenen* zu bearbeiten.

- Spielfilme haben den Vorteil, dass sie, wenn man nur ein wenig recherchiert, die ganze *Fülle* der verschiedenen Begegnungen, Beziehungen und Konflikte zwischen Männern und Frauen repräsentieren. Sie ermöglichen daher ganz unterschiedliche Akzentsetzungen.

- Die Arbeit mit Spielfilmen weckt *Neugier*. Die gewählte Thematik wird anschaulich vor Augen gestellt; das Medium erlaubt ein *Einfühlen* bei gleichzeitiger Wahrung von *Distanz*. Die fremden Erfahrungen der Filmcharaktere stimulieren die Auseinandersetzung mit eigenen Erfahrungen.

- Reizvoll ist es auch, den Ton eines Filmes auszublenden. Die Konzentration richtet sich wie von selbst auf das Nonverbale, auf Blicke, Gesten, Körperhaltungen, Bewegungen. Die *nichtsprachliche Ebene* der Kommunikation und des Verhaltens tritt hervor; der Beobachter staunt über ihre Aussagekraft und Wirksamkeit.

- Spielfilme repräsentieren gesellschaftliche Wahrnehmungs- und Deutungsmuster, *Klischees*, kulturelle und politische Schemata und Interessen. Spielfilme „sind" nicht die Realität und bilden sie auch nicht einfach ab, sondern sie gestalten auch. Bei ihrer Verwendung im Gender-Training geht es nun allerdings nicht darum, Filme aufgrund ihrer Klischees zu entlarven und abzuwerten; sie stellen vielmehr eine ideale Materialsammlung für die verschiedenen Gender-Themen dar.

Ziele

Der Baustein „Wie im Kino" dient als Einstieg, um verschiedene Gender-Themen anzureißen und aus ihnen dann ein spezifisches Konfliktfeld auszuwählen, mit dem die Gruppe weiter arbeiten will. Dies geschieht im Anschluss mit anderen Medien und Methoden und wird sich je nach Thema und Gruppe stark am Film orientieren oder sich auch weit davon entfernen.

Die Filmszenen, die ich ausgewählt habe, zeigen Konstellationen, in denen es um Macht und Positionsbestimmung, Abwertung und Respekt, um erotische und sexuelle Anspielungen, um Zudringlichkeit zwischen Frauen und Männern im öffentlichen Raum geht. Die Arbeit mit den Szenen sensibilisiert für das eigene geschlechtsspezifische Verhalten und gibt Anstöße,

genauer hinzuschauen und hinzuhören, was das „andere Geschlecht" mit mir und mir gegenüber erlebt, wahrnimmt und fühlt.

Durchführung Die Gruppe schaut sich eine der ausgewählten Spielfilmszenen
an; eine ganz knappe Einführung in den Film stellt die beteiligten
Personen und den Kontext der Szenen vor. Die Teilnehmenden
werden gebeten, aufmerksam und neugierig zuzuschauen und
darauf zu achten, was diese Szene bei ihnen an Gedanken,
Gefühlen, Impulsen und Eindrücken auslöst. Anschließend folgt
eine kurze Runde, in der diese Empfindungen in der Gruppe
benannt und ausgetauscht werden. In dieser Phase des Gesprächs soll noch nicht bewertet, erläutert, erklärt oder diskutiert
werden. Auch wenn es schwierig ist, diese Beschränkung durchzusetzen, lohnt sich hier Hartnäckigkeit. Die Gruppe erprobt und
trainiert dabei die Fähigkeit, unterschiedliche Wahrnehmungen
und Eindrücke zuzulassen. Wenn der Trainer oder die Trainerin
hier auf gravierende Widerstände trifft, muss er/sie inne halten
und das Problem zur Sprache bringen.

Gelingt dieser erste Austausch, kann in einem zweiten Schritt
gemeinsam geklärt werden, welche Fragen und Konflikte
benannt worden sind und welche nach Meinung der Gruppe vorrangig bearbeitet werden sollen. Es ist günstig, die benannten
Themen oder Fragen auf einer Wandzeitung für alle sichtbar zu
notieren.

Eine Möglichkeit der Weiterarbeit besteht darin, eines oder
mehrere der ausgewählten Themen zu diskutieren oder mit einem
anderen Medium oder einer anderen Übung zu vertiefen. In diesem Fall dient die Filmszene als Einstieg in die Themenfindung.
Eine andere reizvolle Möglichkeit ist, weiter an den Spielfilmszenen zu arbeiten und die aufgetauchten Fragen zum Fokus zu
machen. Hier bieten sich methodisch *unterschiedliche Ver-
fahrensweisen* an:

- Die Szene wird noch einmal vorgeführt, die Männer achten vor
allem auf den männlichen, die Frauen auf den weiblichen Pro-
tagonisten in der Szene. Anschließend treffen sich Männer und
Frauen in getrennten Gruppen und sprechen darüber, was der
Mann bzw. die Frau in der Szene getan und erlebt haben, sowie
über das, was sie zwar nicht ausgedrückt haben, was aber als
Hintergrund des Verhaltens angenommen werden kann. Auf
einem Plakat notieren sie ihre Arbeitsergebnisse unter drei
Stichworten: „Als Mann/Frau habe ich gehandelt..."; „Als Mann/
Frau habe ich erlebt...."; „Als Mann/Frau blieb bei mir im
Hintergrund..." Nach etwa dreißig Minuten treffen sich die
Gruppen im Plenum und stellen das Plakat mit ihren Arbeits-
ergebnissen vor. Es folgt eine Diskussion der Ergebnisse. Inter-

essant scheint mir hier vor allem die Frage, ob die Gruppen von dem Ergebnis des anderen Geschlechts überrascht sind. Was haben sie in ihrer Einschätzung übersehen – oder auch: nicht sehen wollen?

– In einer anderen Variante beschäftigen sich die Frauen mit der männlichen Rolle, die Männer mit der weiblichen Rolle der Spielfilmszene. Der Filmausschnitt wird ebenfalls ein zweites Mal vorgeführt. Die Männer konzentrieren sich auf das Handeln, Erleben und den Hintergrund der Heldin, die Frauen auf den Helden. Wiederum werden die Ergebnisse auf Plakaten notiert, im Plenum vorgestellt und diskutiert. Im Zentrum des Gesprächs sollte die Frage stehen, ob und wie die Einfühlung in das andere Geschlecht gelungen ist und welche Aufschlüsse die Identifizierung mit der anderen Geschlechtsrolle erbracht hat.

– In einer dritten Variante spiele ich den Filmausschnitt ohne Ton ab. Welche Haltungen, Bewegungen, Distanzen, Gesten, Blicke etc. lassen sich beobachten? Welche nonverbale Signale scheinen welche Wirkungen hervorzubringen? Gibt es in der Gruppe Übereinstimmung oder unterschiedliche Auffassungen im Verstehen und Deuten der unausgesprochenen Sprache?

– Viertens kann ich die Teilnehmer*innen* einer Gruppe bitten, die Filmszene nachzuspielen. Anschließend frage ich sie, wie es ihnen in ihren Rollen ergangen ist.

– Oder ich schlage der Gruppe vor, eine dem Filmausschnitt vergleichbare Szene aus dem eigenen beruflichen Alltag im Rollenspiel auf die Bühne zu bringen.

Wie gesagt: Es gibt in der Arbeit mit Spielfilmszenen sehr unterschiedliche Möglichkeiten; entscheidend sind die jeweilige Zielrichtung, die eigene Kompetenz und Erfahrung mit verschiedenen Methoden sowie die Bereitschaft der Gruppe zu Kreativität und spielerischer Darstellung. Auf alle Fälle sollte genügend Zeit eingeplant werden; ich gehe von einem Minimum von neunzig Minuten aus.

Traumbilder und „Real Life"

Heike Poggensee

Zielgruppe	Mädchen/junge Frauen und Jungen/junge Männer verschiedener Kulturzugehörigkeit von ca. 12 bis 25 Jahren.
Zeit	1. Runde: 30–45 Minuten 2. Runde: 30–45 Minuten 3. Runde: 60 Minuten Gesamt: 2 bis 2 1/2 St.
Material	Zeitungsrollenpapier bzw. Flipchart- Papiere, Edding- Stifte, Kreide oder Wachsmalstifte.
Fokus	Der Baustein lässt sich im Zusammenhang mit der Auseinandersetzung mit Geschlechterrollen, mit Beziehungsmodellen, mit Berufs- und Lebensplanung oder mit der gesellschaftlichen Neuverteilung von Arbeit einsetzen.
Ziele	Die Übung ermöglicht die Wahrnehmung des eigenen Verhaltens und der eigenen Einstellungen sowie die Auseinandersetzung mit den Vorstellungen des anderen Geschlechts bezüglich Geschlechterrollen, Rollenverteilung, gesellschaftlichen und kulturellen Idealen. Mädchen und Jungen können ermuntert werden, ihre Wünsche und Vorstellungen über die weiterhin wirksamen verinnerlichten Rollenbilder hinaus zu leben und verschiedene Möglichkeiten von Geschlecht auszuprobieren.
Durchführung	– In einer ersten *geschlechtsgetrennten* Runde können die Mädchen bzw. Jungen unter der Fragestellung „Wie will ich selbst sein" spontan in jeweils einen gemeinsamen Körperumriss schreiben, wie sie sich selbst sehen, welche Eigenschaften und Fähigkeiten sie für sich beanspruchen, wie sie gerne aussehen würden, welche Ziele und Wünsche sie haben. Es sollte keine besondere Betonung auf die Frage des Geschlechts gelegt werden. Als Hilfestellung kann angeregt werden, aufzuschreiben, was sie an einer Freundin bzw. einem

Freund als besonders wünschenswert empfinden. Das Plakat/ der Körperumriss kann zusätzlich noch zeichnerisch ausgestaltet werden.

- In der darauf folgenden *Auswertungs-/Gesprächsrunde* innerhalb der geschlechtsgetrennten Gruppe kann darauf eingegangen werden, ob eher äußere oder innere Wertvorstellungen genannt wurden, welche Kriterien dem gesellschaftlichen oder kulturellen Idealbild entsprechen, welche Werte eventuell gar nicht genannt wurden.
- In der zweiten, weiterhin *geschlechtsgetrennten* Runde werden in einem entsprechend gestalteten Körperumriss die Erwartungen und Vorstellungen gegenüber dem anderen Geschlecht formuliert.

Fragestellung

Wie stelle ich mir den Traummann bzw. die Traumfrau vor?

Welche Eigenschaften und Fähigkeiten sollte diese Idealperson verkörpern?

Welches Verhalten wünsche ich mir von ihm/ihr?

- In der dritten, diesmal *geschlechtsgemischten* Runde werden die jeweils zueinander passenden Plakate (also bspw. die Vorstellungen der Mädchen über sich und die Erwartungen der Jungen an die Mädchen) vorgestellt und miteinander verglichen. Es findet eine Auseinandersetzung über die differierenden Ansprüche, über Traumbilder und Wirklichkeiten statt.

Statt der Körperumrisse auf Plakaten können zur Veranschaulichung auch entsprechende weibliche/männliche Kleidungsstücke drapiert werden, an die die Teilnehmenden beschriftete Karten heften.

- In der Abschlussrunde werden die Selbst- und Fremdbilder der Mädchen und Jungen miteinander verglichen und zu den kulturell tradierten Geschlechterrollen in Beziehung gesetzt. Es geht um die bewusste Wahrnehmung der eigenen Geschlechtsidentität und Einstellungen sowie um Perspektiven für die eigene Lebensplanung.

„Stronger" – Darstellung von Frauen und Männern in Popmusik

ARIANE HOPPLER

Zielgruppe	Jugendliche
Zeit	Ca. 90 Minuten
Material	Musik aus den aktuellen Charts. Eventuell vorbereitete Texte.
Fokus	Musik spielt für die meisten Jugendlichen in ihrem Alltag eine große Rolle. Die Titel, Texte und Interpret*innen* sind ihnen bestens bekannt. Mit den Songs werden gleichsam selbstverständlich bestimmte Vorstellungen von Frauen und Männern transportiert.
Ziele	Die Jugendlichen finden heraus, ob und in welcher Weise durch die Liedtexte ein bestimmtes Bild von Frauen bzw. Männern vermittelt wird. Sie reflektieren den Einfluss der Texte auf ihren Lebensalltag. Sie sollen die implizierten Männer- und Frauenbilder für sich bewerten und Veränderungswünsche diskutieren.
Durchführung	Die Teilnehmer*innen* können entweder ihre Lieblingsmusik mitbringen, oder es wird Musik aus den aktuellen Charts vorbereitet. (*Ricky Martin:* „She bangs"; *Die Ärzte:* „Manchmal haben Frauen..."; *Britney Spears:* „Stronger") – Die Jugendlichen hören in Kleingruppen verschiedene Lieder. Sie diskutieren, was über Frauen und Männer gesagt/gesungen wird. Auf einer Wandzeitung notieren sie, welche Eigenschaften und Bilder von Frauen und Männern durch die Liedtexte vermittelt werden. – Die Kleingruppen stellen ihre Arbeitsergebnisse vor. Das Plenum vergleicht und diskutiert.

Fragestellung

Entsprechen die vermittelten Bilder der Lebensrealität von Männern und Frauen?

Haben die geschilderten Frauen oder Männer Vorbildfunktion für Jugendliche?

Wie stark wird der Einfluss von Liedtexten von den Jugendlichen selbst eingeschätzt?

Gibt es nach Meinung der Teilnehmer*innen* einen Unterschied zwischen den Texten von weiblichen oder männlichen Interpreten?

(Schreckens-)Bilder von Frauen in Leitungspositionen

CHRISTIANE BURBACH

Zielgruppe	Jugendliche und Erwachsene
Zeitbedarf	90 Minuten
Material	Benötigt wird der Zeitungsartikel (Anlage 1), ein Flipchart oder eine Metaplanwand, um die Mosaiksteine des Bildes von Heide Simonis zu notieren.
Fokus	Frauen in Leitungspositionen wecken Assoziationen, Affekte und unbewusste Bilder. Diese Bilder und ihr emotionaler Hintergrund sowie die Erinnerungen, die zu diesen „Seelenbildern" geführt haben, sind von großer Bedeutung für das „Ansehen" der betroffenen Frauen, die Kommunikation und den Umgang mit ihnen und das Reden über sie.
Ziele	Der Baustein *(Schreckens-)Bilder von Frauen* in Leitungspositionen will einerseits das Bild reflektieren, das ein Journalist von der schleswig-holsteinischen Ministerpräsidentin Heide Simonis entwirft, und andererseits das Frauenbild rekonstruieren, dass dieser Journalist beim Schreiben als Ideal im Hinterkopf hatte.
Durchführung	Der Artikel *„Die Zuchtmeisterin"* von *Erich Maletzke* aus dem *Deutschen Allgemeinen Sonntagsblatt* wird in der Gruppe gelesen. Anschließend wird auf einem Flipchart oder einer Metaplanwand auf der linken Seite eine Spalte angelegt, in der alle affektiv-emotionalen Aussagen über *Heide Simonis* in Kurzform notiert werden (Beispiel: Anlage 2).
	Im zweiten Schritt wird das Bild in sein Gegenteil konvertiert, indem in die rechte Spalte das Gegenteil zu jeder Aussage notiert wird.
	Im dritten Schritt wird ein gemeinsamer Nenner für den Frauentyp auf der linken und auch auf der rechten Seite gesucht.

Fragestellung

1. Welche affektiv-emotionalen Aussagen werden über H.S. gemacht?

2. Was ist das Gegenteil zu dieser Aussage?

3. Welcher Frauentyp wird durch die Aussagen auf der linken Seite, welcher durch die auf der rechten Seite skizziert?

Die Aufgabe kann in geschlechtsheterogenen Gruppen bearbeitet werden; zusätzlich spannend wird es, wenn sie in geschlechtsho-mogenen Gruppen parallel gelöst wird und die Ergebnisse anschließend miteinander konfrontiert werden.

Zur Vertiefung kann diskutiert werden, welche Frauen wir kennen, die das rekonstruierte Idealbild einer Frau etwa des Typs „gewährende, fördernde, sensible, rücksichtsvolle, disziplinierte und unauffällige gute Mutter" verkörpern. Sind solche Eigenschaften vereinbar mit Führungsqualität und Durchsetzungs-fähigkeit? Ist ein vergleichbarer Artikel über einen männlichen Politiker bekannt oder denkbar?

Fragestellung

Ist der rekonstruierte Idealtyp von Frau kompatibel mit

Führungsqualitäten?

Ist ein Kompromiss zwischen dem Schreckensbild und dem Idealbild denkbar, das mit Leitungskompetenz vereinbar ist?

Nach welchen Kriterien ist das Bild von H.S. konstruiert?

Welche Seiten werden nicht beleuchtet?

DEUTSCHES ALLGEMEINES SONNTAGSBLATT — NR. 34 – 21. AUGUST 1998

POLITIK UND WIRTSCHAFT · 13

■ Schleswig-Holstein ■

Die Zuchtmeisterin

Ministerpräsidentin Heide Simonis sitzt die Zunge locker. Das Protokoll kümmert sie nicht. Und wehe, jemand schert aus der Reihe: Dann wackeln in Kiel die Wände

VON ERICH MALETZKE

■ Wen es in die Bonner Politik ziehe, der müsse ein Masochist sein. So sprach Heide Simonis und erinnert mit diesem flotten Spruch an die Geschichte vom Fuchs, der versicherte, die hoch hängenden Trauben seien ihm ohnehin viel zu sauer.

Ja, die gebürtige Rheinländerin wäre schon gerne dorthin zurückgekehrt, wo sie einst ihr politisches Handwerk gelernt hat und von keinem Geringeren als Herbert Wehner kräftig protegiert worden ist. Eine Zeit lang hatte es auch den Anschein, als würde Gerhard Schröder, die Kieler SPD-Regierungschefin als Finanzexpertin in seine Schattenmannschaft holen. Doch dann hat ihn wohl der Mut verlassen.

Und dafür kann man ihm sogar Verständnis haben. Denn mit Heide Simonis ist nicht gut Kirschen essen. Nichts, aber auch gar nichts spricht dafür, dass sie vor einem Kanzler Schröder gekuscht und mit ihrer Meinung hinter dem Berg gehalten hätte. So wie neulich, als selbst das TV-Lästermaul Harald Schmidt erschrocken schlucken musste, als Heide Simonis ihm live mitteilte, eigentlich sei sie in der Absicht gekommen, „ihm eins in die Fresse zu schlagen".

Diesen verbalen Scherz empfanden selbst ihre treuesten Anhänger wieder einmal als etwas daneben. Der Verdruss über das ziemlich lose Mundwerk der Regierungschefin beschränkt sich allerdings auf die Parteifreunde. Bei der schleswig-holsteinischen Bevölkerung hat man sich an die flotten Sprüche der Landesmutter ebenso gewöhnt wie an ihre reichlich beringten Finger, die mal braven, mal schrillen Hüte oder auch an die Nachricht, der leidenschaftlichen Besuchern von Antikmärkten sei es wieder einmal gelungen, eine historische Kaffeekanne zu erwerben.

Allgemein akzeptiert wird mittlerweile auch, dass die „Herrin der Ringe" sich von keinem Protokoll einschnüren lässt. Wird es ihr unbequem, streift sie die Schuhe ab und regiert im Dienstzimmer barfuß weiter. Ist sie schon in Ferienstimmung, dann weiht sie inmitten zweireihig gekleideter Banker den Neubau der Landesbank und Girozentrale in Jeans mit lässig über die Schultern geschlagenem Pulli ein.

Sollte angesichts dieser Extravaganzen der Chefin jemand auf die Idee kommen, das Regieren sei in Kiel offenbar eine sehr heitere Angelegenheit und jeder könne fröhlich mitmachen, der hat die Spielregeln gründlich missverstanden.

Genau das passiere jüngst Wirtschaftsminister Peer Steinbrück (SPD). Nachdem er bei der Trassenführung der umstrittenen Autobahn 20 von Lübeck nach Stettin einen juristischen Sieg errungen hatte und außerdem als Anwärter für einen wichtigen Posten in der nordrhein-westfälischen Landesregierung gehandelt worden war, fühlte er sich offenbar so stark, dass er ein Dutzend Journalisten zum Hintergrundgespräch lud. Dort erklärte er mit noch stärkeren Worten, dass in der schleswig-holsteinischen Landespolitik vieles schlecht laufe. Die Zusammenarbeit mit Hamburg sei unerfreulich, der Kontakt mit den skandinavischen Nachbarn lasse ebenfalls zu wünschen übrig, und der Transrapid, gegen dessen Verwirklichung die Landesregierung Klage eingereicht hat, könne ohnehin nicht aufgehalten werden.

Kaum hatte Heide Simonis von dieser Veranstaltung gehört, da wackelten selbst die dicken Wände der alten kaiserlichen Marine-Akademie, des Sitzes der heutigen Kieler Landesregierung. Und Steinbrück entging wohl nur deshalb der Entlassung, weil er in der Wirtschaft, aber auch in der SPD-Landesfraktion hohes Ansehen genießt.

Zwar bemühte sich die CDU, den Hauskrach als Anfang vom Ende der Regierung Simonis darzustellen, doch dabei war auch viel Wunschdenken im Spiel. Denn auch im fünften Jahr ihrer Regierung hält die erste deutsche Ministerpräsidentin die Zügel noch sehr fest in der Hand und hat bei ihrem gerade im Gästehaus der Landesregierung gefeierten 55. Geburtstag versprochen, sie werde an gleicher Stelle auch noch zum 60. laden.

Die politischen Aussichten, dieses Ziel zu erreichen, sind durchaus realistisch, denn selbst im zehnten Jahr nach Beginn der Barschel-Affäre bietet die Landes-CDU mit ihrem markigen Vorsitzenden Peter-Kurt Würzbach und dem blassen Oppositionsführer Martin Kayenburg keine ernst zu nehmende Alternative. Zwar gibt es in der rot-grünen Regierungskoalition immer wieder Reibereien, etwa beim Bau der A 20, doch die Gemeinsamkeiten sind noch lange nicht aufgebraucht.

Mittlerweile hat Heide Simonis auch den Schock überwunden, den sie 1996 beim Verlust der zuvor von Björn Engholm für die SPD eroberten absoluten Mehrheit erlitt. Sie müsse nicht jede Kröte schlucken, polterte Heide Simonis mit Blick auf die Grünen, und so geriet das Bündnis mit der Ökopartei von Beginn an zu einer Zweckehe, in der es harte Verteilungsstreitigkeiten gibt. Die Abstrafung war für sie unerwartet gekommen, konnte ihr Selbstbewusstsein aber nicht beeinträchtigen: Gegen grüne Sonderwünsche setzte sie sich in den meisten Fällen – wie der A 20 – durch.

Etwas weniger von beidem wünschen sich alle Kabinettsmitglieder. Nicht zuletzt die Herren Minister. Nachdem die Chefin sogar dem Leistungsträger Peer Steinbrück in aller Öffentlichkeit gewaltig den Kopf gewaschen hat, ist der Mut zur eigenen Meinung weiter gesunken. Der Einzige, der aufmucken kann, ist der grüne Umweltminister Rainder Steenblock, zugleich stellvertretender Ministerpräsident. Und die Entfernung dieses Störenfriedes nebst politischem Anhang mach sich Heide Simonis offenkundig als wichtigstes Wahlziel für das Jahr 2000 gesetzt. Denn Heide Simonis mag sich zwar an die Spielregeln halten – aber nur an die eigenen.

Heide Simonis   Foto: Reinhard Janke/argus

Feindbild	Idealbild
Wunsch, in Bonn zu amtieren	Bescheiden bleiben, wo man ist
Vatertochter (von Wehner)	Muttertochter
Beängstigend für Schröder	Beschwichtigend
Mit ihr ist nicht gut Kirschen essen	Sie ist angenehm bestätigend
Sie kuscht nicht und hält ihre Meinung nicht hinterm Berge	Sie gibt nach und hält sich zurück
Sogar das Lästermaul Harald Schmidt hat sich vor ihr erschrocken	Sie diskutierte angenehm beschwichtigend
Derb	Fein
Auch Freunde fanden diesen Satz wieder einmal daneben	Auch Gegner bestätigen, dass sie sich comme il faut benimmt
Loses Mundwerk	Disziplinierte Sprache
Extravagantes Erscheinungsbild: – flotte Sprüche – beringte Finger – brave oder schrille Hüte – historische Kaffeekannen	*Normal-unauffälliges Erscheinungsbild:* – äußert sich zurückhaltend – dezenter Schmuck – unauffällige Kleidung
Vom Protokoll nicht einschnürbar	Diszipliniertes Verhalten innerhalb des Protokolls
Barfuss im Dienstzimmer Mit Jeans und Pulli zur Einweihung des Neubaus der Landesbank	Sie trägt bei dienstlichen Anlässen angemessene Kleidung
Streng: keine heitere Regierung, bei der jeder mitmachen kann	*Gewährend:* Jeder kann nach Herzenslust mitmachen
Auf Kritik Peer Steinbrücks reagierte sie aggressiv	Sie geht über Kritik vornehm hinweg oder ist betroffen davon
Sie hat die Zügel fest in der Hand und will weiterregieren	Sie führt am langen Zügel und fragt sich kritisch, ob sie allem gewachsen ist
Kabinettsmitglieder haben es sowohl mit dem Selbstbewusstsein der Ministerpräsidentin als auch mit den grünen Sonderwünschen schwer	Die Kabinettsmitglieder haben es leicht, weil alles glatt geht: Die Ministerpräsidentin ist anpassungsfähig und die Grünen halten sich zurück

Feindbild	Idealbild
Ihr Wunsch weiterzuregieren ist realistisch, da die CDU nach der Barschelaffäre keine ernst zu nehmende Alternative darstellt	Die Opposition steht bereits vor der Tür, und die Aussichten, die Ministerpräsidentin abzulösen, sind gut
Sie hat den Schock, mit den Grünen regieren zu müssen, überwunden	Der Schock, mit den Grünen reagieren zu müssen, sitzt ihr immer noch in den Knochen
Poltert: sie müssen nicht jede Kröte schlucken	Erwähnt die gute Kooperation
Gegen grüne Sonderwünsche setzt sie sich in den meisten Fällen durch	Ihr Selbstbewusstsein ist angeschlagen; sie muss auf grüne Sonderwünsche Rücksicht nehmen
Der Mut des Ministers Peer Steinbrück zu eigener Meinung ist nach der „Kopfwäsche" gesunken	Der Mut des Ministers zu eigener Meinungsäußerung ist nach der Aufmunterung gewachsen
Den einzigen Minister, der sich das Aufmucken leisten kann, Rainder Steenblock, will sie nach der Wahl 2000 ersetzen	Den Mut des kritischen Ministers wird sie durch Wiederaufnahme in das Kabinett belohnen
Sie hält sich nur an ihre eigenen Spielregeln	Sie ist angepasst und nicht autonom
Selbst- und machtbewusste Frau, die Wert darauf legt, die Nummer eins zu sein, die sich gegen Konkurrenz zu wehren versteht, sich Respekt verschafft; sie ist eigensinnig, extravagant und profiliert in ihrem eigenen Geschmack und Stil.	Gute Mutter, diszipliniert im Hinblick auf die eigene Person, gewährend, sensibel, dezent, rücksichtsvoll gegenüber anderen.
Die Überschrift des Artikels aktiviert die Phantasie einer Art Domina.	„Als Politikerinnen noch sanft und engelsgleich waren"[1]

---

1 Vgl. der Titel der Ausstellung „Als Frauen noch sanft und engelsgleich waren", westf. Landesmuseum für Kunst und Kulturgeschichte, Münster 1996.

Bilder und Vorurteile

Kathy Geiss-Rigoni

Zielgruppe	Jugendliche und Erwachsene
Zeit	20 bis 30 Minuten
Material	Notwendig ist ein Raum, der groß genug ist.
Fokus	Bilder und Vorurteile über das andere Geschlecht sind häufig so verfestigt, dass sie sogar ohne Worte wirken.
Ziele	Reflexion über die Wahrnehmung und Darstellung von Bildern und Vorurteilen über das andere Geschlecht.
Durchführung	*Grundmuster:* Die Gruppe wird in eine Frauen- und eine Männergruppe geteilt. Frauen- und Männergruppe stehen sich je in einer Reihe gegenüber. Zur Vorbereitung und Absprache drehen sich die Gruppen voneinander weg. Auf Klatschen drehen sie sich einander zu und zeigen sich gegenseitig ihre Darstellung der jeweiligen Aufgabe (s.o.); dabei fangen jeweils abwechselnd einmal die Männer, einmal die Frauen an.

Variante: Es ist auch möglich, die jeweils andere Gruppe *raten* zu lassen, was die Darstellung bedeutet.

- In der ersten Übung überlegt sich *jede Gruppe* eine typische Haltung, Gestik oder Mimik des eigenen Geschlechts. Diese soll pantomimisch dargestellt werden.
- In der zweiten Übung kann *jede Person* typische Haltungen des eigenen Geschlechts vorstellen.
- In der dritten Übung *soll jede Gruppe* typische Haltungen des jeweils *anderen* Geschlechts darstellen.
- In der vierten Übung stellt *jede Person* eine typische Haltung des *anderen* Geschlechts dar.

- In der fünften Übung soll *jede Gruppe* das darstellen, was aus ihrer Sicht typisch für das andere Geschlecht ist – was sie aber gern genauso „schamlos" machen würde.
- In der sechsten Übung stellt *jede Person* das dar, was aus ihrer Sicht typisch für das andere Geschlecht ist und was sie gern genauso „schamlos" machen würde.
- Am Schluss erfolgt eine offene Aussprache über die dargestellten Bilder.

„Dementi-Übung" –
Wahrnehmung von Frauen und Männern

RENATE ROGALL

Zielgruppe	Erwachsene und Jugendliche
Zeit	60 Minuten
Material	Papier und Stifte für die Notizen bei den Assoziationen; außerdem ein Flipchart oder eine Metaplantafel mit Karten und farblich unterschiedliche Filzschreiber für die Visualisierung.
Fokus	Eine der wesentlichen Orientierungen zwischen Menschen – sei es im Alltag oder zu Beginn eines Seminars – ist die Geschlechtszugehörigkeit. Sie ist ein unübersehbares Merkmal. Diese Zuordnung ist verbunden mit „Bildern" und „Annahmen" über Eigenschaften, Verhaltensweisen, Charaktereigenschaften und Lebenssituationen des Gegenübers. Sie beeinflusst die Interaktion und Kommunikation miteinander.
Ziele	In der „Dementi"-Übung werden Vorstellungen und Interpretationen über die jeweils anderen Personen assoziiert. Diese Methode eignet sich gut zum Einstieg in ein Gender-Training – bereits anstelle einer Vorstellungsrunde. Wichtig ist, dass sich die meisten der Teilnehmenden untereinander nicht kennen.
Durchführung	Es werden gemischtgeschlechtliche Dreiergruppen gebildet. Die Aufgabenstellung für die Gruppen lautet: – Zwei Personen assoziieren frei über die dritte Person, indem sie mögliche Charaktereigenschaften, Hobbies, Lebens- und Wohnsituation, Herkunft, bevorzugtes Urlaubsland und Restaurant, Lieblingsfarbe und –blume, Wohnungseinrichtung usw. raten. – Der bzw. die Beschriebene hört zu und macht sich Notizen darüber, was gesagt wird und von wem die Assoziationen kommen. – Nach jeweils fünf Minuten rotiert die Dreiergruppe, bis alle Mitglieder ihre Einschätzung gehört haben. Es ist dabei wichtig,

dass innerhalb der Gruppen dieselben Themen Gegenstand der Assoziationen sind.

– Anschließend fasst jedes Gruppenmitglied zusammen, was über seine Person gesagt worden ist, und nimmt dazu Stellung (Dementi!). Es folgt ein Erfahrungsaustausch.

– An dieser Stelle bringt die Seminarleitung die Gender-Frage ins Spiel.

Fragestellung

Gab es für mich einen Unterschied, ob ich über einen Mann oder eine Frau assoziierte?

Gab es für mich einen Unterschied, ob ein Mann oder eine Frau über mich assoziierte?

Wie bewusst nehme ich im Alltag mein Gegenüber als Frau oder Mann wahr?

Was ist mir sonst noch im Zusammenhang mit der Übung deutlich geworden?

– Für das Plenum kann eine Zusammenfassung der Ergebnisse visualisiert werden.

3. Geschlecht und Biographie

Erzählwerkstatt

CHRISTIANE BURBACH

Zielgruppe	Erwachsene und ältere Jugendliche. Die Übung erfordert eine gewisse Vertrautheit zumindest mit einigen aus der Gruppe.
Zeit	Insgesamt: 200 Min (1x80; 1x120 Min); davon: 30 Min: 1. Phase: Einzelarbeit 15 Min: 2. Phase: Paararbeit 15 Min: 3. Phase: Einzelarbeit 20 Min: Austausch: Paararbeit 90 Min: Auswertung in geschlechtsspezifischen Gruppen 30 Min: Kurzvorstellung der Gruppenerkenntnisse im Plenum. Je nach Stellenwert dieser Übung im Gesamt-Gender-Training kann sie auch nach der Austauschphase in Paararbeit oder nach der Auswertung in den geschlechtsspezifischen Gruppen beendet werden.
Material	DIN A 4 Blätter, Stifte
Fokus	Die Prägung der Geschlechterrollen ist eng mit den individuellen Biographien von Männern und Frauen verbunden. Wer sich mit seinem Lebenslauf, frühen Erfahrungen und dem Sozialisationsprozess, den er durchlaufen hat, auseinandersetzt, kann sein gegenwärtiges Selbst-, und Weltbild besser verstehen, auch und gerade in Bezug auf die Gender-Frage.
Ziele	Die Kursteilnehmer*innen* sollen einen Zugang zu der *inneren* Gestalt ihres Mann- oder Frauseins entwickeln und diese mit Verhaltensweisen am Arbeitsplatz und in Gesellschaft anderer in Verbindung bringen. Sie sollen bisher nicht erkannte Freiräume ihrer Geschlechterrolle entdecken.

Durchführung Jeder Teilnehmer und jede Teilnehmerin erhält mehrere DIN A 4 Blätter, die in der Mitte längs gefaltet werden.
- Im ersten Schritt (*Einzelarbeit*) schreiben sie ihre Biographien auf die linke Seite des Blattes; folgende Struktur wird vorgegeben: 1. Kindheit bis zur Einschulung, 2. bis zur Pubertät, 3. Pubertät, 4. Adoleszenz, 5. Erwachsenenalter. Dabei bedenken sie insbesondere die Gender-Thematik[1].

Fragestellung

Wer hat mich als Frau/Mann positiv, wer negativ beeinflusst?

Welche verbalen und nonverbalen Botschaften sind mir

als Mann/Frau auf den Weg gegeben worden?

Welche Ereignisse waren besonders prägend?

Auf welche Weise hat die Sexualisierung stattgefunden?

- In der zweiten Phase (*Paararbeit*) bekommt jede/r einen Partner/ eine Partnerin, mit der sie/er die Lebensläufe tauscht. Die Partner*innen* schreiben auf die rechte Seite des Blattes ihre kritischen Bemerkungen und Anfragen nach folgenden Aspekten:

Fragestellung

Wo finden sich Auslassungen?
Gibt es alternative Bewertungen der Situationen?
Gibt es alternative Handlungsweisen?

- In der dritten Phase erhält jede Teilnehmerin, jeder Teilnehmer ihre Geschichte zurück und arbeitet auf Grund der Bemerkungen an ihrer Biographie weiter.
- Die vierte Phase ist dem Austausch in Paararbeit gewidmet. Weiter soll die Frage erörtert werden, welche Beziehungen zwischen den soeben gemachten Entdeckungen und den Verhaltensweisen am Arbeitsplatz und in Gruppen bestehen könnten.

---

1 Die Fragen enthalten Intentionen der Erinnerungsarbeit nach Frigga Haug. Vgl.: Dies. (Hg.).: Frauenformen 2 Sexualisierung der Körper, Berlin 1983, bes. S. 8ff; vgl. auch: Barbara Ketelhut: Familienbeziehungen und die Einheit der Familie, in: Frigga Haug und Kornelia Hauser: Subjekt Frau. Kritische Psychologie der Frau Bd. 1, Berlin 1985, S. 99ff.

– Die *Auswertung* der Einzel- und Paararbeit kann im ersten
  Schritt in geschlechtshomogenen Gruppen erfolgen, um Ähnlichkeiten und Unterschiede der Prägungen festzustellen sowie
  die Bezüge zu Verhaltensweisen am Arbeitsplatz oder in der
  Gruppe herzustellen. Im zweiten Schritt stellen die Frauen- und
  die Männergruppe sich gegenseitig ihre wesentlichen Erkenntnisse vor. Dies kann so geschehen, dass Mottos für die Lebensläufe in Form von Sprichwörtern, Filmtiteln o.ä. gefunden
  werden („Brave Mädchen kommen in den Himmel, böse überall
  hin"; „Spät habe ich gelernt, gerne eine Frau zu sein!"; „Männer
  sind ambivalent – Frauen bieten ein klares Bild").

„Zufällig weiblich" – Biographischer Zugang zum Thema Sozialisation

BIRGIT GRONER-ZILLING

Zielgruppe	Dieser Baustein eignet sich für erwachsene Teilnehmende, die sich im Seminar schon etwas kennen gelernt haben; er eignet sich gut zur Einführung in das Thema Sozialisation. Gruppengröße 15 bis 20 Teilnehmende
Zeit	65 Minuten
Material	Bonbons (verschieden farbig), DIN A3-Papier, Wachsmalkreiden
Fokus	Die eigene Biographie kann deutlich machen, welchen Einfluss Umwelt und Bezugspersonen in der Sozialisation auf die Konstruktion des sozialen Geschlechts haben. Dem gegenüber ist das biologische Geschlecht kaum mehr als „ein Zufall".
Ziele	Die Teilnehmenden erkennen die Zufälligkeit des biologischen Geschlechts; sie reflektieren ihr eigenes soziales Geschlecht; sie erkennen und reflektieren Zuschreibungen und Bewertungsmuster.
Durchführung	Eine Tüte mit Bonbons wird herumgereicht; jeder und jede nimmt sich ein Bonbon. Die Bonbons haben zwei unterschiedliche Farben. Nach der Verteilung wird die eine Farbe als „männlich", die andere als „weiblich" qualifiziert. Die Teilnehmenden thematisieren das Zufallsprinzip dieser Zuschreibung.
	Anschließend wird nach solchen „Zuschreibungen" des sozialen Geschlechts in den jeweiligen Biographien geforscht.
	– Dazu malt jede/r Teilnehmende ein Bild zu einer Situation seiner Kindheit, die ihm sein Geschlecht bewusst gemacht hat.
	– Die Bilder werden in Partnerarbeit besprochen.
	– Die Bilder werden im Plenum vorgestellt und diskutiert.

Fragestellung

Ist die dargestellte Situation für Sie positiv oder negativ besetzt?

Hatten Sie in dieser Situation den Eindruck, begrenzt zu werden?

Waren Sie in dieser Situation eher aktiv/eher passiv?

Gibt es Gemeinsamkeiten zwischen damals und heute?

Gibt es Unterschiede zwischen damals und heute?

„Peter und Petra"

Heike Poggensee

Zielgruppe	Mädchen/junge Frauen und Jungen/junge Männer verschiedener Kulturzugehörigkeit von ca. 12 bis 25 Jahren.
Zeit	Mindestens 90 Minuten
Material	Je 2 Zeichenblockblätter DIN A2 pro Kleingruppe, Wachsmalstifte bzw. Kreiden
Fokus	Der Baustein lässt sich in Veranstaltungen zum Thema Geschlechterrollen, Beziehungsmodelle, Berufs- und Lebensplanung oder im Rahmen einer Auseinandersetzung mit der gesellschaftlichen Neuverteilung von Arbeit einsetzen.
Ziele	Die Übung ermöglicht die Wahrnehmung der eigenen Einstellungen wie auch der Vorstellungen des anderen Geschlechts hinsichtlich der Geschlechterrollen, der Rollenverteilung und der gesellschaftlichen/kulturellen Ideale. Mädchen und Jungen können ermutigt werden, ihre Wünsche unabhängig vom Beharrungsvermögen der verinnerlichten Geschlechterklischees zu benennen und sich für ihre eigenen Vorstellungen und Ideale zu engagieren.
Durchführung	Geschlechtsgemischte Kleingruppen (3–5 Personen) bekommen den Auftrag, gemeinsam zwei fiktive Lebensläufe für die „Nachbarskinder" Peter und Petra zu entwerfen; die beiden werden gerade eingeschult; ihr weiteres Leben bis etwa zum 40. Geburtstag soll ausgemalt werden. – Die Teilnehmer*innen* werden einerseits dazu ermuntert, Visionen und eigene Wünsche zu formulieren, die über die traditionelle Geschlechterzuweisung hinaus reichen, andererseits sollen durchaus realistisch auch Brüche, Krisen und Schwellen im Lebenslauf zur Sprache kommen. – Die einzelnen Kleingruppen stellen anschließend ihre gezeichneten Lebenskurven im Plenum vor.

– Wesentlicher als die Präsentation und Diskussion im Plenum ist bei dieser Übung die Auseinandersetzung der Mädchen und Jungen mit ihren unterschiedlichen Lebenswelten in den Kleingruppen. Besonders spannende Gespräche entwickeln sich angesichts von Schwellen und Brüchen im Lebenslauf, wenn die Gruppe sich einigen muss, ob etwa Peter oder Petra Erziehungsurlaub nimmt, auf Teilzeit geht oder um der Karriere willen umzieht. Auch neben diesem Entscheidungsprozess kann die allgemeinere Frage, wie partnerschaftliche Beziehungen innerhalb unserer Kultur, in Zeiten der Wirtschaftskrise etc. gelebt werden können, einen breiten Raum einnehmen.

„Der Lebensgeschichte auf die Spur kommen" – Weibliche und männliche Identität

RENATE ROGALL

Zielgruppe	Erwachsene
Zeit	90–120 Minuten, je nach Gruppengröße und Intensität der Erzählphase
Material	DIN A3 Bögen und Stifte entsprechend der Teilnehmerzahl für die Erstellung der Lebenslinie
Fokus	Im Laufe des Sozialisationsprozesses – in der Familie, im Kindergarten, in der Schule und in der Ausbildung – werden die Geschlechterrolle und die damit verbundenen Normen und Werte erlernt. Soll sich im Geschlechterverhältnis etwas verändern, ist es wichtig, das eigene Rollenverhalten zu reflektieren. Dazu gehört es, dass man sich erinnert.
Ziele	Dieser Baustein will dazu beitragen, den eigenen Prägungen im Blick auf das Frau- und Mann-Sein auf die Spur zu kommen: Wie habe ich mir die Geschlechterrolle „angeeignet"?
Durchführung	Eine Möglichkeit, die eigenen Prägungen zu entdecken, besteht darin, die eigene Lebensgeschichte nachzuzeichnen. – Dazu bilden sich geschlechtshomogene Gruppen. In *Einzelarbeit* werden auf einer Zeitleiste Ereignisse, Personen, Botschaften, Gefühle eingetragen. Dabei geht es um das Selbst- und Weltbild prägende Erfahrungen.

Fragestellung

Durch welche Einflüsse und Ereignisse bin ich die Frau/der Mann geworden, die/der ich heute bin?

Welche Personen haben mir in welcher Zeit welche Botschaften vermittelt:
- in der Kindheit,
- in der Jugendzeit,
- in der Schule,
- in der Ausbildung,
- am Arbeitsplatz?

Mit welchem Erleben, mit welchen Gefühlen sind diese Botschaften verbunden?

- Die jeweils eigenen Wahrnehmungen, Gefühle und Assoziationen werden *in der Gruppe* vorgestellt. Die Abschlussrunde dient dazu, die Erfahrungen zu vergleichen und Gemeinsamkeiten und Unterschiede wahrzunehmen. Evtl. kann ein Gruppenmotto, das den gemeinsamen Austauschprozess aufnimmt, zum Schluss entwickelt werden. Dazu kann z.B. ein Film- oder Buchtitel Sprachhilfe leisten.
- Im *Plenum* wird lediglich das Motto der Gruppen zur Kenntnis gegeben, da der gemeinsame Prozess des Nachdenkens nicht im Plenum vermittelbar ist.

„Botschaften für das Leben"

ARIANE HOPPLER

Zielgruppe	Jugendliche ab 14/15
Zeit	ca. 60 Minuten
Material	Arbeitsbogen (siehe Anlage)
Fokus	Botschaften, die in der Kindheit vermittelt wurden, haben bis ins Erwachsenenalter prägende Kraft. Sie bestimmen auch unser Verständnis von Rolle und Geschlecht – bis wir uns bewusst mit ihnen auseinandersetzen.
Ziele	– Die Teilnehmer*innen* erinnern sich, welche Werte und Normen ihnen in Form von bestimmten Sätzen oder Botschaften in ihrer Kindheit vermittelt worden sind. – Die Teilnehmer*innen* überprüfen, ob sie diese Botschaften akzeptieren oder ablehnen. – Sie arbeiten eventuelle geschlechtsspezifische Unterschiede heraus und überprüfen sie auf ihre Sinnhaftigkeit hin. – Sie entwickeln Möglichkeiten, die Botschaften zu korrigieren. – Sie überlegen, welche Auswirkungen die Botschaften auf ihre Zukunft haben können/sollen.
Durchführung	Jeder/jede Teilnehmer*in* erhält einen Arbeitsbogen. – Zunächst geht es darum, sich – für sich allein – an möglichst markante Sätze aus der Kindheit zu erinnern und diese zu notieren. – Anschließend werden die Arbeitsblätter in Kleingruppen (drei bis vier Teilnehmer*innen*) vorgestellt und diskutiert. – Im Plenum soll diskutiert werden, inwieweit die Sätze oder Botschaften, die den Teilnehmer*innen* als Kindern vermittelt wurden, ihr Leben als Mädchen oder Junge, Frau oder Mann heute beeinflussen. Außerdem soll erörtert werden, welche (gegebenenfalls anderen) Haltungen oder Botschaften sie sich im Laufe ihrer Kindheit gewünscht hätten und was sie *ihren* Kindern mitgeben würden.

Arbeitsbogen „BOTSCHAFTEN"

1. Was ist dir als Kind zum Thema SCHULE gesagt worden ?
   Von deiner Mutter _____
   Von anderen Frauen deiner Familie (Schwester, Großmutter)

   _____

   Von deinem Vater _____
   Von anderen Männern deiner Familie (Bruder, Großvater)

   _____

2. Was ist dir als Kind zum Thema berufstätige Frauen gesagt worden ?
   Von deiner Mutter _____
   Von anderen Frauen deiner Familie

   _____

   Von deinem Vater _____
   Von anderen Männern deiner Familie

   _____

3. Was ist dir als Kind zum Thema Heiraten und Kinder bekommen gesagt worden ?
   Von deiner Mutter _____
   Von anderen Frauen deiner Familie

   _____

   Von deinem Vater _____
   Von anderen Männern deiner Familie

   _____

4. Was ist dir als Kind zum Thema Aussehen und Benehmen gesagt worden?
   Von deiner Mutter _____
   Von anderen Frauen deiner Familie

   _____

   Von deinem Vater _____
   Von anderen Männern deiner Familie

   _____

5. Was hättest du gern als Kind gehört?

Von deiner Mutter _____

Von anderen Frauen deiner Familie

_____

Von deinem Vater _____

Von anderen Männern deiner Familie

_____

6. Wenn du Kinder hättest, was wären die wichtigsten Dinge, die du ihnen für ihr Leben sagen würdest?

_____

_____

_____

_____

_____

_____

7. Welche Eigenschaften sollten deine Kinder unbedingt haben?

_____

_____

_____

_____

_____

_____

4. Geschlecht und Interaktion

Bedrohung und Belästigung –
Erlebnisse von Mädchen und Jungen

HEIKE SCHLOTTAU

Zielgruppe	Die Aktion ist für eine unbestimmt große Gruppe von Jugendlichen geeignet. Im zentralen Teil arbeiten die Jugendlichen zu dritt in Kleingruppen.
Zeit	20 bis 30 Minuten für die Phase der Gruppenarbeit und je nach Größe der Gesamtgruppe ca. 30 Minuten für das auswertende Gespräch.
Material	Je Arbeitsgruppe einen Körperumriss auf einem DIN A3 Bogen (eine das Geschlecht nicht festlegende Anregung dazu s. Anlage) und Stifte.
Fokus	Erfahrungen von Mädchen und Jungen als Opfer von Bedrohung, Belästigung und Gewalt sind Thema dieses Bausteins.
Ziele	Mädchen und Jungen beschreiben ihre Erfahrungen als Opfer von Bedrohung und Belästigung.
	Jugendliche erarbeiten, inwieweit sich die Erlebnisse und die Gefühle von Mädchen und Jungen, die belästigt oder bedroht werden, ähneln oder unterscheiden und erörtern den Zusammenhang mit vorherrschenden Bildern von Geschlecht.
	Die Gruppe beschreibt Möglichkeiten zur Unterstützung von Jungen und Mädchen, die Opfer von Bedrohung werden.
Durchführung	In geschlechtsgetrennten Gruppen arbeiten je drei bis vier Mädchen beziehungsweise Jungen zusammen. Jede Gruppe erhält ein DIN A3 Blatt mit einem stilisierten Körperumriss.
	So konkret wie möglich beantwortet die Gruppe drei Fragen:

Fragestellung

In welchen Situationen hast du dich bedroht oder belästigt gefühlt?

Welche Gefühle hat das in dir ausgelöst?

Welche Hilfe oder Unterstützung wünscht du dir oder hättest du dir in den Situationen gewünscht?

> Die Fragen stehen auf einem Flipchart oder einer Tafel.
> – Die Gruppe sammelt Antworten zur ersten Frage und schreibt sie außen um den Umriss herum auf das Blatt. Die Antworten auf die zweite Frage schreibt sie in den Umriss hinein und die Antworten auf die dritte Frage unter die Füße der Figur.
>
> Vor Beginn der Gruppenarbeit macht die Anleiterin oder der Anleiter klar, dass niemand Erlebnisse erzählen muss, die er oder sie nicht erzählen möchte. Es ist in Ordnung, Dinge für sich zu behalten. Jede/r bestimmt das selbst.
> – Die Gruppen stellen ihre Bilder vor. Im auswertenden Gespräch richtet sich die Aufmerksamkeit auf folgende Fragen:

Fragestellung

Erleben Jungen und Mädchen ähnliche Situationen?

Lösen die Erlebnisse ähnliche Gefühle und Reaktionen aus?

Worin liegen ggf. Unterschiede und wie hängen sie mit stereotypen Geschlechterbildern zusammen?

Wie können die Hilfe- und Unterstützungswünsche realisiert werden?

Körpersprache und Sprachverhalten von Männern und Frauen

ARIANE HOPPLER

Zielgruppe	Die Übung ist für Jugendliche und Erwachsene geeignet. Sie ist sowohl in gemischten, als auch in geschlechtshomogenen Gruppen einsetzbar.
Zeit	90–120 Minuten
Material	Arbeitsbogen mit Rollenspielanweisungen; eventuell Requisiten ; Fragen für die Kleingruppen und für das Plenum.
Fokus	Körpersprache und das Sprachverhalten in Alltagssituationen weisen geschlechtsspezifische Eigenarten auf. Oft bleiben aufgrund von geprägtem, unreflektierten Rollenverhalten viele Möglichkeiten der Differenzierung in Kommunikation und Interaktion ungenutzt.
Ziele	- Die Teilnehmer*innen* kommen verinnerlichten geschlechtsspezifischen Verhaltensweisen im Bereich Körpersprache und Sprachverhalten auf die Spur. - Sie vergegenwärtigen sich ihre latent wirksamen Bilder von Weiblichkeit und Männlichkeit. - Sie reflektieren den eigenen Anteil an der interaktiven Herstellung dieser Vorstellungen. - Sie erkennen, dass die geschlechtsspezifischen Verhaltensweisen durch die eigene Interaktion auf der Basis bestehender Vorstellungen konstruiert werden. - Sie erproben die Möglichkeiten der Veränderungen von geschlechtsspezifischen Verhaltensweisen und überlegen, welchen Beitrag sie selbst im Alltag zur Dekonstruktion von bestehenden Geschlechterrollen leisten können.

Durchführung Bei dieser Übung arbeiten die Teilnehmenden mit der Methode des angeleitetes Rollenspiels.

- Das Plenum bildet Kleingruppen von vier bis sechs Teilnehmer-*innen*. Jede Gruppe erhält eine kurze Spielanweisung (siehe Arbeitsbogen). Jede Gruppe nimmt die genauere Ausgestaltung der Spielvorgabe selbstständig vor, ebenso wie die Aufteilung der Rollen. Bei gemischten Gruppen können auch Frauen die Männerrollen spielen und umgekehrt.
- Nach ca. 20 bis 30 Minuten Vorbereitungszeit spielt jede Gruppe dem Plenum ihre Szene vor.
- Das Plenum diskutiert anhand der Auswertungsfragen die Spiel-szenen.

Fragestellung

Waren typisch weibliche oder männliche Verhaltensmuster zu erkennen?

Wie lassen sie sich beschreiben?

Wie beziehen sich Männer und Frauen in den Interaktionen aufeinander?

Woher kennen wir die Verhaltensweisen, die wir spielen?

Wie geht es uns, wenn wir gegengeschlechtliche Rollen einnehmen?

Welche Klischees von männlichen und weiblichen Verhaltensweisen hat jede/jeder in sich?

Gibt es Situationen in denen wir uns nicht geschlechtstypisch verhalten?

Wie werden die Chancen und Grenzen eingeschätzt, das eigene Verhaltens-repertoire zu erweitern?

Wie kann das im Alltag geübt werden?

Oder:
– Die einzelnen Gruppen diskutieren ihr Rollenspiel untereinander anhand der Auswertungsfragen (Kleingruppe).

Fragestellung

Wie haben wir uns gegenseitig in den jeweiligen Rollen erlebt?
Was ist uns aufgefallen am Verhalten der anderen?
Wie hat sich jede/jeder in der eigenen Rolle gefühlt?
Woher haben die Gruppenmitglieder ihre Vorbilder für bestimmte Verhal-
tensweisen?
Was hat der gespielte Typ mit der eigenen Persönlichkeit zu tun, welche der
eigenen Anteile repräsentiert er? Mag jede/jeder diese Anteile?
Wer möchte manchmal lieber Mann oder Frau sein?

– Nach der Diskussionsrunde kann eine zweite Spielrunde ange-
  schlossen werden, in der versucht wird, geschlechtstypische
  Verhaltensweisen zu vermeiden.

Rollenspielanweisungen

1. Ihr habt den Auftrag, eine Sitzung darzustellen. Eine Person hat den Vorsitz. (Vereinssitzung, Arbeitskreis usw. ...)
   Versucht bitte Verhaltensweisen zu zeigen, die nach eurer Meinung typisch für Männer und Frauen sind .

2. Ein Mann hält einen Vortrag vor einem interessierten Publikum zu einem beliebigen Thema. Stellt diese Situation bitte dem Plenum vor.

3. Stellt bitte dem Plenum vor, wie Männer bzw. Frauen nach euren Beobachtungen gehen.

4. Die Wohngemeinschaft will umziehen. Stellt bitte die Diskussionsrunde zu diesem Thema vor.

5. Stellt bitte dem Plenum vor, wie Männer bzw. Frauen sich nach euren Beobachtungen begrüßen.

6. Der Betrieb will eine neue Telefonanlage installieren.
   Die MitarbeiterInnen diskutieren über verschiedene Möglichkeiten.

7. Stellt bitte dem Plenum vor, wie nach eurer Beobachtung Männer bzw. Frauen stehen.

„Vollkommen neutral"? – Frauen und Männer in den Print-Medien

ALEXANDER KORITTKO

Zielgruppe	Dieser Baustein kann sowohl in geschlechtsgemischten oder geschlechtsgetrennten Kleingruppen als auch in der Großgruppe angeboten werden. Er eignet sich für Jugendliche und für Erwachsene.
Zeit	45–60 Minuten
Material	Bilder aus unterschiedlichen Zeitungen, Prospekten, Illustrierten, z.B. Titelblätter, Anzeigen etc.
Fokus	Zeitschriften und Zeitungen genießen eine hohe Glaubwürdigkeit. „So steht es doch in der Zeitung", ist ein starkes Argument. Entsprechend werden die Darstellungen von Frauen und Männern in der Presse allzu leicht unreflektiert für authentisch und sogar vorbildhaft angesehen. Anstatt Gedrucktes an persönlicher Erfahrung zu messen, messen wir uns am Gedruckten. Dadurch können Aufbrüche etwa in der Gender-Frage blockiert werden.
Ziel	Dieser Baustein eignet sich als Einstieg in das Gender-Thema. Die Teilnehmerinnen und Teilnehmer sollen erkennen, dass auch scheinbar neutrale Darstellungen von Männern und Frauen verdeckte Rollenbilder transportieren und dadurch Stereotypen festigen oder einfordern.
Durchführung	Die Gruppenleiter*innen* breiten eine Vielzahl von Bildern auf dem Fußboden aus, auf denen Frauen und Männer in Interaktion miteinander dargestellt sind. Durch gezielte Fragestellungen wird das Gespräch der Gruppenteilnehmer*innen* auf die Gender-Perspektive fokussiert.

Fragestellung

Nehme *ich* Frauen und Männer genauso wahr, wie sie hier dargestellt werden?

Was sagt die Körpersprache über das Verhältnis der dargestellten Personen zueinander aus?

Finde ich mich als Frau/als Mann in diesen Darstellungen wieder?

Welche Darstellungen fördern eine *traditionelle* Wahrnehmung und welche Darstellungen fördern eine *alternative* Wahrnehmung?

– Zur Visualisierung der Ergebnisse können die Bilder je nach Wahrnehmung an zwei Stellwänden befestigt werden, von denen die eine die Überschrift „traditionell" trägt, die andere „alternativ".

„Typisch" – Interaktionen zwischen Männern und Frauen

ALEXANDER KORITTKO

Zielgruppe	Jugendliche und Erwachsene. Dieser Baustein eignet sich als emotionaler Einstieg in das Thema.
Zeit	90 Minuten
Material	Flipchart zur Auswertung
Fokus	Verinnerlichte Rollenklischees beeinflussen das tägliche Miteinander von Mann und Frau; sie kommen unbemerkt zum Tragen, wo Männer und Frauen einander begegnen.
Ziel	Die Teilnehmerinnen und Teilnehmer sollen erleben, wie sich Männer und Frauen in Alltagssituationen verhalten, und analysieren, welche Verhaltensweisen zu gegenseitigen Veränderungswünschen führen.
Durchführung	Die Gruppe teilt sich in zwei oder drei Kleingruppen. – Jede Gruppe inszeniert nach kurzer Absprache spontan eine Situation, in der Frauen und Männer miteinander interagieren. – Nach jeder Rollenspiel-Szene werden zunächst die Rollenspieler*innen* um ein Feed-back aus der Rolle heraus gebeten („Wie haben Sie sich in Ihrer Rolle gefühlt?"). – Anschließend teilen die Zuschauer*innen* ihre Wahrnehmungen der dargestellten weiblichen und männlichen Interaktion mit. – Gemeinsam kann dann auf einem Flipchart festgehalten werden, welche dargestellten Verhaltensweisen aus der Sicht des eigenen Geschlechts und aus der Sicht des anderen Geschlechts als typisch/untypisch und erhaltenswert/veränderungswürdig erlebt wurden. – Bei der Auswertung kann die so genannte *Zurechtbieger-Liste* von *Tanenbaum* (siehe Anlage) zu Hilfe genommen werden.

Fragestellung

Wie haben Sie die dargestellte Szene als Mitspielerin erlebt?

Was hat Sie geärgert, was hat Sie amüsiert, was fanden Sie besonders gut?

Was war von außen zu beobachten, was die Rollenspieler*innen* nicht benannt haben?

Hatte die Szene einen eher typischen oder eher untypischen Verlauf?

Was haben Sie als „typisch Frau" oder „typisch Mann" erlebt?

Hinweis: Es kann frei gespielt werden oder nach vorherigen Anweisungen (z.B. „Frauen und Männer in der Straßenbahn"). Nach jedem Rollenspiel sollte jede/r Rollenspieler/in wieder aus der Rolle „entlassen" werden, so dass auch ein weiteres Auswertungsgespräch möglich wird und sich einzelne Teilnehmer*innen* nicht in ihrer Kritik auf einzelne Rollenspieler „einschießen".

Die Zurechtbiege-Liste[1]

Männer biegen Frauen:

Frauen sollten ...

- Weniger Reden
- Sinnlicher sein
- Mehr Sex wollen

- Weniger lachen
- Ernsthafter sein

- Mehr zuhause bleiben
- Weniger Wert auf Kleider legen

- Weniger sensibel sein

- Weniger emotional sein
- Weniger romantisch sein
- Sich weniger um Probleme anderer kümmern

- Rationaler sein
- Den Job/die Karriere an erste Stelle setzen

- Weniger häufig die Meinung ändern
- Weniger Zeit aufwenden, sich fertig zu machen

- Pünktlich sein

Frauen biegen Männer

Männer sollten...

- Mehr reden
- Weniger lüstern sein
- Weniger Sex wollen
- Heiterer sein; albern sein
- Mehr Spaß haben
- Öfter ausgehen
- Mehr Wert auf das legen, was sie anziehen
- Mehr Mitgefühl zeigen

- Emotionaler sein
- „Romantischer" sein
- Sich mehr um andere kümmern
- Spontaner sein
- Die Familie an die erste Stelle setzen
- Flexibler sein
- Der Körperpflege mehr Aufmerksamkeit widmen
- Flexibler sein, was die Zeit angeht.

---

1 Joe Tanenbaum hat diese Liste Anfang der 90-er Jahre als Zusammenfassung vieler Gespräche mit Männern und Frauen in den USA zusammengestellt und in seinem Buch „Mann und Frau oder der große Unterschied" (1993 bei Bastei-Lübbe, Bergisch Gladbach, erschienen) veröffentlicht. Für eine differenzierte Analyse von weiblichem und männlichem Verhalten kann diese Liste eine Orientierungshilfe sein. Gelten diese gegenseitigen „Verbiegungswünsche" auch noch heute? Oder sind ganz andere Wünsche an ihre Stelle getreten?

„Die lieben Kollegen" –
Frauen und Männer am Arbeitsplatz

ALEXANDER KORITTKO

Zielgruppe	Dieser Baustein eignet sich für Erwachsene.
Zeit	90 Minuten
Material	nicht erforderlich
Fokus	In der alltäglichen Binnenwelt des Arbeitsplatzes mit seiner Routine und seinem Stress, mit Leistungsdruck und Konkurrenz einerseits, engem Miteinander und aufeinander Angewiesensein andererseits sind Konflikte unvermeidlich. Nicht selten entzünden sie sich an Missverständnissen zwischen Mann und Frau, an allzu selbstverständlichen Rollenerwartungen, an geprägtem Verhalten.
Ziel	Im Rollenspiel werden Männer-Frauen-Konflikte am eigenen Arbeitsplatz nachvollzogen und (wieder) erlebt. Die in ihnen ablaufenden Mechanismen werden genannt und reflektiert. Alternative Verhaltensweisen werden ausprobiert.
Durchführung	Die Übung eignet sich für den Mittelteil eines Gender-Trainings. Die Teilnehmer*innen* sollten bereits ein Grundvertrauen in die positiven Kräfte der Gruppe entwickelt haben; nach der Übung brauchen sie Zeit, um aus den erlebten Rollenspielen emotional „auszusteigen".

- In einigen Gruppen kann sofort mit der spielerischen Darstellung einer Szene begonnen werden, in anderen Gruppen ist ein *Aufwärmgespräch* über mögliche zu bearbeitende Themen notwendig: Macht/Konkurrenz, Informationsfluss und Informationsdämme, Ressourcenzugang und Status, Erotik am Arbeitsplatz, Unterwerfungsmechanismen usw.
- In kleinen geschlechtsgemischten Gruppen (8 bis 12) spielen die Teilnehmer*innen* problematische Situationen aus ihrem be-

ruflichen Alltag, die ihnen während des Gender-Trainings ein-
gefallen sind.
- In einem ersten Rollenspiel-Durchgang sollen die markanten
  Aspekte eines Konfliktes dargestellt werden.
- Nach einer Reflexion können alternative Verhaltensweisen aus-
  probiert werden, wobei die Gruppe den Protagonisten berät,
  wie er durch eigene Verhaltensveränderungen Einfluss auf
  einen günstigeren Verlauf der Szene nehmen kann.

Fragestellung:

Welche typischen männlichen oder weiblichen
Verhaltensweisen halten den Konflikt aufrecht, welche Verhaltensweisen
könnten die Situation verändern?

5. Veränderungen

„Experiment Anne"

MONIKA BARZ

Zielgruppe	Erwachsene Männer und Frauen
Zeit	90 Minuten
Material	Pro Teilnehmer*in ein DIN A4-Papier mit dem Anfang der Geschichte und Schreibgerät. Metaplanwand mit vorbereitetem Raster, zwei verschiedene farbige Metaplankärtchen, ein Filzschreiber, Anlagen 1, 2 und 3.
Fokus	Es gibt Anzeichen dafür, dass Frauen innerlich davor zurückschrecken, erfolgreicher zu sein als ihr männlicher (Ehe-)Partner. Zu der Angst der Frauen vor dem Erfolg gehört das Gegenstück: Die Angst der Männer vor dem Erfolg der weiblichen (Ehe-)Partnerin.
Ziel	Der Baustein dient dazu, die persönlichen Phantasien anzuregen und zu systematisieren, die im Zusammenhang mit erfolgreichen (Ehe-)Frauen wirksam werden. Im Vergleich der Gruppenergebnisse mit Langzeitergebnissen einer internationalen Studie zu diesem Thema wird das Ausmaß der erörterten Problematik nachvollziehbar.
Durchführung	Die Teilnehmenden erhalten folgende Einführung: „Den heutigen Tag möchte ich mit einem Experiment beginnen. Ich lese Ihnen den Anfang einer Geschichte vor (Anlage 1), Sie phantasieren, wie es weitergeht, und schreiben die Geschichte weiter. Erfinden Sie dabei möglichst *Dialoge*. Im Anschluss daran können wir Ihre Geschichten mit jenen vergleichen, die von anderen Gruppen, die weltweit an diesem Experiment mitgewirkt haben, phantasiert wurden."

- Jede Teilnehmerin und jeder Teilnehmer erhält den Anfang der Geschichte. Frauen schreiben aus der Perspektive von Anne, Männer aus der Perspektive von Karl. Sie haben zum Schreiben zehn Minuten Zeit.
- Die Texte werden in geschlechtshomogenen *Kleingruppen* vorgelesen. Dafür sind zehn bis 15 Minuten vorgesehen.
- Je nach Gesamtgruppengröße besteht für jede Kleingruppe die Möglichkeit eine, zwei oder alle Geschichten im Plenum vorzulesen (wiederum zehn bis15 Minuten). Die Geschichten sollen kommentarlos gehört und wahrgenommen werden.
- Erst im Anschluss werden die Geschichten gemeinsam ausgewertet. Dazu werden einzelne Elemente in ein vorbereitetes Raster an der Metaplanwand eingeordnet (s. Anlage 2).

Fragestellung

Welche Elemente kommen Ihnen aus privatem Erleben vertraut vor?

Wie gehen heterosexuelle Paare in Ihrem Umfeld damit um, wenn die Frau beruflich erfolgreicher ist als ihr Partner?

Welche positiven Beispiele kennen Sie?

- Zur Vertiefung referiert der Leiter/die Leiterin die Ergebnisse der internationalen Forschung (Anlage 3).
- Zur Festigung kann analog zu der Frauen-Liste (Anlage 3) eine Liste der „Möglichkeiten für Männer" erstellt werden.

Der Anfang der Geschichte „Anna"

Anna* ist Medizinstudentin. Sie und ihr Freund Karl mussten gerade eine wichtige Prüfung ablegen. Nun werden die Ergebnisse im Aushang bekannt gegeben. Mit den anderen Studentinnen und Studenten drängeln sich auch Anna und Karl um den Aushang. Daraus ist ersichtlich, dass Anna als Kursbeste benotet wurde.

Arbeitsanweisung

Nehmen Sie sich ein paar Minuten. Denken Sie sich zu Anna eine kurze weiterführende Geschichte aus. Welche Dialoge entstehen?

Wie geht es jetzt in Ihrer Phantasie weiter? ...

* Für männliche Teilnehmer heißt die Hauptperson Karl

Anna

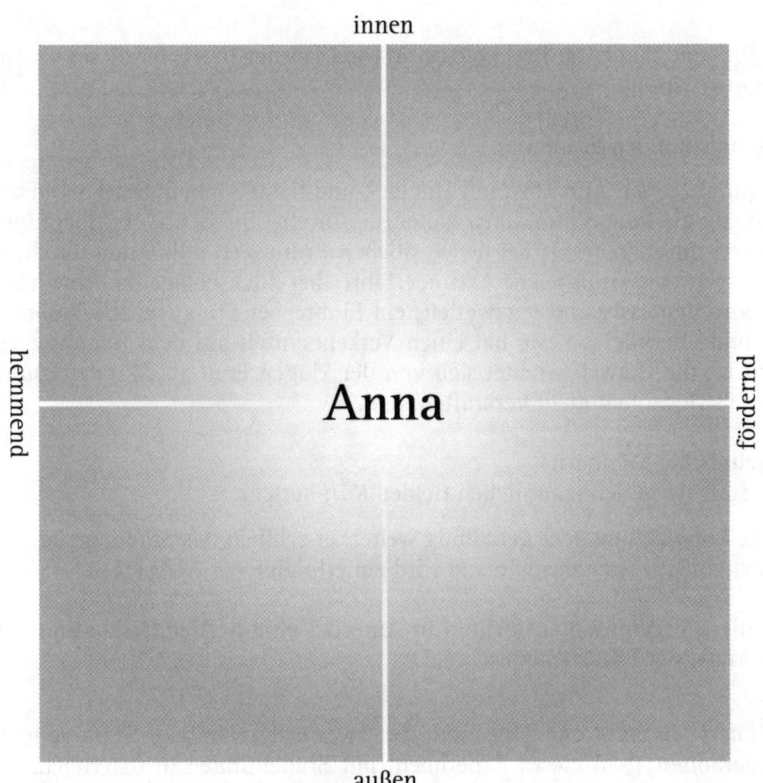

innen

hemmend

Anna

fördernd

außen

Arbeitsanweisung

Die Quadranten nacheinander durchgehen, Beispiele aus den Geschichten sammeln, analysieren und Stichwort mit Metaplankärtchen anheften. Zum Beispiel:
In Quadrant „hemmend/außen" könnte stehen:
„Peinliche Stille", „Streberin"....

In Quadrant „fördernd/außen" könnte stehen:
„Fest am Abend", „Umarmung von Karl"....

Stichworte aus Anna-Perspektive und Karl-Perspektive auf unterschiedliche Farbkärtchen notieren.

Stichwortsammlung zu internationalen Ergebnissen des Anna-Experimentes[1]

1. Die amerikanische Psychologin Marina Horner hat 1965 dieses Experiment entwickelt.

Ergebnis bei den Frauen

Sie prophezeiten Anna fast nur Unglück und Katastrophen: Der Freund verlässt sie; die Kommilitoninnen halten sie für eine Streberin; ein Benotungsfehler wird aufgedeckt; bei den restlichen Prüfungen fällt Anna durch; sie wird zwar eine erfolgreiche Ärztin, erfährt aber Rückschläge im Privatleben; sie wird depressiv und verzweifelt; ein Einbrecher dringt in ihre Wohnung ein und ermordet sie; sie hat einen Verkehrsunfall auf dem Heimweg von der Uni; die Umwelt wendet sich von der klugen Frau ab, Männer können ihre Überlegenheit nicht verkraften; usw.

Ergebnis bei Männern
(die statt *Anna* den männlichen Helden *Karl* hatten)

Seine Entwicklung geht geradlinig weiter; er schließt das Studium zügig ab, findet eine Assistentenstelle und wird ein erfolgreicher Arzt; etc.

All diese Ergebnisse entfachten in Amerika eine heftige Diskussion über die Angst der FRAUEN VOR ERFOLG.

2. *Cheryl Bernard* und *Edit Schlaffer*, zwei österreichische Soziologinnen, wiederholten 1988 dieses Experiment mit Studentinnen in Österreich. Ihre Ergebnisse: Anna feiert ihre Prüfung nicht, wertet deren Bedeutung ab, spielt das Ergebnis herunter, es sei alles nur Glück gewesen, sie bleibt die Beste und entwickelt Angst, ihren Freund zu verlieren, sie bekommt ein Kind und bricht das Studium ab, sie hilft ihrem Freund, er übernimmt die Praxis des Schwiegervaters, sie arbeitet als Sprechstundenhilfe mit, usw.

In 31% der Geschichten wurde Anna ungeplant schwanger, in *keiner* einzigen Geschichte war von einem Zwang oder einer Drohung Karls die Rede (Das Kopfweh, das ihn daran hinderte, zur Prüfungsfeier zu gehen, war die extremste Reaktion, die sich die Schreiberinnen ausdachten; nie aber hieß es: Karl wollte, erwartete, forderte...!).

---

1 Vgl. Dowling, Colette; (1987), Der Cinderella-Komplex. Die heimliche Angst der Frauen vor der Unabhängigkeit, Frankfurt/Main, S. 166ff und Benard, Cheryl/Schlaffer, Edit; (1989), Rückwärts und auf Stöckelschuhen... können Frauen so viel wie Männer, Köln, S. 197ff.

Die Frage drängt sich auf

Sind es heutzutage die *subtilen* Hinweise von Männern, die Frauen lenken? Sind es die Kommentare einer Umwelt von Tanten, Müttern, Freundinnen, Zeitschriften, Beratungskolumnen?

Die Angst der Frauen vor Erfolg speist sich aus der Angst vor der Ablehnung männlicher Partner. Hinzu kommt die Angst davor, eigene Kräfte könnten nicht ausreichen, um den Erfolg zu sichern. Sie haben Angst, dass am Schluss nichts bleibt: weder Karl noch die Ärztinnenlaufbahn.

Empfehlungen, Möglichkeiten für Frauen[2]

- Subtile Signale des Partners ansprechen, überprüfen
- Eigene Anteile bei Missverständnissen in der Deutung klären
- Sich selber nicht verstellen, dem Partner nicht Sanftmut und Anpassungsfreude vorspielen
- Klare Abkommen treffen
- Eigene Leistung realistisch sehen lernen ("Wer ständig tief stapelt, schaufelt sich selbst das Grab")
- Schluss mit dem Herumspuken der echten und fiktiven Gegner im Kopf (denn die sind es, die hemmen)!

Regel

Was Sie auch immer werden möchten – werden Sie es zuallererst in *Ihrem Kopf* und Ihrem Herzen.

---

2 Benard, Cheryl / Schlaffer, Edit; (1989), Rückwärts und auf Stöckelschuhen... können Frauen so viel wie Männer, Köln, S.214ff

„Korsett und Krawatte"

BIRGIT GRONER-ZILLING

Zielgruppe	Der Baustein eignet sich für erwachsene Teilnehmende, die sich im Seminar schon etwas kennen gelernt haben. Die Teilnehmenden sollten auch schon durch einführende Übungen zum Geschlechterverhältnis in ihrer persönlichen Reflexion angeregt worden sein. Die Größe der Gruppe sollte zwischen 15 und zwanzig Teilnehmenden liegen.
Zeit	60 Minuten
Material	Arbeitsblätter (für die Frauen: *Das Korsett*; für die Männer: *Die Krawatte*, s. Anhang), Stifte, Flipchart
Fokus	Das soziale Geschlecht ist in der Gesellschaft fest umrissen und mit vielen Erwartungen behaftet, was Mann oder Frau zu tun und zu lassen habe. Solche Beschränkungen sind kritisch zu prüfen. Der Versuch, sie in Positiva umzuwandeln, ermöglicht neue Perspektiven und ungeahnte Handlungsvariationen.
Ziele	– Die Teilnehmenden reflektieren ihre persönlichen Verhaltens- und Interaktionsmuster. – Die konstruktiven Umdeutungen sensibilisieren für die Vielfalt der Interaktionsmöglichkeiten innerhalb des Geschlechts und zwischen den Geschlechtern. – Die Frage nach Gemeinsamkeiten und Unterschieden der Geschlechter weckt Bewusstsein für die gesellschaftspolitische Relevanz von Zugangsregelungen und Beschränkungen.
Durchführung	Die Texte *Das Korsett* und *Die Krawatte* werden vorgelesen. Dann werden die Arbeitsblätter (s. Material) ausgeteilt. – Jede Person soll, angeregt durch den Text, Verhaltensweisen, die sie als einengend/disziplinierend erlebt, auf dem Arbeitsblatt auflisten (Einzelarbeit, fünf Minuten). – Die aufgelisteten Begriffe werden einer gleichgeschlechtlichen Person eigener Wahl vorgestellt. Beide überlegen gemeinsam,

wie die genannten Hemmnisse in Stärken verwandelt werden können (*Paararbeit, zehn Minuten*). Anschließend kommt die Liste des/der Partners/Partnerin an die Reihe.
- Die Paare diskutieren und formulieren ihre Ergebnisse (zehn Minuten).
- Im Plenum werden die unterschiedlichen Ergebnisse vorgestellt und diskutiert.

Fragestellung

Welche Erkenntnisse haben sie gewonnen?

Gibt es Gemeinsamkeiten? – Worin bestehen sie?

Gibt es Unterschiede? – Worin bestehen sie?

Wie sehen Zugangsregelungen/Beschränkungen in unserer Gesellschaft aus?

Wie kann Beschränkendes in Stärkendes verwandelt werden?

In der Diskussion sollen keine Klischees verstärkt werden, vielmehr soll die Vielfalt an Verhaltensmöglichkeiten zwischen den Geschlechtern durch die geschlechtshomogene Paararbeit sichtbar werden. Denn die Vielfalt innerhalb des Geschlechts dient als Spiegel für die Vielfalt zwischen den Geschlechtern.

Das Korsett

Korsage bedeutet versteiftes, trägerloses eng anliegendes Miederoberteil für Frauen. In der Mitte des 16. Jh. gab es Mieder, die aus einem mit Stoff überzogenen Metallgerüst (Korsett) bestanden. Sie werden auch Schnürbrust oder Schnürleib genannt (vgl. dtv-Lexikon, München 1997, Bd. 12, S.92). Es hat eine einschränkende, *beengende* Wirkung. Die weiblichen Formen sollen damit besonders zurechtgebogen werden. Es *stärkt* andererseits die aufrechte Haltung.

Was beschränkt mich? Was engt mich ein?	Beschränkendes in Stärkendes verwandeln

Erkenntnisse aus der gemeinsamen Diskussion

_____

_____

_____

_____

Die Krawatte

Im Brockhaus (Bd. 10, 1970, S.602) ist Folgendes zu lesen: Die Krawatte...
„ist eine Herrenbekleidung, die seit dem 17. Jahrhundert in verschiedenen
Formen modisches Accessoire für Männer war".

- Symbol für die Zugehörigkeit zum männlichen Geschlecht.
- Je höher die Hierarchie, das heißt auch, je näher an den Zentren der
  Macht, desto öfter sind Krawatten zu sehen (z.B. in Banken, Politik).

Den symbolischen Gehalt der Krawatte hat Ekkehard Nuissl (1993) folgendermaßen herausgearbeitet: Sie steht für „Steifheit und Antiästhetik. Trennt,
eng an den Hals gebunden den Kopf, Sitz der Ratio vom Körper, Sitz von
Schwächen u. Emotionalität. Die Krawatte verhindert die Wahrnehmung des
eigenen Angstschweißes, *diszipliniert* durch Druck auf den Hals und Kehl-
kopf – WÜRGER..." (Nuissl, Ekkehard (1993): Männerbildung. F./M., S. 25)

Was diszipliniert mich? Was würgt mich?	Disziplinierendes in Befreiendes verwandeln

Erkenntnisse aus der gemeinsamen Diskussion

„Alter Ego" oder „Erkenne den Anderen"

Karin Schäfer

Zielgruppe	Erwachsene und Jugendliche beiderlei Geschlechtes.
Zeit	30 Minuten
Material	Kärtchen, Stifte, drei Pappfiguren
Fokus	Durch die Beobachtung von Kommunikation und Kommunikationsverhalten im Team, in der Arbeitsgruppe, in der Klasse lassen sich – geschlechtsspezifische – Muster erkennen, reflektieren, gegebenenfalls verändern.
Ziele	Bei dem folgenden Baustein geht es darum, durch Selbsterfahrung die eigenen geschlechtsspezifischen Verhaltensweisen und Argumentationsmuster zu erkennen und kritisch zu betrachten.
Durchführung	Vier Personen – zwei Männer und zwei Frauen – bilden eine „Spielgruppe". – Diese vier Personen sollen zu einem beliebigen Thema eine gemeinsame Entscheidung treffen. (Z.B.: Die Gruppe eröffnet ein Lokal und legt heute einen Namen für dies Lokal fest...) Die vier Akteure werden von jeweils einer Person des anderen Geschlechtes beobachtet. Diese machen sich Notizen über das beobachtete Verhalten. – Nach ca. fünf Minuten werden die Rollen gewechselt, d.h. die Beobachter werden jetzt Spieler und umgekehrt. Der Rollentausch sollte ihnen vorher nicht mitgeteilt werden. Nach ca. zehn Minuten ist das Spiel zu Ende. – Im Nachgespräch äußern sich zunächst die Spieler und Spielerinnen und die Beobachtenden, anschließend die anderen Teilnehmenden.

Fragestellung

Wie haben die einzelnen Personen argumentiert?

Fühlten sich die Spieler von den Beobachtern verstanden?

Wurde die Argumentationskette von den „Beobachtern" stringent weitergeführt, die vorgegebene Rolle weitergespielt?

Gab es Unterschiede im Verhalten und der Argumentation, nachdem die Rollen vom jeweils anderen Geschlecht übernommen wurden?

> – „Typisch weibliche", „typisch männliche" oder auch „geschlechtsneutrale" Verhaltensweisen werden in der anschließenden Diskussion gemeinsam auf Kärtchen festgehalten und auf drei Pappfiguren geheftet (Frau, Mann, geschlechtsneutral).

„Köpfe tauschen"

CHRISTIANE KOHRS

Zielgruppe	Jugendliche ab zehn Jahre und Erwachsene
Zeit	Ca. 60 Minuten
Material	Warenhauskataloge (am besten mit Modeteil), für jede Kleingruppe ein Exemplar. Große Papierbögen, Scheren, Stifte und Klebstoff
Fokus	Durch (Selbst-) Darstellung und Wahrnehmung werden Vorstellungen von Weiblichkeit und Männlichkeit geschaffen. Bei der Analyse von Bildern aus *Katalogen* fällt häufig immer noch auf, dass die Darstellungen von Männer- und Frauenbildern im Körperausdruck Rollenklischees aufgreifen. Selten stehen Frauen frei, ohne sich anzulehnen oder festzuhalten, Männer lächeln seltener als Frauen usw.
	Die Auswertung und Veränderung von Bildern aus Warenhauskatalogen gibt den Anstoß, dieses anhand von Körperausdruck und Kleidung zu reflektieren und zu diskutieren.
Ziele	Die Teilnehmenden lernen, anhand welcher Attribute eine Geschlechtszuordnung gesellschaftlich und individuell vorgenommen wird.
	Die Gruppe untersucht, ob sie Bilder von Weiblichkeit und Männlichkeit eindeutig oder vielseitig wahrnimmt und welche Bewertungen damit verbunden sind.
	Der persönliche Blickwinkel soll bewusst wahrgenommen und reflektiert werden.
Durchführung	Die Teilnehmenden wählen aus Warenhauskatalogen in (geschlechtshomogenen) Kleingruppen Männer- und Frauenbilder aus. Diese werden ausgeschnitten und, getrennt nach Männer- und Frauenbildern, auf einen Bogen Papier geklebt. Dabei soll auf Körperhaltung- und Ausdruck geachtet werden und es sollen jeweils mehrere Beispiele für stehende, sitzende und liegende

Männer und Frauen gesammelt werden. Weiter kann das Augenmerk auf Mimik und Gestik liegen und auch hierzu werden Beispiele gesammelt.
– In einem ersten Schritt sammelt die Kleingruppe Beobachtungen und hält sie schriftlich neben den Beispielen fest.

Fragestellung

Gibt es Wiederkehrendes in den Darstellungen der Frauen im Hinblick auf die Körperhaltung und die Mimik?

Gibt es Wiederkehrendes in den Darstellungen der Männer im Hinblick auf die Körperhaltung und die Mimik?

Welche Gemeinsamkeiten und Unterschiede gibt es in den Darstellungen zwischen den Geschlechtern?

Eine Zwischenauswertung im Plenum ist möglich.

– Im zweiten Schritt werden einige Männer- und Frauendarstellungen aus den Katalogen ausgesucht, die nach der vorherigen Analyse als typische Darstellungen für den benutzten Katalog gelten können. Zu den Männerbildern werden Frauenköpfe und zu den Frauenbildern Männerköpfe (von der Größe her passend) gesucht und als Collage kombiniert aufgeklebt.
Anschließend wird über die Ergebnisse gesprochen.

Fragestellung

Welche Reaktion und welche Gefühle lösen diese Bilder aus? Welche Bilder irritieren und wenn, warum?

Welche Bilder wirken vertraut und wenn, warum?

Gibt es Ausdrucksformen, Körperhaltungen und Kleidung, die einem Geschlecht vorbehalten sind?

Gibt es Ausdrucksformen, die für alle akzeptiert sind? Bei welchen herrscht Einigkeit und wo gehen die Meinungen auseinander?

Im Gespräch soll erkannt werden, wie Stereotype reproduziert werden. Die Teilnehmenden hinterfragen diese Stereotype und die zugeschriebenen Ausdrucks- und Verhaltensweisen (und möglicherweise daraus abgeleitete Charaktereigenschaften) und überprüfen, wie vielfältig sie Geschlecht in ihrem Alltag bereits wahrnehmen und in wie weit sie und andere sich davon bereits frei gemacht haben.

Weiter soll deutlich werden, dass der Wahrnehmung von Geschlecht noch immer viele Zuschreibungen und Bewertungen zugrunde liegen.

Frauen mit so genannten männlichen Attributen sind vielen von uns geläufiger, als Männer mit vermeintlich weiblichen Ausdrucksformen. Hier kann diskutiert und problematisiert werden, welche Wertmaßstäbe dies beeinflussen und eine Umdeutung angeregt werden.

Variante   Die Beispiele und Collagen können (z.B. als Overhead-Folie) schon vorbereitet sein und als Gesprächsanlass genutzt werden.

Die Zukunft der Familie Hinz – Ein Planspiel

Zielgruppe   Das Planspiel eignet sich sowohl für alters- bzw. geschlechtshomogene Gruppen wie auch für Gruppen, die gemischt
zusammengesetzt sind; Mädchen und Jungen oder z.B. auch
Väter und Söhne. Dabei sollten die Teilgruppen je nach der pädagogischen Absicht des Spieleinsatzes zusammengesetzt werden.
Empfehlenswert sind geschlechtshomogene Teilgruppen, bei
einer Vater-Sohn-Veranstaltung z.B. jeweils Söhne und Väter aus
unterschiedlichen Familien. Die Gesamtgruppe sollte eine Größe
von etwa 20 Personen nicht übersteigen. In jeder Teilgruppe spielen jeweils 3 bis 5 Teilnehmende mit.

Zeit   Insgesamt etwa 3 Stunden.
Als Spieldauer sind ca. zwei Stunden angesetzt; die Spielleitung
muss unter Umständen den Schlusspunkt flexibel handhaben,
wenn z.B. eine Problemlösung noch erreichbar erscheint.
Die Auswertung in den Teilgruppen dauert ca. 20 Minuten, im
Plenum eine gute halbe Stunde.

Material   ausreichend farbiges Papier und Stifte für alle (Briefwechsel!);
Arbeitsblätter 1 bis 6 (s. Anlagen)

Fokus   Ein Konflikt, wie er in jeder Familie so oder ähnlich auftreten
kann, steht im Mittelpunkt des nachfolgend beschriebenen Planspiels. Gegensätzliche Interessen, altersspezifische Probleme – der
Sohn der Familie ist 17 Jahre alt – und die Ausgestaltung der
jeweiligen Geschlechterrolle bestimmen den Spielverlauf.
Wegen seiner Realitätsnähe steigen teilnehmende Jugendliche
(ab 14 Jahre) und/oder Erwachsene erfahrungsgemäß relativ
engagiert in den Verlauf des Spieles ein und verfolgen danach
auch die Auswertung des Planspiels mit großem Interesse.

Ziele   Das Planspiel bildet eine Konfliktlage innerhalb einer Familie ab.
Die Mitspielenden sollen sich möglichst weit in die einzelnen

Rollen der beteiligten Personen hineinversetzen. In der Auswertung treten einerseits die Konfliktverläufe deutlich zu Tage, andererseits lässt sich die jeweilige Ausgestaltung der Geschlechterrolle reflektieren und in ihrer gesellschaftlichen Relevanz diskutieren.

Durchführung Die Gesamtgruppe wird in vier Teilgruppen (zu maximal 5 Personen) eingeteilt. Dabei sollen in jeder Teilgruppe aktive und eher ruhige Teilnehmer vorhanden sein. Die Teilgruppen werden geschlechtshomogen zusammengesetzt.

– Alle Teilnehmer*innen* erhalten ein Informationsblatt mit den Spielregeln (Blatt 1), in jeder Teilgruppe darüber hinaus das Profil jeweils nur ihrer Rolle: *Sohn Benjamin Hinz, Mutter Susanne Hinz, Vater Heinz Hinz, Sozialpädagoge Gerd Kramer* (Blatt 2 bis 5, möglichst auf verschieden farbigem Papier gedruckt). Die Teilnehmenden eignen sich in den Teilgruppen zunächst die Fakten ihrer Rolle an (ca. 15 Minuten).

– Die Zentrale sollte mindestens mit drei Spielleiter*innen* besetzt sein und einen Kopierer mit genügend farbigem Papier benutzen können. Sie legt ein Durchschlagbuch des Briefverkehrs an, indem sie jeden eingegangenen Brief (wegen der besseren Übersichtlichkeit jeweils in der entsprechenden Farbe) kopiert und mit der laufenden Nummer sowie dem Datum und der Uhrzeit seiner Bearbeitung versieht (ein Tag entspricht etwa 8 Minuten). In einer Tabelle wird kurz der Inhalt des jeweiligen Schreibens festgehalten. Beispiele:

2. Tag; 10.00 Uhr Sohn an Vater: Sohn ist sauer wegen des geplanten Umzugs

2. Tag; 13.00 Uhr Mutter an Soz.-Päd.: Bitte um Hilfe

2. Tag; 14.00 Uhr Vater an Sohn: Sohn soll stark sein; bei Umzug mehr Taschengeld

– Die Zentrale beendet das Spiel möglichst an einem sinnvollen Wendepunkt und gibt den Mitspielenden die Auswertungsbögen, mit denen sie zunächst das Spiel aus der Sicht ihrer *Teilgruppe* bewerten (Blatt 6, „Auswertung").

– Nach einer Pause kommen die Teilgruppen wieder zusammen. Das Planspiel wird nun im *Plenum* ausgewertet:

1. Zunächst berichten die Teilgruppen aus ihrer Auswertungsrunde. Rückfragen erforschen die Schwierigkeiten, die sich beim Hineindenken in die einzelne Rolle ergaben. (Wie war es, wenn ausschließlich männliche Teilnehmer als „Mutter Hinz" handeln sollten? u.ä.)

2. Dann wird der Spielverlauf nachgezeichnet (Kopie des Durchschlagbuches auf Folie/Overheadprojektion) und bisher nur einigen Teilnehmenden bekannte Fakten allen offengelegt. Dabei muss Raum für den Ausdruck von Empörung, Überraschung oder Enttäuschung sein.

3. In einem weiteren Gang wird nach dem Realitätsgehalt des Konfliktes und seiner Lösung durch die Gruppe gefragt. Alternative Problemlösungen werden diskutiert.

4. Abschließend wird nach geschlechtsspezifischen Verhaltensweisen der Personen gefragt.

Fragestellung

Hätte eine Frau so reagiert, wie es „Vater Hinz" im Spiel getan hat?

Zeigte „Sohn Benjamin" typisch männliche Verhaltensweisen? usw.

Interessant ist hier die Rückfrage an die Spieler*innen, ob sie neue Erkenntnisse für sich sammeln konnten, wenn sie sich im bisher nicht vertrauten Geschlechtermuster zurechtfinden mussten.

Oder erkennen sie in der Reflexion geschlechtsspezifische Verhaltensweisen, die es zu hinterfragen gilt?

Planspiel „Die Zukunft der Familie Hinz" – Regeln

1. Vier TEILGRUPPEN versetzen sich jeweils in die Situation einer der beteiligten Personen: Vater *Heinz Hinz*, Mutter *Susanne Hinz*, Sohn *Benjamin Hinz*, Sozialpädagoge *Gerd Kramer*.

2. Kein GRUPPENMITGLIED verlässt während des Planspiels den Raum – Ausnahme: Botengang zur Zentrale. (Es ist verboten, mit Teilnehmern anderer Gruppen zu sprechen!)

3. Die Teilgruppe entscheidet über den jeweils NÄCHSTEN SCHRITT, den die gespielte Person macht. Dieser nächste Schritt wird in der Teilgruppe genau besprochen. ALLE Gruppenmitglieder sind an der Entscheidung beteiligt.

4. Der nächste Schritt (Verhandlungsangebot, Vorschlag, Idee zur Konfliktlösung, Bedingungen usw.) wird klar formuliert und über die ZENTRALE den anderen Personen des Planspiels schriftlich zugestellt. Die TEILGRUPPE ADRESSIERT dabei ihr Schriftstück und macht deutlich, an welche der beteiligten anderen Personen (Teilgruppen) es gehen soll.

5. Die Zentrale STELLT DIE POST nach Adressenangabe den anderen beteiligten Personen ZU. Sie versieht das Schriftstück mit einer Zeitangabe: Tag/ Uhrzeit. (Mit den anderen Teilgruppen darf nur über die Zentrale Kontakt aufgenommen werden!)

6. Das Spiel bildet einen Zeitraum von etwa zwei Wochen ab (ein Tag entspricht etwa 8 Minuten) und ist (nach ca. zwei Stunden) beendet, wenn die Zentrale dies ansagt.

7. Das Planspiel wird in zwei Schritten ausgewertet:
   a) in der EIGENEN TEILGRUPPE (nach Fragekatalog – wird ausgeteilt)
   b) in der GESAMTGRUPPE (nach Aufforderung durch die Zentrale)

Profil Mutter Susanne Hinz

Susanne Hinz ist seit 18 Jahren mit ihrem Mann Heinz verheiratet.
Sie haben einen Sohn, Benjamin, der inzwischen 17 Jahre alt ist und schon für Diskussionen in der Familie gesorgt hat.

Seit einigen Jahren lebt die Familie im eigenen Haus in Aschendorf.
Um den Hausbau gab es mit Heinz ein paar Auseinandersetzungen.
Susanne waren die Belastungen zu hoch, die entstanden sind.
Es wird noch Jahrzehnte dauern, bis die Schulden abbezahlt sein werden.

Andererseits genießt Susanne jetzt das Leben in den eigenen vier Wänden.
Die Nachbarschaft bietet viele Kontakte. Neben ihrer Halbtagstätigkeit als Angestellte in der Stadtapotheke sind die Gespräche mit den Nachbarinnen für Susanne sehr wichtig geworden. Besonders mit Annemarie hat sich ein sehr intensives Verhältnis entwickelt. Sie ist Susannes beste Freundin geworden.
Mit ihr kann sie über alles sprechen, auch über die Probleme mit Heinz und Benjamin – viel besser als mit ihrem Mann.

Als der Sohn im letzten Jahr auf die schiefe Bahn zu geraten drohte, hat Annemarie Susanne in ihrer Verzweiflung sehr geholfen. Benjamin hatte Mofas gestohlen, sie frisiert und verkauft. Dabei hatte er auch die Schule ziemlich vernachlässigt. Zwischen ihrem Mann Heinz und Benjamin hatte der Sozialpädagoge Gerd Kramer aus der Familienbildungsstätte erfolgreich vermittelt.

Benjamin hat sich inzwischen wieder gefangen und geht jetzt in den 11. Jahrgang des Gymnasiums. Allerdings gefallen Susanne die Freunde nicht, mit denen Benjamin sich umgibt. Sie vermutet, dass in der Gruppe auch Drogen genommen werden. Der Einfluss der anderen Jugendlichen scheint nicht der beste für Benjamin zu sein. Susanne fühlt sich von ihrem Mann in der Erziehung des Sohnes allein gelassen.

Susanne bemerkt zudem, dass ihr Mann Heinz in letzter Zeit mit seiner Arbeit als Ingenieur immer unzufriedener wird. Er ist oft sehr unausgeglichen und wenn er nach Hause kommt, guckt er am liebsten Fernsehen und trinkt sein Bier. Das scheint ihm zu genügen. Susanne geht dann häufig „auf Nachbarschaft" – besonders zu Annemarie, die alleinerziehende Mutter von drei kleineren Kindern ist.

Heinz hat in letzter Zeit davon geredet, sich um eine Stelle in einem anderen Betrieb zu bemühen. Susanne ist dafür, wenn Heinz mehr Geld verdient, damit die Schulden schneller abbezahlt werden können. Was sich Susanne nicht vorstellen kann, wäre ein Wegzug aus Aschendorf – und damit die Trennung von Annemarie. Auch für Benjamin wäre ein Schulwechsel wohl kaum förderlich.

Profil Sohn Benjamin Hinz

Benjamin ist 17 Jahre alt.
Zusammen mit seinen Eltern wohnt er in Aschendorf. Die Eltern Mutter Susanne und Vater Heinz haben sich ein Haus gebaut, in dem sich besonders Benjamins Mutter sehr wohl fühlt. Sie hat viele gute Kontakte zur Nachbarschaft und arbeitet halbtags in der Apotheke.

Benjamin geht zur Schule – 11. Jahrgang Gymnasium. Nachdem er im letzten Jahr einen ziemlichen Durchhänger hatte, fasst er langsam wieder Tritt in der Schule.

Benjamin gehört zu einem Freundeskreis mit Jugendlichen aus seiner Schule und einigen anderen Leuten. Seine Eltern finden diesen Umgang nicht gut. Sie befürchten, dass in der Clique auch Drogen genommen werden. Dabei wird nur ab und zu einmal gekifft. Benjamin hält das Kiffen für weniger schädlich als das Bier trinken seines Vaters.

Seine Freunde gehen Benjamin über alles. Mit ihnen kann er auch über persönliche Dinge sprechen – viel besser als mit seinen Eltern. Zwar hat seine Mutter mehr Verständnis für ihn als sein Vater, aber seit der Geschichte vor einem Jahr hat es einen Knacks gegeben. Benjamin hatte die Schule total vernachlässigt und mit einem Kumpel zusammen Mofas gestohlen, frisiert und verkauft. Das magere Taschengeld reichte eben nicht. Als er erwischt wurde, gab es ein großes Theater. Seine Eltern behandelten Benjamin wie einen Schwerverbrecher.

Geholfen hatte die Beratung durch den Sozialpädagogen Gerd Kramer von der Familienbildungsstätte. Er hat damals zwischen Benjamin und seinen Eltern vermittelt. Seitdem gewähren die Eltern Benjamin wieder etwas mehr Freiräume.

Gerd hat gute Ansichten vom Leben – ganz anders als Benjamins Vater, für den das Geld Verdienen das Wichtigste zu sein scheint. Gerd ist ein Erwachsener, mit dem man reden kann. Er stützt auch Benjamins Sicht, dass ein bisschen Kiffen weniger gefährlich ist als Alkohol.

Vor kurzem hat Benjamin sich in Lena verliebt. Sie gehört zur Clique, wird bald 16 Jahre alt und hat ihm zu erkennen gegeben, dass sie ihn nicht uninteressant findet. Benjamin hat das Gefühl, die Frau fürs Leben getroffen zu haben. Das ist total aufregend. Seinen Eltern hat er davon nichts erzählt, nur Gerd weiß Bescheid.

Seit einiger Zeit bemerkt Benjamin, dass sein Vater mit seiner Arbeit als Ingenieur unzufrieden ist. Er redet davon, sich anderswo eine Stelle zu suchen, was auch einen Umzug der Familie bedeuten könnte. Für Benjamin steht fest: Er würde nicht mitziehen. Er will seine Freunde nicht verlieren. Die Aussicht mit Lena zusammenzukommen, macht ihn entschlossen, notfalls auch allein in Aschendorf zu bleiben. In einem Jahr, wenn er 18 Jahre alt wird, könnten ihn seine Eltern sowieso nicht halten.

Profil Sozialpädagoge Gerd Kramer

Gerd Kramer ist Sozialpädagoge in der Familienbildungsstätte von Aschendorf. Durch das angegliederte Jugendcafé hat er Kontakt zu vielen Jugendlichen des Ortes, die mehr oder weniger regelmäßig dorthin kommen.

Auch *Benjamin Hinz* gehört dazu. Mit Benjamin verbinden sich für Gerd gute Erfahrungen. Er wurde als Berater in die Familie von Benjamin gerufen, als dieser im letzten Jahr Probleme hatte. Benjamin war mit einem Freund losgezogen, hatte Mofas gestohlen, diese frisiert und verkauft. Als die beiden erwischt wurden, hat sich Gerd vermittelnd in die Auseinandersetzungen der Familie Hinz eingeschaltet.

Benjamins Eltern hatten überzogen reagiert. Sie waren entsetzt, dass ihr Sohn „kriminell" sei, und kaum in der Lage, Benjamin noch zu vertrauen. Am liebsten hätten die Eltern dem Sohn alle Freiheiten gestrichen. Vor allem meinten sie, dass Benjamin „schlechten Umgang" habe.

Gerd kennt die Clique, um die es dabei geht, und hält die jungen Leute für ganz normale Jugendliche, die sich ausprobieren, um erwachsen zu werden. Er weiß auch, dass in der Gruppe gelegentlich gekifft wird, hält dies aber für unproblematisch, weil sich der Konsum im Rahmen hält. Alkohol hält Gerd für ein weitaus größeres Problem.

Benjamin hat sich seit letztem Jahr immer wieder Gerd anvertraut und ihn auch bei persönlichen Fragen um Rat gefragt. Zwei Themen sind es neuerdings, über die der 17-jährige mit ihm spricht.

Einmal hat er sich in Lena verliebt – ein knapp 16jähriges Mädchen aus seiner Clique. Gerd freut es, wie vorsichtig und behutsam sich die beiden einander annähern. Er versteht, dass sich hier eine ganz große Liebe anbahnen könnte. Benjamin hat ihm erzählt, dass seine Eltern nichts von Lena wissen. Das würde nur neuen Ärger einbringen, meint der Jugendliche.

Zum anderen macht sich Benjamin Gedanken um seinen Vater. Der scheint mit seinem Beruf als Ingenieur nicht mehr zufrieden zu sein und will die Arbeitsstelle wechseln. Benjamin beunruhigt, dass sein Vater dabei auch von einem Ortswechsel spricht – für sich und die ganze Familie.

Für Benjamin käme solch ein Umzug nicht in Frage. Er will seine Freunde nicht verlieren. Auch Gerd meint, dass es nicht gut wäre, ihn jetzt aus seinem sozialen Umfeld herauszureißen, zumal sich Benjamin doch in der Schule gerade wieder auf den grünen Zweig gearbeitet hat.

Benjamin vermutet, dass sein Vater ins 400 km entfernte Burgendorf umsiedeln will; Gerd schließt daraus, dass Herr Hinz sich der Rüstungsindustrie andienen will. Das findet der Sozialpädagoge und Kriegsdienstverweigerer alles andere als in Ordnung. Benjamins Vater scheint nur ans Geldverdienen zu denken...

Profil Vater Heinz Hinz

Heinz Hinz ist Ehemann und Vater. Er ist seit 18 Jahren mit seiner Frau *Susanne* verheiratet. Der Sohn *Benjamin* ist 17 Jahre alt.

Die Familie hat sich vor einigen Jahren ein Haus in Aschendorf gebaut. Dadurch sind Schulden entstanden, die abbezahlt werden müssen. Seine Frau Susanne war zwar nicht davon angetan, dass diese Schulden entstanden sind, aber andererseits war sie auch dafür, ein eigenes Haus zu bauen oder zu kaufen. Sie arbeitet halbtags in der Apotheke.

Die Familie fühlt sich in dem Haus sehr wohl, besonders auch Susanne, die intensiven Kontakt zur Nachbarschaft pflegt und halbtags einer Arbeit in der Stadtapotheke nachgeht. Heinz ist mit seinem Bier und Fernsehen am Abend zufrieden – die Arbeit ist anstrengend genug.

Der Sohn Benjamin ist dabei, erwachsen zu werden. Vor einiger Zeit hat es größere Probleme gegeben. Benjamin hat Mofas gestohlen und frisiert und verkauft. In der Schule (er besucht jetzt den 11. Jahrgang des Gymnasiums) ist er damals deutlich schlechter geworden. Dank der Beratung durch den Sozialpädagogen *Gerd Kramer* von der Familienbildungsstätte des Ortes hat Benjamin sich wieder gefangen. Der Sohn hat aber Kontakt zu einer Clique Jugendlicher, von denen es heißt, sie würden Haschisch rauchen.

Die Firma, in der Heinz Hinz als Ingenieur arbeitet, hat eine schlechte Auftragslage. Es steht zu befürchten, dass Arbeitsplätze abgebaut werden müssen. Heinz Hinz weiß, dass er über kurz oder lang von Arbeitslosigkeit bedroht sein wird. Darüber spricht er aber nicht mit seiner Familie.

Er hat sich um eine neue Arbeitsstelle beworben und tatsächlich eine Zusage erhalten; allerdings liegt der neue Betrieb im 400 km entfernten Burgendorf. Auch wenn er zur Rüstungsindustrie gehört, die Verdienstmöglichkeiten sind besser als in der bisherigen Firma.

Nachdem Heinz Hinz die Aussichten auf seine beruflichen Veränderungen zunächst für sich behalten hat, muss er der Familie mitteilen, was ansteht. Er hat 10 Tage Zeit, sich für den neuen Job zu entscheiden!

Er erwartet, dass seine Frau Susanne ungern aus ihrem Haus und aus Aschendorf wegziehen wird. Aber er hofft, dass sie sich dazu bereit erklären wird, weil er ja mit einem besseren Verdienst auch dafür sorgen kann, die Schulden schneller abzubauen.

Heinz Hinz will auf keinen Fall zum Wochenend-Familienvater werden und geht davon aus, dass die Familie nach Burgendorf umzieht. Letztlich wird es auch Benjamin gut tun, wenn er einen neuen Freundeskreis findet...

Auswertung des Planspiels „Familie Hinz" in der Teilgruppe

1. War es für euch schwer, sich in die Rolle hineinzufinden? Warum?

   _____

   _____

2. Gab es geschlechterbezogene Probleme bei der Ausgestaltung der Rolle?
   Wenn ja, welche?

   _____

   _____

3. Wie war die Zusammenarbeit in der Gruppe?
   Konnte sich jede/r beteiligen?

   _____

   _____

4. Gab es Spielregeln, deren Einhaltung schwierig war?
   Wenn ja, welche?

   _____

   _____

5. Ist eure Gruppe mit dem Ergebnis des Spiels zufrieden?
   Welche anderen Lösungen wären für euch denkbar gewesen?

   _____

   _____

   _____

6. Welche Verhaltensweisen der anderen Mitspieler*innen* verhinderten eurer
   Meinung nach einen günstigeren Ausgang des Spiels?

   _____

   _____

   _____

Szenische Darstellung
von Konflikten am Arbeitsplatz

CHRISTIANE BURBACH/WIEGAND WAGNER

Zielgruppe	Erwachsene und Jugendliche
Zeit	Je nach Intensität und Anzahl der Durchgänge: 90–120 Minuten.
Material	Evtl. Requisiten
Fokus	Konflikte lassen sich im geschützten Raum einer „Laborsituation" neu wahrnehmen, reflektieren und bearbeiten.
Ziele	– Die Teilnehmer*innen* überprüfen die Rollen der Frauen und Männer „auf geschlechtsspezifische" Verhaltensweisen hin. – Sie analysieren, ob der betreffende Konflikt durch die jeweilige Wahrnehmung der Geschlechterrollen verursacht oder zumindest mitbedingt ist, oder ob die Geschlechterfrage in diesem Falle keine Rolle spielt. – Im Rollenspiel können alternative Interaktionen, Interventionen, Rollenwahrnehmungen erprobt und auf ihre Wirkung hin überprüft werden. – Evtl. können auch die Rollen vom jeweils anderen Geschlecht wahrgenommen werden, um zu untersuchen, welche Alternativen sich noch bieten. – Es können neue Sicht- und Verhaltensweisen erprobt werden.
Durchführung	Die Darstellungen finden in Kleingruppen mit bis zu zehn Teilnehmenden statt. – Eine/einer schildert einen Konflikt, den er/sie erlebt hat bzw. der er/sie beschäftigt. Die anderen Teilnehmer*innen* wählen sich eine Rolle aus, die Hauptperson spielt zunächst sich selbst. (Alternative: Die Hauptperson führt Regie.) Wer nicht mitspielt, ist Zuschauer. – Die Szene wird zunächst einmal gespielt. Erfahrungen und Beobachtungen werden zusammengetragen und reflektiert.

– Die Szene kann dann mit neuen Erkenntnissen von Neuem
  gespielt werden, um alternative Verhaltensweisen auszuprobieren.

Fragestellung

Wie haben sich die SpielerInnen gegenseitig in ihren Rollen erlebt?

Wie hat sich jede/jeder gefühlt?

Was ist den BeobachterInnen aufgefallen an Besonderheiten, an Wende-
punkten im Spiel?

Welche Rolle haben „geschlechtsspezifische" Rollenmuster gespielt?

Was war typisch für die eigene Institution, die Gruppe, den Betrieb?

Welche Vorbilder haben die einzelnen geleitet?

Welche Botschaften gehen von den einzelnen Rollen aus?

IV

Erfahrungen
mit Gender-Trainings

1. Rückspiegel

WIEGAND WAGNER

„Frauen sind anders, Männer auch" – unter diesem Thema fand in Loccum ein Gender-Training als Pastoralkolleg statt, ausgeschrieben für je zehn Frauen und Männer durch die Evangelische Fachhochschule Hannover, das Lutherstift Falkenburg und das Pastoralkolleg der ev.-luth. Landeskirche Hannovers. Das Training wurde durch einen Prospekt aller drei Einrichtungen und durch das Jahresprogramm des Pastoralkollegs ausgeschrieben. Eingeladen waren Männer und Frauen in Leitungspositionen, wobei nicht festgelegt war, auf welche Ebene die Leitungtätigkeit sich beziehen sollte. Auf die Einladung reagierten zunächst ca. dreißig Frauen und vier Männer mit einer Anmeldung; durch die Nachwerbung konnte eine Gruppe von je vier Frauen und Männern das Training gemeinsam durchführen. Die Leitungsgruppe war mit vier Personen für diesen Kreis etwas zu groß. Da dieses Training aber ein Modell für spätere Trainings darstellen sollte, blieb die Leitung in dieser Zusammensetzung, um die Erfahrungen auswerten und berücksichtigen zu können. Das Training dauerte vom 7. bis 9. Februar.

Dem Ergebnis des Trainings bin ich Ende des Jahres 2000 und Anfang 2001 in vier Interviews nachgegangen. Dabei wurden zwei Frauen und zwei Männer interviewt, davon zwei Pastorinnen, der Leiter eines kirchlichen Werkes und ein ehrenamtlicher Kirchenvorstandsvorsitzender.

Erinnerungen

Alle Befragten erinnerten sich an Gruppenphasen und an methodische Schritte im Seminar: Dabei war diese Erinnerung bei einem der Teilnehmenden sogar gleichsam systematisch geordnet:

Teilnehmer (1).
Meine Erinnerung ist, dass es einen größeren Block gab, der die Entwicklung und die Prägung von Frauen beleuchtet hat, und einen Block, der die Entwicklung und Prägung von Männern beleuchtet hat; dass es Blöcke gab, in denen Männer und Frauen selbst in getrennten Gruppen über ihre Biographien berichtet haben. In der Schlussphase wurden diese verschiedenen Elemente zusammengebracht durch verschiedene Aufgabenstellungen.

Dem gegenüber gewichteten die beiden Frauen ihre Erinnerungen eher nach der Intensität der Phasen:

Teilnehmerin (1).
Mir ist ganz besonders die Vorstellungsrunde in Erinnerung geblieben – dieses gegenseitige Befragen als Methode, Vermutungen über den anderen äußern, und auch die Treffsicherheit, die wir doch eigentlich in der Einschätzung erreicht haben. Als zweiter Punkt wäre die Diskussion in Gruppen, die nach Geschlechtern getrennt waren, zu nennen, wo sich danach im Plenum zeigte, dass die Frauen über Männer und Beziehungsprobleme geredet haben und die Männer über Frauen tatsächlich nicht geredet haben.

Das Dritte ist das Rollenspiel, das wir in gemischten Gruppen gemacht haben, in dem ein Konflikt aus der Gruppe bearbeitet worden ist – und etwas, was völlig am Rand war, eine Körperübung, wie man mit Kräften umgehen kann, die auf einen einwirken, und dass man unter einer solchen Kraft unterdurch schlüpfen kann, wenn man gegen sie ankämpft. Überlegungen, wie ich mit Konflikten umgehe.

An die Informationsteile kann ich mich nicht so stark erinnern, weil ich nicht genau weiß, was ich schon vorher gewusst habe, was ich neu gelernt habe oder was sich noch verstärkt hat.

Teilnehmerin (2)
Ich habe den Ablauf als sehr abwechslungsreich in Erinnerung – dass wir zu Beginn (wenn das stimmt) gleich in Gruppen gegangen sind, zuerst in geschlechtsgetrennte und später in geschlechtsgemischte Gruppen [...] Es waren noch Vorträge...

Der zweite Teilnehmer brachte auf die Frage, woran er sich noch erinnere, in erster Linie die eigene Situation und ihr Erleben zur Sprache:

Teilnehmer (2)
Für meine persönliche Erinnerung war erst einmal die Frage an mich selbst, da ich der einzige Nichtakademiker in dem Kreis war: „Bin ich hier auch gut aufgehoben?" Die Gefühle waren anfänglich sehr gemischt. Aber ich wurde sehr schnell heimisch und fühlte mich gut angenommen.

Diesem Teilnehmer ging es zunächst um den partnerschaftlichen Umgang miteinander. Erst auf die Nachfrage: „Sind vom Ablauf noch ein paar Schlaglichter da?" nannte er eine Einheit des Trainings, die ihm persönlich besonders wichtig vorgekommen war:

Was für mich sehr interessant war und auch wesentlich, um die anderen Teilnehmer kennen zu lernen, das war diese eigene Biographie. Ich denke, das war auch sehr wichtig für das Seminar, dass da jeder von sich freimütig erzählt hat, welche Biographie er hatte, um auch besser einzuschätzen: Mit wem habe ich es hier zu tun? Das war für mich wichtig, weil ich gerne auf dieser Ebene mit Menschen arbeite.

Dass diese Einheit der Biographieerzählung in geschlechtsgetrennten Gruppen stattgefunden hat, ist dem *Teilnehmer (2)* nicht so wichtig wie die Beziehungen, die sich daraus ergeben haben. Auf eine weitere Nachfrage zum Ablauf kommt er auf einen Konflikt zu sprechen, der allen Teilnehmenden in Erinnerung ist.

Ich wollte auch wissen, welche Gruppenmitglieder den Einzelnen im Gedächtnis geblieben waren.

Teilnehmerin (2)
Es waren Leute dabei, von denen ich nicht gedacht hätte, dass sie sich zu so etwas anmelden. Es war sehr bunt gemischt und es sind mir einige Leute, vor allem Männer in Erinnerung, die nicht so diese typischen intellektuellen Männer waren, die auch einmal zu einer Männer-Tagung fahren, sondern eher untypisch für mein Gefühl. Also durchaus auch sehr männlich wirkende Männer. Ein Diakon ist mir besonders in Erinnerung.

Von den Frauen her fand ich es nicht homogen. Aber alle hatten einen Zugang dazu, und es war sehr kreativ und häufig sehr lustig mit allen.

Teilnehmerin (1) nimmt diese Frage zum Anlass, die Gruppenatmosphäre zu betrachten:

Ich finde, wir sind sehr behutsam miteinander umgegangen und haben uns ganz langsam aneinander heran getastet. Ich erinnere mich auch noch, dass im Feedback gesagt wurde: „So und jetzt haben wir eigentlich den Punkt, wo die Angelegenheiten auf den Tisch kommen könnten". Wobei sich hier die Frage stellt, ob das gut gewesen wäre, wenn in einem ersten Anlauf das so passiert wäre.

Die Besetzung, dass die Anteile der Männer und Frauen gleich sind, finde ich sehr gut, weil ich eigentlich auch mit der Erwartung gekommen bin – ohne das ins Lächerliche zu ziehen – etwas über Männer zu erfahren. Vielleicht ist es auch die Chance, dass man unter Anleitung miteinander spricht. Dass man einerseits vorsichtig ist mit gegenseitigen Verletzungen, wie sie dann in einem heftigen Konflikt passieren können, und dass es andererseits auch nicht das Geflappse ist, was ich ganz oft mache, wenn es um Männer- und Frauenfragen geht; das „Ping-Pong-Spielen" bleibt dann auch ein Stück an der Oberfläche. Es gab die Chance, ein bisschen ernsthaft und tiefgründig darüber nachzudenken.

Die Männer äußerten sich zu der Frage nach der Gruppe erheblich kürzer und summarischer, *Teilnehmer (2)* äußerte allerdings hier eine kritische Anfrage:

Ich hätte mir für diese Gruppe eigentlich noch etwas mehr Nähe gewünscht. Es war anfänglich viel Distanz. Einige kannten sich aus vergangener Zeit, sprachen auch anders und lockerer. Andere waren noch etwas distanzierter. Ich hätte mir etwas mehr Nähe gewünscht, damit man auch Zwischenmenschliches mit einbauen kann.

„Wenn Sie jetzt die Teile gewichten, die Sie in Erinnerung haben: Was ist für Sie von besonderer Bedeutung gewesen? Was war am stärksten?" – Mit dieser Frage sollte der Rückblick abgeschlossen und zusätzlich akzentuiert werden.

Teilnehmerin (1)
Das Rollenspiel – weil ich über mich selbst sehr viel erfahren habe. Ich habe einen männlichen Superintendenten gespielt und habe den mit Leidenschaft gespielt, weil ich auch schon den Verdacht hatte, dass ich natürlich an bestimmten Punkten wie ein Mann reagiere. Das ist so: Wenn man in einer Männer-Kirche bis zu einer gewissen Position durchgekommen ist, muss man bestimmte Spielregeln der Männer auch beherrschen.

Es hat mich ein bisschen erschreckt, wie perfekt ich offensichtlich den Superintendenten gespielt habe. Aber ich möchte das eigentlich auch gerne. Ich habe das Bild vom Klavier mit den schwarzen und weißen Tasten, obwohl ich überhaupt nicht musikalisch bin. Ich möchte auf beiden Tasten spielen können. Aber auch bewusst. Nicht, dass es mir so einfach passiert, sondern dass ich weiß, wann ich welche Tasten spiele.

Auch *Teilnehmer (2)* hat das Rollenspiel als wichtigsten Teil des Trainings erlebt:

Am stärksten fand ich auch das Rollenspiel. Ich denke, da ist für mich sehr viel hängen geblieben. Ich kann nicht alles festmachen, aber ich merke immer wieder bei irgendwelchen Begegnungen oder Auseinandersetzungen, sei es in Gremien oder privater oder beruflicher Natur, dass das Seminar in Erinnerung ist [...]. Wenn irgendwelche Auseinandersetzungen sind und eine Frau etwas anders agiert als ein Mann, dann ist mir das alles sofort gegenwärtig. Ich denke, das ist auch Sinn der Sache.

Die Sensibilisierung für die Teilnehmer des anderen Geschlechtes, hier am Rollenspiel festgemacht, ist auch für *Teilnehmerin (2)* das Wichtigste an der ganzen Tagung:

Am stärksten war für mich die Arbeit mit den Männern – daran, wie sie Frauen wahrnehmen oder wie sie bestimmte Verhaltensweisen von Frauen wahrnehmen und wie wir auf bestimmte Verhaltensweisen von Männern reagieren. Dieses direkt zu sagen, und nicht in getrennten Gruppen zu diskutieren, und auch nicht im privaten oder kollegialen Zusammenhang, sondern unter anderen Berufs- und Altersgruppen.

Dagegen setzt *Teilnehmerin (1)* die Selbstwahrnehmung an die erste Stelle, nennt dann aber als nächste wichtige Erfahrung aus dem Training ebenfalls die gegenseitige Wahrnehmung.

Die Frage nach der Gewichtung führt schließlich bei *Teilnehmer (1)* zu einer sehr grundsätzlichen Bewertung des ganzen Gender-Trainings auf der Basis seines persönlichen Vorverständnisses:

Am stärksten war Herr X (Leitungsteam), der am überzeugendsten die Polarisierung überwunden hat und sozusagen eine neue Ära, eine Post-Ära nach der Frauenbewegung einläutet und einfordert.

Auf meine Nachfrage, welche Qualität diese Post-Ära aus seiner Sicht habe, erläuterte er:

Das heißt, dass verbunden mit der unterschiedlichen Wahrnehmung von Männern und Frauen auch sehr schnell eine Bewertung einhergeht. ... Es war lange Zeit ein stilles Programm der Frauenbewegung, dass Männer sich mehr von Frauen abgucken müssen und einfach auch Dinge adaptieren sollen. K.'s Weg ist ein anderer: Dass sich beide in ihrer Unterschiedlichkeit akzeptieren, beide gegenseitig voneinander lernen und auch in anderen Verhaltensweisen nicht nur Defizite erkennbar sind, sondern auch Vorsprünge hier und da.

Ich gab meinen Gewährsleuten auch die Frage weiter, die regelmäßig an Veranstalter von Gender-Trainings gestellt wird: „Was würden Sie einer Kollegin/einem Kollegen auf die Frage antworten: Was macht ihr da eigentlich? Was kann man beim Gendertraining lernen und erfahren?"
    Ich gebe die Antworten in Auswahl wieder:

Teilnehmerin (1)
Die Selbstwahrnehmung, also: für mich persönlich – das mag bei Männern und Frauen anders sein – noch einmal zu überlegen, wie ich auf andere wirke, wenn ich das so und so sage.
    Das andere ist: zunächst einmal in einer konfliktfreien Situation den jeweils anderen wahrzunehmen und wirklich zuzuhören und so zu akzeptieren lernen.
    Ich bin der Meinung, dass Männer und Frauen anders sind – nicht nur auf der Sachebene, sondern auch auf der Beziehungsebene. Auf der Sprachebene ist es offensichtlich so, dass man hin und wieder aneinander vorbeiredet.

Teilnehmerin (2)
Das eine war, dass deutlich wurde: Wenn Männer etwas sagen, meinen sie nicht unbedingt, was Frauen hören. Und anders herum: Wenn Frauen etwas sagen, hören Männer durchaus etwas anderes. Diese Missverständnisse, die dadurch häufig produziert werden, schaden im Grunde beiden oder schaden der Zusammenarbeit. Beide meinen das nicht böse. Es sind einfach unterschiedliche Sprachcodes – Bilder, die dabei ablaufen. Das war für mich sehr erhellend.
    Das für mich Wichtigste war (s.o. unter der Frage nach dem Wichtigsten!), dass Männer zwar dagegen halten, wenn Frauen anfangen, eine Position einzunehmen, aber sie erwarten dann, dass die Frauen das weitermachen und sich nicht zurückziehen. Dass sie darüber irritiert sind, war für mich einer der erhellendsten Punkte.

Teilnehmer (1)
Ich bin gefragt worden und ich habe gesagt: die unterschiedliche Prägung von Männern und Frauen in der Gesellschaft und der familiären Erziehung. Diese unterschiedlichen Prägungen sind wesentlich stärker ausgeprägt und vielschichtiger und mehrdimensionaler als diese oberflächliche Vision, Erinnerung oder Vorstellung, die einem sofort in den Sinn kommt. Wenn man sagt: Was ist der Unterschied zwischen Männern und Frauen?, hat ja jeder sofort ein Bild. Aber die Vielschichtigkeit und diese Mehrdimensionalität war sehr faszinierend.

Teilnehmer (2)
Zunächst einmal die Grundsatz-Aussage, dass wir nun doch verschieden sind, dass es uns schon in die Wiege gelegt wurde und dass es sich das ganze Leben lang fortsetzt. Dass wir eben doch zweigeschlechtlich sind und dass einfach Unterschiede da sind, die nur im Zusammenleben nicht so wahrgenommen werden. Ich setze voraus, sie muss genau so denken oder agieren wie ich. Das ist aber nicht so. Wir sind der gleichen Meinung, aber trotzdem wird etwas anderes ausgetragen.

Deutlich ist in allen Antworten: Das Gender-Training hat in erster Linie zur Erkenntnis und Anerkennung der Differenz im Kommunikationsverhalten von Mann und Frau geführt. In der „experimentellen Situation" des Miteinanders im Kurs konnten Unterschiede beobachtet, zugestanden und reflektiert werden, die im „normalen Leben" womöglich lieber ignoriert und unter den Teppich gekehrt werden. Dies festgestellt zu haben und eine eigene Position dazu gewonnen zu haben, ist für die Teilnehmerinnen und Teilnehmer nach eigener Aussage der eigentliche Ertrag des Trainings.

Dabei variiert dann die Bewertung: Was die einen als Erweiterung der eigenen (Selbst) Wahrnehmung empfinden, ist für die anderen ein Zuwachs an Kommunikationskompetenz. Dementsprechend unterschiedlich fielen die Antworten auf meine abschließende Frage nach dem durch das Training erworbenen Veränderungspotenzial aus:

Frauen können durch Gender-Training
- …aus ihrer Opferrolle herauskommen und Männer besser verstehen lernen (Teilnehmerin 1),
- …wacher werden, was Männer wirklich meinen. Und Frauen, die sehr frauenbewegungsgeprägt sind, können sich vielleicht auch von manchen Vorurteilen verabschieden – was so individuelle Kommunikation angeht (Teilnehmerin 2),
- …viel über Männer lernen (Teilnehmer 1),
- …unbedingt dazulernen, um sich in der Männer-Welt besser oder vielleicht auch leichter zu behaupten, um vielleicht auch Statements abgeben zu können, um besser verstanden zu werden (Teilnehmer 2).

Männer können durch Gender-Training
- (keine Antwort von Teilnehmerin 1),
- …sensibler werden für das, was sie bewirken, mit dem, wie sie auftreten und was sie sagen. Und sie können lernen, öfter nachzufragen (Teilnehmerin 2),

- ...viel über Frauen lernen; und beide zusammen können lernen, ich nenne es in einer Metapher: Alten Müll wegschieben (Teilnehmer 1),
- ...auch vom anderen Geschlecht lernen (Teilnehmer 2).

Es fällt auf, dass die Frauen den kommunikativen Gewinn für sich und die Männer deutlicher formulieren. Es geht ihnen nicht nur darum, etwas übereinander zu lernen, sondern eine neue Qualität der Wahrnehmung der Anderen zu gewinnen. Aber auch den Männern will ich ein gestiegenes Beziehungs-Interesse nicht absprechen; lieber zitiere ich noch einmal *Teilnehmer (1)* – auf die Frage, ob mehr Informationen gebraucht würden:

- ... es war interessant gerade auch in dieser Biographiereise der Männergruppe, wie weit diese Männer sind und wie stark sie unter Defiziten leiden und ihre Jugend als defizitär erlebt haben und von Macho-Gehabe weit weg waren. Es gab ganz viele Liebesbekenntnisse dieser männlichen Teilnehmer zu ihrer Frau oder Lebenspartnerin.

Vorschläge für weitere Trainings

In der Auswertung des Trainings wurde mehrfach kritisiert, dass die Zeit zu kurz gewesen sei – ein künftiges Training sollte also länger sein. Diese Frage wurde im Interview als Frage nach der Gestaltung künftiger Gendertrainings wieder aufgenommen. Dass es weitere Gender-Training-Angebote geben sollte, war für keine/n der Beteiligten zweifelhaft. Im Prinzip bejahten die Befragte sogar ein *obligatorisches* Gender-Training für Anwärter auf Leitungspositionen:

Teilnehmerin (1)
...Das halte ich für unbedingt erforderlich. [...] Sicherlich ist es sinnvoll, ein ganz spezielles Gender-Training für Menschen durchzuführen, die in leitende Positionen wollen oder es sind. Ich finde, es muss ein roter Faden aller Fortbildungen sein. Es macht sicherlich Sinn, um Menschen zu sensibilisieren. Aber es muss ein Gesichtspunkt sein, der in allen Fortbildungsveranstaltungen läuft.

Teilnehmerin (2)
...Für notwendig halte ich es, für sinnvoll auch. Ob das aber mit Leuten geht, die absolute Widerstände haben, das weiß ich nicht. [...] (Und auf die Frage, ob sie mit erheblichen Widerständen rechne:) ... es gibt sie, sowohl bei Frauen als auch bei Männern, sobald das Thema Kommunikation zwischen Frauen und Männern zum Thema gemacht wird. Bei feministischer Theologie erlebe ich das ständig, dass erst einmal Abwehr kommt, bis man weiß, was das ist.

Teilnehmer (1)
Das finde ich gut.

Teilnehmer (2)
Es sollten möglichst viele davon erfahren [...]; es ist doch für alle wesentlich, die in Gremien sitzen oder irgendwelche Ausschüsse leiten.

Zum Thema Leitung sollte ein solcher Spezialkurs gewiss noch gesonderte Informationen und Gespräche anbieten:

Teilnehmerin (2)
Ich denke an Leitungsgeschichten. Es wird gesagt oder behauptet, dass Frauen und Männer einen unterschiedlichen Leitungsstil haben. Ich weiß nicht, ob das stimmt. Wenn man es beobachtet, verhalten sich Frauen häufig anders, aber da bin ich mir unsicher. Ich denke eher, dass es bei Frauen manchmal anders wirkt als bei Männern. Das würde ich gerne noch genauer vergleichen...

Ein abschließender Blick soll dem Thema Widerstände und Vorbehalte gelten. Dieses Thema wurde von den Teilnehmer*innen* unter verschiedenen Aspekten angesprochen, vor allem bei der Frage nach der Kommunikation mit anderen nach der Tagung und bei der Nachfrage, wie sie das unterschiedliche Anmeldeverhalten von Männern und Frauen beurteilen.

Teilnehmerin (1)
Ich habe Reaktionen von Frauen gehört, die mich ganz gut kennen, die sagten: „Ich hätte nie gedacht, dass du da hin fahren würdest." Ich habe bei Frauen offensichtlich keinen besonders feministischen Ruf. [...] Es war für mich ein starker Eindruck, dass die Männer, die ich anspreche, zunächst sagen: „Oh ja, für andere Männer ist das ganz toll, aber warum für mich? Ich denke, dass es nur über Mund-zu-Mund Propaganda über Männer laufen kann, die teilgenommen haben, weil ich doch den Eindruck habe, dass da Ängste sind und eine Angst davor, dass man in einer solchen Gruppe von den Frauen auseinandergenommen wird. (Nachfrage: Ängste, sich vorführen zu lassen?) Ja ich denke, die Männer haben in den letzten Jahren oder Jahrzehnten sogar Erfahrungen damit gesammelt, dass sie von Frauen angegiftet werden. Die Frage, warum man sich das dann freiwillig noch antun soll, kann ich auch verstehen.

Teilnehmerin (2)
Ich denke, dass nur sehr wenige Männer für sich ein Defizit sehen, sondern dass sie eher denken, sie geben sich Mühe, Frauen zu verstehen und dass es manchmal an den Frauen liegt. Jedenfalls, dass sie es erstens nicht so als Leidensdruck empfinden, weil sie halt auch gesellschaftlich weniger benachteiligt sind; zweitens dass sie bei sich nicht so das Problem sehen, und drittens denke ich, dass viele davor auch Angst haben, sich damit auseinander zu setzen. Es braucht vielleicht eine andere Ermutigung als: „Das ist ein Defizit bei dir."

Teilnehmer (1)
Einmal ist es ganz klar so, dass Frauen an diesen Themen stärker dran sind. Auch das ist ja ein Produkt dieser unterschiedlichen Erziehung, dass viele Frauen zumindest sehr viel Wert auf Beziehung und Beziehungsarbeit und -pflege legen. Das betrifft auch den beruflichen Kontext. Das ist bei Männern sicherlich weniger stark ausgeprägt. Es ist auch logisch und deutlich, dass Frauen aus einer defizitären gesellschaftlichen Situation die Diskussion und die Gedanken wollen und Männer aus einer eher bevorteilten Situation diesen Leidensdruck nicht haben.

Ich glaube [...], dass eben bisherige Diskussionen um Geschlechterrollen sehr stark von dem Umkehrschluss gelebt, aber auch abgeschreckt haben, dass Männer eher defizitär sind gegenüber Frauen und Männer dort aufzuholen hätten und Anschluss finden müssen und sich Vorzeichen sozusagen umgedreht haben. Das ist natürlich auch etwas, was abschreckt. Dieses paritätische Akzeptieren, aneinander Lernen und den anderen verstehen Wollen, so wie er zunächst einmal ist, ohne ihn umzukrempeln. Das ist als Ansatz noch nicht sehr alt.

Abwehr wird deutlich, wenn die Möglichkeit spezieller Tagungen oder Kollegs für Männer zur Debatte steht. Diese Idee stößt ausschließlich bei den Frauen auf Gegenliebe:

Teilnehmerin (1)
Klar, es müssen verstärkt Kurse für Männer angeboten werden [...]! Der Organisationsgrad ist bei Frauen wesentlich stärker als bei Männern. Das heißt eigentlich, es müssten Kurse nur für Männer angeboten werden, die vielleicht dann in der Fortsetzung dazu führen, dass Männer eher zu solchen Gender-Trainings kommen. (auf Nachfrage nach Themen:) Bei einem Männerseminar tatsächlich die Frage: Was passiert in unserer Gesellschaft, wenn Jungen und Männer nur noch von Frauen erzogen werden?

Teilnehmerin (2)
Für Männer, denke ich, ist es noch sehr am Beginn. Es ist schon dringend nötig, dass sich Männer im pastoralen Beruf mit ihrer Männerrolle auseinandersetzen, nicht nur aus privaten Gründen, sondern um ihrer Professionalität willen.

Dagegen sehen die Männer hier keinen Bedarf oder eher Schwierigkeiten:

Teilnehmer (1)
Meine Phantasie zu reinen Männerkursen wäre die, dass eben der Begriff Männergruppe mittlerweile zu einer Karikatur geworden ist – also: meine Töpfergruppe, meine Männergruppe oder meine Männergruppe, in der ich stricke oder so etwas. Es ist auch ein Relikt aus dieser sehr frauenbewegten Zeit, wo Männer, die dann schnell anderes Fahrwasser versucht haben, in eine Art „Weich-Ei"- Ecke gedrückt wurden. Ein Kurs unter Männern kommt ganz schnell in dieses Fahrwasser. Es gibt wenige, die da Offenheit haben.

Dass diese Skepsis nicht einfach eine persönliche Abwehr zum Ausdruck bringt, sondern die Sicht einer Mehrheit repräsentieren will, zeigt sich am Schluss dieses Beitrags:

Von daher kann ich mir die Zurückhaltung der Anmeldezahlen für einen Männerkurs sehr gut erklären. Was überhaupt nicht gut ist und überhaupt nicht begrüßenswert. Ich glaube, da springen einfach so Schubladen auf.

Teilnehmer (2) sieht in Kursen speziell für Männer eher einen Rückschritt:

Ich persönlich sehe keinen Bedarf. Ich denke, wenn es auseinander dividiert wird, nur Männer oder nur Frauen, dann geht es wieder gegen-, nicht miteinander, und zwar in die andere Richtung. Trotz der Gegensätzlichkeiten von Mann und Frau sollte man einen Konsens finden, um gut miteinander auszukommen.

2. Zum Beispiel: Gender-Aspekte und Gender-Prozesse in der DEAE

PETRA HERRE

Die DEAE (Deutsche Evangelische Arbeitsgemeinschaft für Erwachsenenbildung e.V.) hat die Geschlechter-Frage offiziell 1989 auf die Agenda gesetzt. In diesem Jahr fand die Mitgliederversammlung unter dem Motto „Wir: Frauen und Männer" statt. Zweigeschlechtlichkeit wird zum Thema gemacht und zwar „nackig" wie es im Einladungsschreiben heißt, gewissermaßen auf den Kern reduziert. Im Titel der Arbeitstagung der Mitgliederversammlung ist keine Rede von Begegnung, von Miteinander oder von gleicher Berücksichtigung; auch nicht von Konfrontation, Streit oder gar Kampf. Und so lautete die Zielsetzung: „Wir wollen einander als Frauen und Männer wahrnehmen, unsere Betroffenheit spüren und sie einander mitteilen. Wir wollen einen Prozess beginnen, besser zu verstehen, was es heißt, Frau und Mann zu sein, als Frauen und Männer in der Erwachsenenbildung aufeinander zu treffen".

Dieser Zugang setzte bei den eigenen Erfahrungen an, wollte Wahrnehmung zur Sprache bringen. Es war nicht nur das Thema, das verhandelt wurde. Ungewohnte Arrangements und neue Elemente sollten Frauen und Männern andere Begegnungen ermöglichen. Dieses innovative erwachsenenpädagogische Setting nahm gewissermaßen die Gender-Perspektive vorweg und war insofern konzeptionell besonders produktiv.

Der Kontext

Die DEAE findet sich damit im Konzert weiterer kirchlicher Aktivitäten zum Thema: 1988 hatte der Ökumenische Rat der Kirchen die „Ökumenische Dekade der Kirchen in Solidarität mit den Frauen" ausgerufen.

1989 befasste sich die Synode der EKD (Ev. Kirche in Deutschland) in Krozingen mit dem Schwerpunkt-Thema „Die Gemeinschaft von Frauen und Männern in der Kirche". Diese Themenformulierung verweist damit auf das Leitbild und normative Ziel der Gestaltung des Geschlechterverhältnisses. Die Synode fasste weitreichende Beschlüsse zur Frauenförderung in Kirchen und Diakonie, z.B. zur Errichtung eines Frauenreferates im Kirchenamt der

EKD und zur Förderung der theologischen Frauenforschung und machte auf die Situation von Frauen in besonderen Notlagen aufmerksam.

Dem war in den 70er und 80er Jahren eine intensive Auseinandersetzung mit der Geschlechterfrage aus Frauenperspektive in der „kirchlichen Frauenszene", bei Verbänden und in Initiativen vorausgegangen, die ihre besonderen Impulse aus der Ökumene und aus den Kirchen der Dritten Welt erhielt (Projekt „Vom Süden lernen") und die gesellschaftlichen Diskurse aufnahm, die von der (Neuen) Frauenbewegung verhandelt wurden. Emanzipations- und Partizipationsansprüche von Frauen wurden mit Nachdruck artikuliert.

Nur diese Stichworte seien zur Erinnerung genannt: das Studienprogramm des ÖRK (1975–1981) „Gemeinschaft von Frauen und Männern in der Kirche", abgeschlossen mit der Sheffield-Konferenz; das Studienprojekt des Deutschen Nationalkomitees des Lutherischen Weltbundes „Frauen als Innovationsgruppen"; die Sexismus-Konsultation (1976); die Werkstattbewegung „Feministische Theologie"; die Aufnahme des Frauenthemas durch den Deutschen Evangelischen Kirchentag; die Frauenanhörungen in den Landeskirchen, die zur Einrichtung von Frauenreferaten führten (1988 des ersten Frauenreferates in der Evangelischen Kirche von Westfalen); die Aufnahme der Dekade-Anliegen in unterschiedlichen Graden der Institutionalisierung (es wurden Beauftragungen vorgenommen und einzelne Arbeitsstellen eingerichtet) sowie die Kampagne „Gewalt gegen Frauen".

Von der Frauenperspektive zur Gender-Perspektive

Theorien, wissenschaftliche Diskurse und politische Praxis stehen in einem engen Zusammenhang. Das gilt auch für die DEAE. Die unterschiedlichen Denkmodelle und theoretischen Ansätze zur Geschlechterfrage werden in ihrem Erkenntniswert und Klärungsertrag aufgenommen und gehen in die jeweiligen Diskussionslagen der Verbandspolitik und die pädagogisch-konzeptionelle Arbeit ein.

Zweigeschlechtlichkeit und *Geschlechterdifferenz* sind die Schlüsselkategorien. Seit *Carol Hagemann–Whites* Studie (1984) „Sozialisation: weiblich-männlich?" ist die Bezeichnung „Zweigeschlechtlichkeit als kulturelles System" geläufig. „Geschlecht" wird in den Sozialwissenschaften – auch ein Resultat der gesellschaftlichen Veränderungen – als strukturrelevante Statusrolle erkannt. Neben „Klasse" oder „Schicht" versteht man „Geschlecht" als grundlegende Dimension sozialer Organisation: „Geschlecht verweist auf einen Komplex sozialer Beziehungen, (...) die die Strukturen von Gesellschaften und Handlungsmöglichkeiten von Individuen bestimmen" (Agnes Dietzen, 1993). Dieser Ansatz setzt sich gegen die androzentrische Position durch, die geschlechtsspezifische Bezüge leugnet und damit die männlichen Maßstäbe als Maßstab des menschlichen Lebens behauptet. Viele überzeugende kritische Analysen haben gezeigt, dass diese Begründungen ein Mittel männlicher Kontrolle gegenüber Frauen und der ideologischen Absicherung von Machtdifferenzen zwischen beiden Geschlechtern waren bzw. sind.

Der *differenztheoretische Ansatz* unterscheidet Sex, das biologische Geschlecht, und Gender, das soziale Geschlecht. Diese Unterscheidung, eine „kategoriale Innovation", ist die Basis unterschiedlicher Positionen. Geschlechterrollen lassen sich nicht primär aus biologischen Tatsachen und Körperdifferenzen ableiten, sind vielmehr historische, kulturelle und soziale Konstruktionen, ebenso wie Stereotypen und Normen, die Geschlechterbilder prägen, also kulturell und gesellschaftlich bestimmt sind.

Geschlecht, begriffen als *Strukturkategorie im Herrschaftszusammenhang*, fordert die Analyse und Aufklärung der Strukturen des Geschlechterverhältnisses. Die Trennung von öffentlich und privat, für die sozialen Rollen von Frauen und Männern maßgeblich, korrespondiert mit der gesellschaftlichen Arbeitsteilung zwischen den Geschlechtern. Den Frauen ist eine gesellschaftlich zweitrangige Position zugewiesen. „Das Private ist politisch" formulierte der Ausschuss für Familienbezogene Bildung der DEAE und forderte aus dieser Erkenntnis heraus 1988 die politische Bildung in der Familienbildung zu stärken. In kritischer und analytischer Absicht wird die Ungleichheit und Hierarchie zwischen Frauen und Männern zum Thema. Dieser Ansatz liegt auch der feministischen Theologie und der feministischen Bildungsarbeit, die in der EEB auch nachdrücklich vertreten wird, zugrunde.

Eine besondere Legitimationsebene für die Thematisierung der Geschlechterfrage in der Kirche stellt die Auseinandersetzung mit den biblischen Texten, der jüdischen und der christlichen Tradition und sozial-ethischen Fragen dar, wie sie in der *feministischen Theologie* und der feministischen Ethik erfolgt. Die feministische Theologie hat nachhaltig Kritik an patriarchalen Interpretationen und Überlieferungen geübt und die verschüttete Geschichte der Frauen zugänglich gemacht. Mit dem Thema „Gewalt gegen Frauen" machte sie auch vor einem Tabu nicht halt, was gerade angesichts der kirchlichen Kultur nicht hoch genug einzuschätzen ist. Sie hat Frauen auf dem Weg zu ihrer „frauengemäßen" religiösen Identität unterstützt und einen Prozess wachsender Bewusstwerdung und herausfordernder Neuorientierung durch die Arbeit an der symbolischen Ordnung gefördert. Einzelne Theologinnen und Frauen verfolgen das Anliegen, durch die Botschaft der Frauen auch die Männer zu bewegen, nach ihrer menschlichen Identität jenseits patriarchaler Leitbilder und Religion zu suchen. Die frauenpolitische und feministische Perspektive beeinflusste die Verbandspolitik nachhaltig seit Ende der 80er, Anfang der 90er Jahre.

Die Verhältnisse in der DEAE waren Abbild und Spiegelbild der gesamtgesellschaftlichen Realität: Im Vorstand der DEAE waren Frauen unterrepräsentiert, in den Ausschüssen und Gremien nur vereinzelt zu finden, und die Mitgliederversammlung der DEAE war von einer Parität weit entfernt. Appelle des Vorstandes an die Mitglieder des Dachverbandes, mehr Frauen zu delegieren, blieben ohne nachhaltige Resonanz. Die „Schwalbe von Kirkel" machte noch keinen Sommer. Nach „Kirkel 1989", das ein „positiver Ausreißer" war, sank der Frauenanteil in den folgenden Mitgliederversammlungen wieder auf das alte niedrige Niveau.

Die DEAE entschloss sich zu einer strukturellen Bearbeitung der Geschlechterfrage.

1990 fasste die Mitgliederversammlung den Beschluss „Zur Gerechtigkeit zwischen Frauen und Männern in der DEAE".

Er strebt *die paritätische Besetzung* der Mitgliederversammlung an, er legt die paritätische Besetzung des Vorstandes fest und installierte mit gleichen Rechten eine Vorsitzende und einen Vorsitzenden, d.h. einen geteilten bzw. doppelten Vorsitz. Zum ersten Mal wurde nach diesem Modus der Vorstand in der Mitgliederversammlung 1991 gewählt. Mit dieser Konstruktion gestaltete die DEAE in ihrem Führungsorgan das gender-typische Problemfeld „Macht und Leitung".

Weiterhin wurde mit diesem Beschluss die Arbeitsgruppe "Frauenförderung in der EEB" eingesetzt, die ein Rahmenkonzept für Frauenförderung in der EEB entwickeln sollte. Als erste Arbeitsaufgaben standen an die sprachliche Überarbeitung der Satzung der DEAE, der Geschäftsordnung der Mitgliederversammlung und des Strukturkonzepts der Fachausschüsse der DEAE. Diese Arbeitsgruppe führte 1991/92 eine Umfrage zur Situation von Frauen in der DEAE durch. Das Ergebnis war: Frauen sind in Leitungspositionen der Erwachsenenbildung unterrepräsentiert, haben die niedriger bewerteten Stellen, sind weniger in Gremien und Organen vertreten, nehmen weniger Delegationen und Außenvertretungen wahr. Und das Niveau der Frauenförderung ist in der EEB sehr niedrig. Auf Mitgliederebene wurden Veränderungen in der Personalpolitik angemahnt: Mehr Frauen einstellen, mehr Frauen in Leitungspositionen und Gremien, Qualifizierungsangebote für Frauen und Quotierung – so lauteten die Forderungen. Im Blick auf die Gremien der DEAE wurde angeregt, die Gremienarbeit attraktiver zu machen – durch *Praxisfreundlichkeit, Frauenfreundlichkeit* und den *Abbau ritualisierter Abläufe.* Eine weitere Forderung richtete sich auf Quotierung.

Die Ergebnisse der Umfrage, die dem entsprechen, was *Birgit Meyer-Ehlert* in ihrer Untersuchung „Frauen in der Weiterbildung" 1994 für Nordrhein-Westfalen ermittelte, wurden in der Mitgliederversammlung 92 bekannt gegeben und 1994 nochmals aufgenommen und ausführlich diskutiert.

Der zweite Arbeitsauftrag der Arbeitsgruppe, ebenfalls 1992 von der Mitgliederversammlung erteilt, betraf die inhaltliche Überarbeitung der strukturgebenden Papiere des Verbandes, der Satzung der DEAE, der Geschäfts- und Wahlordnung für die Mitgliederversammlung und der Ordnung für die Arbeitsgruppen. Ausgangspunkt war die erwähnte Umfrage, die gezeigt hatte, dass es Strukturen gibt, die Frauenpartizipation behindern. Ziel war es, Frauen durch entsprechende Berufungs- und Wahlverfahren und durch Gestaltung von frauengerechten Rahmen- und Arbeitsbedingungen (u.a. Übernahme von Kinderbetreungskosten) die Mitarbeit zu ermöglichen und sie ihnen durch eine Veränderung der Kultur und der Kommunikation in den Gremien attraktiv zu machen. Weiterhin wurde beschlossen, die paritätische Besetzung aller Ausschüsse anzustreben. Schließlich sollte der Geschlechteraspekt in allen Arbeitsprozessen der DEAE Gegenstand der Reflexion sein.

1994 nahm die Mitgliederversammlung das Verbandsziel *Frauenförderung* in die Satzung der DEAE auf. Die Arbeitsgruppe „Frauenförderung der DEAE", die diese Satzungsänderung vorschlug, ließ sich von folgenden Perspektiven leiten:

- Frauenförderung wird dem Verband ein neues Profil geben;
- Frauenförderung wird für die Arbeit neue Impulse setzen;
- Frauenförderung wird die Arbeit attraktiver machen und bislang nicht berücksichtigte Potenziale aktivieren.

Die politischen Forderungen richten sich also auf *„Frauenförderung"*. Wörtlich lautet der neue § 4.3: „Förderung von Frauen mit dem Ziel der Gleichstellung von Frauen und Männern in der Erwachsenenbildung". Der Zielbegriff *„Gleichstellung"* setzt darauf, dass keine ungleichen Positionen aufgrund des Geschlechtes akzeptiert werden. Diese Zielformulierung will gewährleistet sehen, dass die postulierte Gleichberechtigung auch real umgesetzt wird. Der Verband sucht durch seine Organisationsstruktur und seine Arbeitsweise sowie durch seine Verbandskommunikation Vorbild zu sein.

Intendiert ist hier auch ein Freiraum für weibliche Subjektivität in bislang männlich geprägten Handlungsräumen. Man kann durchaus Züge einer Identitätspolitik erkennen; diese zielt jedoch nicht auf die Entfaltung einer weiblichen Gegenkultur oder auf Separation.

In der „Bildungspolitischen Erklärung der DEAE", den Tutzinger Thesen, die zur Mitgliederversammlung im März 1997 veröffentlicht wurden, verständigte sich die DEAE auf *„Geschlechterdemokratie"* als Leitbegriff Evangelischer Erwachsenenbildung. Der Redlichkeit halber muss hier allerdings angemerkt werden, dass Leitbegriffe alltagspraktisch eingelöst werden müssen, und sich nicht in Setzungen erschöpfen können.

Überdies beschloss die Mitgliederversammlung 1992, im Jahr 1993 eine *Frauenkonferenz* durchzuführen. Zwei Jahre später, 1994, wurde die Frauenkonferenz durch den Beschluss der Mitgliederversammlung dann bis auf Weiteres institutionalisiert. Sie findet seitdem alle zwei Jahre statt. Sie wird von Frauen aus der Evangelischen Erwachsenenbildung vorbereitet, die auch die Themen festlegen. Die Frauenkonferenz ist Ausdruck der frauenpolitischen Grundsätze der DEAE.

Die Frauenkonferenzen sind ein selbstbestimmter Raum für die Frauen in der Evangelischen Erwachsenenbildung. Hier können sich Fraueninteressen artikulieren, werden Forderungen im Blick auf den Verband und den eigenen Arbeitsbereich entwickelt, Strategien diskutiert und verabredet. Hier können Frauen ihre spezifischen Fragen als Vertreterinnen einer gemeinsamen Berufsgruppe diskutieren, um ihre Themen dann in die Diskurse am Arbeitsplatz einzubringen. Frauen werden sichtbar. Sie machen sich zum Thema.

Die vier Frauenkonferenzen, die bislang stattgefunden haben, zuletzt im November 1999, hatten einen weiten Horizont. Die erste (1993) nahm das Thema „Frau – M(m)acht – Erwachsenenbildung" in seiner doppelten Bedeutung auf. Die zweite Frauenkonferenz (1995) suchte unter der Überschrift „Differenz statt Gleichheit – Auf dem Wege zu einer politischen Praxis" eine Verortung im Theorie-Diskurs, die dritte Konferenz (1997) „In Widersprüchen – mit Ansprüchen. Frauenbewegungen zwischen Rücksicht und Erneuerung" suchte dreißig Jahre nach der „Neuen Frauenbewegung" und acht Jahre nach der Wiedervereinigung eine Standortbestimmung aus westlicher und östlicher Perspektive. Wie nachhaltig sind die Veränderungen? Welche politischen Strategien sollen in Zukunft verfolgt werden? Die vierte Konferenz (1999) „Ein Drahtseilakt aus der Balance? Von Frauenexistenzen in der Evangelischen Erwachsenenbildung" unterbrach die Linie der bisherigen Konferenzen methodisch und thematisch. Die Berufs- und Arbeitssituation und die persönliche Selbstbehauptung rückten, angesichts von Sparzwängen, Kürzungsdiskussionen und Strukturveränderungen im kirchlichen Kontext, in den Mittelpunkt. Diese Situation erfordert das *Empowerment* der Frauen.

Die Frauenkonferenzen wirken durch die publizierten Dokumentationen in die EEB hinein, sowohl thematisch als auch institutionell. Außerhalb der DEAE und des DEKT (Dt. Ev. Kirchentag) gibt es solche offiziellen Frauenräume kaum noch, wiewohl sie weiterhin im Sinne einer Strategie des Gender-Mainstreaming nötig sind. In der DEAE ist die Frauenkonferenz ist zu einem Stück verbandspolitischer Normalität geworden. Die Frauen der Evangelischen Erwachsenenbildung halten auch daran fest. Die Konferenzen haben aber Orientierungs- und Fortbildungscharakter, sind weniger ein verbandspolitisches Forum im engeren Sinne geworden.

Letzteres gilt eher für die *Frauenvorkonferenz*. Seit 1995 ist es zur Gewohnheit geworden, *vor* den Mitgliederversammlungen eine Frauenvorkonferenz zu veranstalten, zu der ganz offiziell und mit Zustimmung des Vorstandes der DEAE eingeladen wird. Hier tauschen sich die zur Mitgliederversammlung delegierten Frauen über verbandspolitische und personalpolitische Entscheidungen aus und treffen ggf. Absprachen. Waren zu Beginn die Vorstandskollegen eher skeptisch und fürchten in Analogie zur „Männer-Bündelei" eine solche von Frauen und einen Machtverlust, so hat sich die Verbandskultur mittlerweile so verändert, dass die Männer gelassener zu reagieren vermögen und sich auch die Sticheleien der Anfangszeit gänzlich verloren haben.

Diese Veränderungen in der geschlechterbezogenen Verbandskultur haben ihren Grund wohl wesentlich in der Geschlechterparität in Vorstand und Vorsitz der DEAE. Die gleiche Berücksichtigung beider Geschlechter beginnt ein Stück Normalität zu schaffen.

Die Gender-Perspektive

Mitte der 90er Jahre wird die Frauenperspektive durch die Gender-Perspektive ergänzt.

1. *Der kirchliche Hintergrund.* Dabei ist besonders auf den kirchlichen Diskussionshorizont abzuheben. In der Auseinandersetzung mit der Geschlechterfrage war bislang die Benachteiligung der Frauen der Fokus.

Im Hintergrund stand allerdings zugleich der spezifisch kirchliche Ansatz mit seiner Gemeinschaftsmetaphorik. Da gab und gibt es stets die Vision des „idealen Paars", als Inbegriff von Zusammengehörigkeit, Ergänzung und Liebe. Als Hoffnungsbild bietet dies die Perspektive eines besseren Verstehens, das *Fair Play* ist, zumindest, aber eventuell – und wenn es gut geht – auch mehr. Aber wie steht es mit der Realität?

Auch dieses Modell des Geschlechterverhältnisses ist normativ und wird der gesellschaftlichen Praxis, in deren „Raum sich die Sachen hart stoßen", nur bedingt gerecht.

2. *Demokratisierung und Neuorientierung.* Die Etablierung der Gender-Perspektive ist demgegenüber ein innovativer Impuls und bedeutet einen Modernisierungsschub in der Weiterbildung. Unter der Gender-Perspektive orientieren sich Mann und Frau neu. Es handelt sich nicht länger um die isolierte Zielgruppe Frauen, sondern um eine Frage der Gerechtigkeit, die alle angeht. Das Thema Geschlechterverhältnis kann nicht allein Sache und Anliegen der Frauen sein. Was für Frauen mit Veränderungsperspektive Dauerthema war, muss auch zur Sache der Männer werden und ist notwendig Gegenstand von Bildungsprozessen. Daher werden heute Lernkonzepte der Frauen- wie der Männerbildung eingebettet in das große Reformvorhaben, das Geschlechterverhältnis zu demokratisieren.

Die Neuorientierung beweist, dass die Veränderungsprozesse im Geschlechterverhältnis im System Erwachsenen- und Weiterbildung angekommen sind. Erwachsenen- und Weiterbildung selbst steuern diese Veränderungen nicht, sie unterstützen aber diejenigen, die überlebte Strukturen konstruktiv in neue Lebensweisen zu transformieren suchen und dafür Wissen, gegebenenfalls qualifikatorische Angebote und reflexive Lebenshilfe benötigen. Erwachsenenbildung eröffnet damit Entwicklungschancen und ist ein Forum zur Artikulation neuer Bedürfnisse *(Wiltrud Gieseke).* Der Umbruch zeigt auch, dass Frauen sich stark genug fühlen, die Geschlechterhierarchien in den verschiedenen gesellschaftlichen Feldern direkt anzugehen, statt sich auf die „Zielgruppe Frauen" und die spezifischen Lebens- oder Krisensituationen von Frauen, die gesellschaftspolitische Analyse der Situation von Frauen und den weiblichen Ungerechtigkeitsdiskurs zurückzuziehen oder zu beschränken.

Der Ausschuss für Geschlecht und Bildung. Ein Gender-Experiment

Dies ist auch der Hintergrund für die DEAE-Politik. Hatte sich der Verband bei der Änderung seiner Satzung 1994 noch Frauenförderung „aufs Panier" geschrieben und als Organisationsziel formuliert, so beschloss die Mitgliederversammlung zwei Jahre später, den Ausschuss für Geschlecht und Bildung mit dem Rahmenthema „Zweigeschlechtlichkeit" einzurichten und zwar auf Antrag und Anregung der ersten Frauenkonferenz der DEAE 1993. Die Frauenkonferenz und die Arbeitsgruppe „Frauenförderung in der DEAE" waren die Handlungszentren und Promotoren für geschlechterpolitische Innovationen in der DEAE.

Die Einsetzung des Ausschusses für Geschlecht und Bildung markiert also einen Perspektivwechsel oder eine Perspektivergänzung. „Es ist die zweigeschlechtliche Perspektive, die – mit analytischem Blick und auf Demokratisierung orientiert – die Mechanismen der Geschlechterhierarchie und die aktiven Prozesse des *Gender-doing* untersucht. Der Begriff *Gender-doing* verweist darauf, dass das hierarchische Geschlechterverhältnis und die festgelegten Geschlechterbeziehungen immer wieder in Interaktionen hergestellt und stabilisiert werden" (Wiltrud Gieseke).

Die DEAE als Dachverband der Evangelischen Erwachsenenbildung und Handlungsträger im bildungspolitischen Bereich verfolgt mit dieser Initiative eine Gestaltungsabsicht; sie ist dem Anspruch der Veränderung der gesellschaftlichen Wirklichkeit und des Geschlechterverhältnisses verpflichtet. Durch ihre Programmpolitik, dadurch, dass sie Ressourcen für das Projekt des Ausschusses zur Verfügung stellt, vertritt sie eine wertorientierte Modernisierungsstrategie. Als kirchlicher Bildungsträger weiß sie sich immer verwiesen auf bzw. gebunden an die biblisch-theologischen und die sozial-ethischen Grundlagen, insbesondere an die Leitvorstellung der Gemeinschaft von Frauen und Männern in der Kirche, die die DEAE in ihren Tutzinger Thesen als Verpflichtung zur Förderung des Dialogs zwischen Frauen und Männern vorstellt, sowie an das Motiv der Geschlechtergerechtigkeit. Die Thesen benutzen das Stichwort „Geschlechterdemokratie" als Leitbegriff.

Bei ihrer Mitgliederversammlung im März 1996 hat die DEAE den Ausschuss für Geschlecht und Bildung eingesetzt und ihm folgenden Auftrag zugeschrieben: *Aus einem exemplarischen Lernprozess heraus sollen An-*

regungen für verschiedene Ebenen der Erwachsenenbildung (Veranstaltungs-praxis, Strukturen, Bildungspolitik) entwickelt werden. Das Arbeitsspektrum umfasst als möglichen Themen:

○ Erfahrungsaustausch, Bestandsaufnahme, Programmanalyse
○ Auseinandersetzung mit verschiedenen Konzepten und Ansätzen der Geschlechtertheorie(n) und der Männer- und Frauenforschung
○ Auseinandersetzung mit Ansätzen und Konzepten der Frauen- und Männerbildung (Ziele, Inhalte, Grenzen)
○ Lernen und Kommunikationsverhalten von Frauen und Männern in der Erwachsenenbildung.
○ Gender-Thematisierung in anderen Bildungsbereichen/Trägerspezifische Konzepte: Politische Bildung, Jugendbildung, Familienbildung, Umwelt- und Gesundheitsbildung, Berufliche Weiterbildung, Management-Trainings, Teambildung
○ Implementierung der Gender-Perspektive in Bildungsangeboten der EEB (z.B. Fernstudium), Überlegungen zu einer geschlechtergerechten Didaktik, Gender-Dimension in der Qualitätssicherung
○ Konsequenzen der Gender-Perspektive für Bildungseinrichtungen (Struktur-, Interaktions- und Programmebene)
○ Bildungspolitik

1. *Zur Arbeitsweise des Ausschusses.* Der Ausschuss trifft sich dreimal im Jahr. Er ist paritätisch besetzt, zu gleichen Teilen mit Frauen und Männern. Diese Besetzung repräsentiert zum einen die schlichte Realität, dass es Menschen nur als Männer und Frauen gibt und dass sie sich immer als Frauen und Männer begegnen. Zum anderen soll in der Parität auch die Geschlechterdynamik für die Ausschussarbeit produktiv und fruchtbar werden. Frauen und Männer sollen „sich einander zumuten", in der Konfrontation, in der Balance von Distanz und Nähe, in den Aushandlungsaufgaben.

Soweit die Intention: In der Praxis ist es schwierig, für die Ausschussarbeit Männer zu finden und Männer zu halten. Sie erwiesen sich z.T. als „unsichere Kantonisten", zeigten Widerstände. Das mag die eher ambivalente Bereitschaft von Männern widerspiegeln, in einem von Frauenseite angestoßenen Projekt mitzuarbeiten. Weiterhin scheint die selbstreflexive, erfahrungsbezogene Arbeitsweise für Männer eher fremd und weniger von Interesse. Insofern wäre ein Festhalten an einer Eins-zu-Eins-Parität dem Einräumen einer Vetoposition für Männer, bzw. einer strukturellen Verankerung von Veränderungsblockaden gleichgekommen.

Der Prozess ist erfahrungsbezogen. Die Frauen und Männer des Ausschusses gehen von ihrer eigenen Betroffenheit aus. Die Biographie, das Berufsfeld und die Berufsposition, die jeweiligen institutionellen und organisatorischen Umwelten und Kulturen sind ebenso Folie für die Arbeit wie der „Prozess", das Geschehen in der Gruppe, die Kommunikation und die Interaktion von Frauen und Männern untereinander und ihr jeweiliger Umgang mit den Themen und Arbeitsaufgaben. Ein Thema wie das des

Geschlechterverhältnisses lässt sich nicht wissenschaftlich-distanziert bearbeiten. Die Einbeziehung der Prozessebene ist ein Qualitätsmerkmal des Bildungsprozesses. Der Arbeitsprozess ist auch ein Experimentierfeld und ein Feld für konzeptionelle Kreativität.

Zusammenfassend kann gesagt werden: Die Arbeitsweise des Ausschusses versteht sich als

- *erfahrungsbezogen.* Basis und Ausgangspunkt für den Lernprozess im Ausschuss sind die Alltags- und Praxiserfahrungen der Ausschussmitglieder.
- *prozessorientiert.* Die Erfahrungen der Ausschussmitglieder in der Auseinandersetzung mit dem Arbeitsthema werden reflektiert, in die Arbeitsplanung einbezogen und für die Theoriebildung genutzt.
- *konfliktorientiert.* Konflikthafte Situationen werden als Ausdruck der Dynamik verstanden, die das Thema in der Arbeitsgruppe transportiert.
- *aufgabenorientiert.* Das jeweils verabredete Arbeitsprogramm hat Verbindlichkeit.
- *zeitintensiv.* Der Zeitraum für die Bearbeitung des Themas ist von der Mitgliederversammlung auf vier Jahre terminiert.
- *balancierend und reflexiv.* Das Spannungsverhältnis zwischen Prozess- und Aufgabenorientierung ist balanciert. In kontrollierter Selbstbeobachtung und „konstruktiver" Selbstverpflichtung wird die Prozessdynamik auf die Aufgabe rückbezogen. Das setzt ein hohes Maß an Präsenz voraus. Eine solche Arbeitsweise läuft auch immer Gefahr, dass ein Agieren die Oberhand gewinnt und die Arbeit gefährdet. Kampf oder Flucht sind hier typische Mechanismen.

Die Referentin definiert ihre Rolle in den Sitzungen als „Moderatorin" und füllt dieses Rollenverständnis als Anwältin des Arbeitsprozesses. In der Außenperspektive ist sie Leiterin des Ausschusses. Weiterhin hat der Ausschuss noch einen Sprecher.

2. *Zugänge und Themen.* Der Ausschuss nähert sich dem Gender-Thema auf den unterschiedlichsten Wegen. Bestimmte Phänomene werden beobachtet und beschrieben, Zusammenhänge besprochen, Feldforschungen werden ebenso zu Rate gezogen wie eigene Erfahrungen und Auseinandersetzungen innerhalb des Ausschusses. Von zentraler Bedeutung ist stets der biographische Zugang. Zum Erkenntnisgewinn tragen auch methodische Elemente wie Rollenspiele, szenische Darstellungen und Inszenierungen, Skulpturenarbeit etc. bei.

Folgende Themen hat der Ausschuss u.a. bereits behandelt: Die eigene Biographie aus der Gender-Perspektive; die Gender-Thematik in der eigenen Organisation; die Rezeption von Ansätzen der Männer-, der Frauenforschung und der Geschlechtertheorien; Analyseinstrumente zum Geschlechterverhältnis; Modelle der geschlechtsspezifischen Bildungsarbeit; Untersuchungen zum Geschlechterverhältnis in der Bildungsarbeit mit Erwachsenen; ein Erkundungsprojekt „Geschlechterthematik in verschiedenen Frankfurter Bildungseinrichtungen"; die Gender-Perspektive in den Curricula von Fortbildungsangeboten in der Evangelischen Erwachsenenbildung; den Ansatz des Gender-Trainings.

3. *Atmosphärisches.* Die Konfliktdynamik im Ausschuss ist zuweilen recht hoch. Konflikte werden auf den verschiedenen Ebenen ausgetragen: Sie machen sich am *Setting* fest. Das Thema Verbindlichkeit, Einhalten von Absprachen und Terminen ist gewissermaßen ein „Dauerbrenner". Sie imponieren in scharfen Konkurrenzen, in Kämpfen um Deutungs- und Definitionsmacht. Eindrücklich ist das Ringen um die Identitätskonzepte und den Eigenstand.

Gleichzeitig bleiben das Interesse aneinander, das Erwarten von etwas „Neuem", die Hoffnung auf vertieftes und besseres Verstehen und ein konstruktives Miteinander zwischen Frauen und Männern tragendes und prozessstützendes Element der Arbeit.

4. *Prozessreflexion.* Es werden zum Ende jeder Sitzung zwei Auswertungsfragen bearbeitet und anonymisiert im Protokoll der Sitzung dokumentiert. Ausgewiesen ist lediglich das Geschlecht. Beschreibung und Auswertung des Prozessverlaufes und des Interaktionsniveaus erfolgen durch die Referentin. Auswertungskriterien sind: Thema/Stand der Themenbearbeitung, Dynamik in der Sitzung, Konfliktintensität, Kooperationsniveau, Veränderungen. Diese Form der *Prozessbegleitung* erweist sich als nur begrenzt zureichend. Im Grunde bedarf diese Arbeitsweise von Zeit zu Zeit, besser noch durchgängig, der Begleitung eines Beobachters/einer Beobachterin mit supervisorischer und gruppenanalytischer Kompetenz.

Bislang hat eine Sitzung mit externer Supervision stattgefunden. Diese Reflexionsebene war für die Gruppe von großer Bedeutung, denn sie ermöglichte, dass die ganze Konflikthaftigkeit und Brisanz der Arbeit „auf den Tisch" kam, dass Widerstände und Verdrängungen bearbeitet werden konnten.

5. *Vorläufiges Fazit.* Das Thema ist von hohen Attraktivität, mit seiner Bearbeitung verbinden sich immense Ansprüche. Es ist hoch „besetzt" und zugleich hoch ambivalent. Es mobilisiert Größenphantasien und transportiert entsprechende Kränkungen und Abwertungen.

Was ist es, was uns, die Gruppe, so fordert? Ist es die Einsicht in die Größe und in die Langfristigkeit des Veränderungsprojektes? Ist es die Erfahrung der Allgegenwart von „Gender-doing" – auch im eigenen Alltag , sind es die strukturellen Grenzen, die einer partnerschaftlicheren Gestaltung der Geschlechterbeziehungen Grenzen setzen?

Die Thematik Geschlecht trägt die Sehnsucht, „ganz" zu sein, im Denken, im Wahrnehmen und im Erleben. Es geht zugleich um Begrenztheit und Endlichkeit. Es gibt zwei Geschlechter. Der eigene Körper hat nur ein Geschlecht. Die Erfahrungen des anderen Geschlechtes bleiben dauerhaft fremd. Dies zu akzeptieren, scheint nicht leicht.

Thema und Arbeitsauftrag des Ausschusses haben etwas „Verführerisches". Eine besondere Attraktivität liegt in der Verbindung von Arbeit und Selbsterfahrung. Hier scheint „Entfremdung" ein Stück weit aufgehoben: Welche Arbeit eröffnet schon solche Erfahrungsräume! Eine besondere Attraktion liegt auch in der Schärfung der Wahrnehmung von Gender-Phänomenen in eigenen Arbeits- und Handlungsfeldern. Das erworbene Reflexionsinstrumentarium erweist sich für die Praxis als außerordentlich produktiv. Der Ausschuss ist auch ein Ort kollegialer Beratung und Intervision in Gender-Dingen.

Die Beurteilung des Ertrags und der Attraktivität von Selbsterfahrung ist allerdings auch geschlechtsdifferent und geschlechtsspezifisch. Für Frauen ist dieser Arbeitsansatz bedeutsamer – und auch vertrauter, so steht zu vermuten. Denn Selbsterfahrungsbezug ist ein prominenter Ansatz der traditionellen Frauenbildungsarbeit. Das legt nahe, identitäts- und persönlichkeitsorientierte Ansätze in der Männerbildung nicht nur als „Nachhut" zu begreifen, sondern als ein notwendiges Entwicklungsstadium und als Sensibilisierungsphase für mehr Gender-Orientierung.

Z.T. wird Selbsterfahrung von Männern auch diskreditiert. Das Gegenargument ist Wissenschaftlichkeit. Es rivalisieren zwei Wissensbegriffe: Erfahrung versus Wissenschaft, die Lebenserfahrung der Frauen versus die theoretische (Re-) Konstruktion der Welt. Dem entspricht die unterschiedliche Bewertung der verschiedenen gesellschaftlichen Bereiche.

Das Thema transportiert einen hohen „Vermachtungsgrad", der auch in der Ausschussarbeit immer wieder brisant aufscheint. Es geht um Definitionsmacht und um deren Durchsetzung. Die gesellschaftlichen Veränderungen bedeuten für Männer einen Machtverlust. Sie nehmen dem Männlichen den Status des Allgemeinen. Männer erfahren das oft als eine Depotenzierung, und Frauen sind herausgefordert, potenter zu werden. Positiv ist, dass diese Konflikte ausgetragen werden, dass Frauen und Männer offen, und nicht verdeckt in Konkurrenz treten.

Ein wichtiger Ertrag war weiterhin die Erfahrung, wie unterschiedlich Frauen und Männer mit Kränkungen umgehen. Männer reagieren eher durch Rückzug und durch Entwertung, Frauen durch „Bemuttern" und Erziehen.

In einer anderen Lesart kann man die Konflikte auch in der Weise deuten, dass beide Geschlechter dem anderen keine allgemeingültigen Aussagen über das Geschlechterverhältnis zubilligen.

Allerdings kostet es viel Energie, das Feld der Spannungen auszuloten und sich darin zu bewegen. Die Auseinandersetzungen produzieren Aufgeregtheiten, auch das Gefühl, aufgefressen zu werden. Das führt zu Erschöpfungen.

Der hohe Anspruch und die begrenzten Ressourcen, die Tatsache, dass es schwierig sein kann, Distanz und Nähe zu balancieren, sind charakteristisch für die Gender-Arbeit.

Das ist sicherlich auch der Grund dafür, dass der Ausschuss eine starke personelle Fluktuation zeigte. Sternstunden aber waren es, wenn die Verschiedenheit von Frauen und Männern anerkannt wurde.

Die Arbeit der Gruppe ist noch nicht abgeschlossen. Eine Evaluation wird die Produktivität dieser Arbeitsform und deren Erkenntnisgewinn für Prozesse der Veränderung der Geschlechterbeziehungen und die Zusammenarbeit von Frauen und Männern in Teams ausloten und Empfehlungen formulieren.

Literatur

Dietzen, Agnes: Soziales Geschlecht. Soziale, kulturelle und symbolische Dimensionen des Gender-Konzepts. Opladen 1993

Gieseke, Wiltrud (Hg.): Feministische Bildung – Frauenbildung. Pfaffenweiler 1993

Gieseke, Wiltrud u.a.: Erwachsenenbildung als Frauenbildung. Bad Heilbrunn 1995

Gieseke, Wiltrud: Geschlechterforschung in erziehungswissenschaftlichen Teildisziplinen. Erwachsenenbildung. In: Barbara Rendtorff/Vera Moser (Hg.): Geschlecht und Geschlechterverhältnisse in der Erziehungswissenschaft. Eine Einführung. Opladen 1999, S. 137–156

Hagemann-White, Carol: Sozialisation: weiblich – männlich? Opladen 1984

Stiegler, Barbara: Frauen im Mainstreaming. Politische Strategien und Theorien zur Geschlechterfrage. Hrsg. von der Friedrich-Ebert-Stiftung. Bonn 1998

Theorien der Geschlechterforschung

1. Geschlechter als kulturelle und soziale Konstrukte

HEIKE SCHLOTTAU/KLAUS WALDMANN

Ohne lange nachzudenken entscheiden Menschen im Alltag, auf der Straße, im Bus, beim Einkaufen, ob ihnen gerade ein Mann oder eine Frau, ein Mädchen oder ein Junge begegnet. Kleidung, Haltung, Gestik, Mimik bieten genug Anhaltspunkte. Die Entscheidung über das Geschlecht des Gegenübers scheint eindeutig und steht im Bruchteil einer Sekunde fest. Sie fällt zwischen zwei Möglichkeiten, es gibt nur entweder weiblich oder männlich.

Die schnelle Unterscheidung ist im Alltag hilfreich und erleichtert die Orientierung und Kommunikation. Dabei hat sie weit reichende Konsequenzen: Menschen richten ihr Verhalten auf je unterschiedliche Weise aus, je nachdem ob sie das Gegenüber für einen Mann oder eine Frau halten – und sie unterstellen ihrem Gegenüber eine Menge Eigenschaften.

Wir alle tun das jeden Tag unzählige Male. Wir ordnen und stabilisieren unsere Welt- und Gesellschaftsbilder, indem wir bekannte Muster wiederholen und bestätigen. Auch schaffen wir auf diese Weise immer wieder neu, was wir eigentlich für gegeben halten. Deshalb fällt es schwer, einer Polizistin wirklich zu trauen, wenn sie eine Schlägerei befrieden will, deshalb staunen einige immer noch, wenn ein Mann bügelt oder ein Baby wickelt.

Dabei wissen wir inzwischen, dass Unterschiede im Verhalten nur vorläufig sind. Manches, was vorzeiten als ungewöhnlich galt, ist selbstverständlich geworden: Viele Männer versorgen alltäglich ihre Kinder, und niemand schaut komisch, wenn ein Mann den Kinderwagen schiebt. Wer heute noch Witze darüber macht, dass Frauen einen Beruf ausüben oder Auto fahren, gilt als hoffnungslos überholt, und so ein Witz ist peinlich. Bilder und Vorstellungen von Geschlecht haben sich gewandelt und dennoch wissen wir, dass sie ebenso wie die sozialen und kulturellen Bewertungen, die damit einher gehen, und die gesellschaftlichen Strukturen, in denen sich diese Bewertungen wiederfinden, hartnäckig sind.

Insbesondere in literarischen Werken oder in Spielfilmen wird die scheinbare Eindeutigkeit von Geschlechterzuordnung aufgestört. Diese Produkte faszinieren und irritieren in ihrem Spiel mit den Geschlechtern. Erinnern Sie sich z.B. an „Orlando" von Virginia Woolf, an den Roman „James Miranda Barry" von Patricia Duncker, an die Filme „Tootsie" von Sydney

Pollack, „Victor/Victoria" von Blake Edwards, „M. Butterfly" von David Cronenberg oder „Boys Don`t Cry" von Kimberly Peirce oder an einige Dramen von Shakespeare? Vielleicht haben Sie hier und da – wenn es nicht Klamauk ist – beim Lesen oder Zuschauen den Schauer der Verunsicherung gespürt, der die üblichen geschlechtsstereotypen Einordnungen fraglich werden lässt.

Alle diese Hinweise zeigen, welche Relevanz die Geschlechtszuordnung u.a. für die alltägliche Wahrnehmung, die Organisation des gesellschaftlichen Zusammenlebens, die Ausbildung der sozialen Strukturen der Gesellschaft, die Verteilung von Macht und Einfluss hat, wie sie sich jedoch vor allem im Hinblick auf die biographischen und alltäglichen Gestaltungsmöglichkeiten der Menschen auswirkt. Andererseits scheint bereits jetzt auf, dass nicht in erster Linie die Geschlechter selbst bestimmen, was sie sind, sondern dass erst die Benennung das aus ihnen macht, was sie scheinen.

Geschlechter werden gemacht

In der feministischen Debatte war von Anfang an bewusst, dass Geschlechter etwas Gemachtes sind. So heißt es z. B. bei *Simone de Beauvoir* in „Das andere Geschlecht": „Man kommt nicht als Frau zur Welt, man wird es".

Wurde diese These anfangs vor allem mit der Analyse der gesellschaftlichen Verhältnisse und den Regeln und Normen des Patriarchats begründet, die – so hieß es – Frauen zu dem werden lassen, als was sie in der gesellschaftlichen Wahrnehmung erscheinen, so erweiterte sich mit der Entwicklung der Debatte und der Geschlechterforschung der Blickwinkel. Im Zuge einer kulturellen Erweiterung des Politischen – wesentlich von den Aktionen der Frauenbewegung vorangetrieben – galt in der Geschlechterforschung das zunehmende Interesse dem Vorgang der alltäglichen „Herstellung" von Geschlecht und seiner Wirkungen für die einzelne Person, für die Verhältnisse zwischen Männern und Frauen und für die politische und soziale Ordnung. Das Interesse an den Fragen: „Wie kommt es zu einer bipolaren Zuordnung der Geschlechter?", „Wie wird diese ausschließliche Einordnung in das System körperlicher Zweigeschlechtlichkeit aufrecht erhalten und immer wieder bestätigt?", „Welche regulativen Normen und Ideen im Hinblick auf die Geschlechter leiten diesen Prozess und dienen als Begründung für die Gestaltung der Geschlechterverhältnisse?", rückte ins Zentrum der Forschung und der Entwicklung von Geschlechtertheorien.

Im Vordergrund steht gegenwärtig die Frage, wie Geschlecht in alltäglichen Interaktionen im Kontext sozialer Strukturen und historisch-kulturell entstandener Normen und Regeln hervorgebracht wird.

Zwei Perspektiven spielen in diesem Zusammenhang eine herausragende Rolle: Einerseits die gesellschaftstheoretische Betrachtung von Geschlecht als grundlegender Kategorie der gesellschaftlichen Strukturierung, durch die soziale Ungleichheiten geschlechterbezogen konstituiert werden, andererseits die Ansicht, Geschlecht werde in sozialen Interaktionen konstruiert.

Die Aufmerksamkeit gilt dabei sowohl dem Prozess der Herausbildung der Geschlechter als auch dem Ergebnis dieses Prozesses. Ein Phänomen als soziale Konstruktion zu verstehen, bedeutet zunächst, seine Entstehungsgeschichte sowie die Regeln und Muster seiner Genese bewusst zu machen. Gleichzeitig hat dieses Verständnis auch die Funktion, eine kritische Haltung gegenüber dem Status quo einzunehmen und zu begreifen, dass das, was ist, nicht unvermeidlich ist. Erschüttert wird die Idee eines gegebenen Zustands. Somit setzt die Erkenntnis von Geschlecht als menschliche Kulturproduktion emanzipatorisches Potenzial frei.

Geschlechterdifferenzen sind nicht schicksalhaft hinzunehmen, sie sind kulturelle Produkte, die reflexiv zugänglich und veränderbar sind. Damit wird die im Alltag immer noch tief verankerte, folgenreiche Überzeugung überwunden, Frauen und Männer seien von Natur aus substanziell verschieden. Demgegenüber ist in der Sozialisationsforschung hinlänglich nachgewiesen, „dass es für die große Mehrzahl der nach herkömmlichen Stereotypen bestehenden Geschlechtsunterschiede weder einen empirischen Beleg noch Hinweise auf biologische Verankerungen gibt." (*Tillmann* 1989, S. 54)

Der Grundgedanke eines solchen *sozial-konstruktivistischen* Verständnisses von Geschlecht lässt sich mit dem aus dem angloamerikanischen Sprachraum stammenden Begriff *Gender* prägnant zum Ausdruck bringen. Der Begriff Gender umfasst sämtliche gesellschaftlich-kulturellen Vorstellungen von Geschlecht, in Abgrenzung zum Begriff *Sex*, der sich auf die physiologischen Erscheinungsformen von Geschlecht bezieht. Gender lässt sich vereinfacht auch als kulturell-gesellschaftliche Interpretation physiologischer Differenzen begreifen.

Allerdings kann auch die Biologie nur bedingt eindeutige Diagnosen liefern, wenn es um die Frage geht, wer „eine Frau" und wer „ein Mann" ist. In der aktuellen Forschung werden männliches und weibliches Geschlecht nicht länger als zwei sich einander ausschließende und entgegengesetzte Kategorien verstanden, sondern vielmehr als ein Kontinuum, das sich auf das Keimdrüsengeschlecht, das Hormongeschlecht, das morphologische und das genetische Geschlecht bezieht. (Vgl. dazu Kerrin Christiansen 1995). Radikal argumentiert z.B. Anne Fausto-Sterling gegen einen Biodeterminismus. Sie argumentiert, dass auch das biologische Geschlecht plastisch sei und Kultur auf den Körper zurückwirke. Die biologische Formung des Körpers gehe der kulturellen nicht voraus, Fausto-Sterling spricht vielmehr vom biokulturellen System, das sich als untrennbare Einheit entwickelt.

Die Differenzierung von Sex und Gender klärt also das Verhältnis zwischen Biologischem und Kulturellem nicht ein für allemal. Sie macht vor allem darauf aufmerksam, dass sich in den Bildern von den Geschlechtern ein Überschuss von Sozialem an das Biologische anhängt.

Ganz unabhängig von der Frage, welche festlegende Wirkung das biologische Geschlecht haben mag, konzentriert sich dieser Artikel auf Theorien, die sich mit *veränderbaren, gestaltbaren Aspekten von Geschlecht* befassen. Der folgende Text stellt Grundgedanken (1.) von *fünf Ansätzen* vor. Sie sind fruchtbare Orientierungshilfen für einen Wandel der Geschlechterverhältnisse hin zu mehr Vielfalt und Freiheit von stereotypen Bildern sowie zu mehr Gerechtigkeit (2.).

Erstens: Dekonstruktion der Kategorie Geschlecht

1. Die dekonstruktivistische Perspektive konzentriert sich kritisch und radikal auf die gesellschaftlichen Prozesse und Mechanismen der Konstruktion von Geschlecht. Sie berücksichtigt neben der Dimension sozialer Interaktion auch den Einfluss der herrschenden Machtverhältnisse sowie ökonomische und rechtliche Elemente des gesellschaftlichen Diskurses für die Herstellung von Geschlecht.

Die bekannteste Vertreterin des Dekonstruktivismus in der Debatte um die Kategorie Geschlecht ist *Judith Butler*; in Deutschland wurden ihre Überlegungen besonders u.a. von *Andrea Maihofer* und *Isabell Lorey* aufgenommen und diskutiert.

Dekonstruktivistische Ansätze zum Verständnis von Geschlecht gehen über die Unterscheidung zwischen Sex und Gender hinaus. Denn während eine solche Differenzierung davon ausgeht, dass es eine biologische, d.h. ahistorische Seinsweise von natürlichem Geschlecht – wie einflussreich oder -arm auch immer – gibt, existiert in dekonstruktivistischer Sicht das natürliche Geschlecht nicht außerhalb des sozialen. Es kann deshalb nicht als Ausgangspunkt, sondern muss als Teil des sozialen Geschlechts verstanden werden.

> Begründet wird diese Sichtweise mit Forschungsergebnissen zur Historizität des Körpers (z.B. *Laqueur*) und mit erkenntnistheoretischen Überlegungen.
> Erkenntnistheoretisch wird argumentiert, dass es zur Wahrheit des Geschlechts jenseits der gesellschaftlichen Praxis keinerlei Zugang gebe. Geschlecht sei nichts Endgültiges jenseits dessen, was wir wahrnehmen, worüber wir sprechen und womit wir umgehen. (*Hohmeyer* 1998, S. 492) Vielmehr werde es erst und immer wieder in gesellschaftlich-kultureller Praxis symbolisch hergestellt. Wo aber über einen wesenhaften Kern von Sex oder von Gender nichts erkannt werden könne, müsse die – konstruierte – Kategorie Geschlecht dekonstruiert werden.

In dieser Perspektive wird die dominante Vorstellung von heterosexueller Zweigeschlechtlichkeit als kulturelles Konstrukt entlarvt – und die Idee einer einheitlichen Identität von Frauen einerseits und Männern andererseits obsolet. Allerdings bedeutet die Entdeckung der fiktiven Geschlechterstereotypen keineswegs, dass Geschlechterunterschiede damit unerheblich würden. Ganz im Gegenteil: Die Wahrnehmung der Vielfalt und Unterschiedlichkeit von Frauen und Männern ist ein zentraler Bestandteil des dekonstruktivistischen Ansatzes.

Nach Butler sind die Individuen in der gesellschaftlichen Praxis durch Macht- und Herrschaftsverhältnisse konstituiert, zugleich konstituieren sie diese wiederum mit. Indem sie handeln und sich äußern – in *performativen Akten*, so die Sprache des Dekonstruktivismus – wiederholen sie die normativen Vorgaben. Allerdings ist dies kein geschlossener Kreislauf. Denn niemand erreicht in der Wiederholung das Ideal. Es gibt nie eine vollkommene Übereinstimmung von Norm und Tat. Die Reinterpretation der Normen versteht Butler daher als Chance zur Erneuerung, als Möglichkeit der Individuen, kreativ tätig zu werden. Ihre dekonstruktivistische Perspektive eröffnet damit zwei Blickrichtungen: Sie erweist die starke Wirkung der vorherrschenden Vorstellungen heterosexueller Zweigeschlechtlichkeit, und sie entlarvt die Fragwürdigkeit dieser Konstruktionen.

Nach der Auffassung von *Andrea Maihofer* greift der Ansatz der Dekonstruktion zu kurz, wenn er nur der Entschleierung dient. Maihofer geht über dekonstruktivistische Ansätze hinaus und spricht von Geschlecht als Existenzweise. Sie erörtert, wie wir als Männer und Frauen existieren, und fragt, wie eine nicht hierarchische Anerkennung von Unterschieden denkbar sei, ohne dabei eine biologistische oder essentialistische Auffassung von Geschlecht zu vertreten, bestehende Geschlechterverhältnisse zu konservieren, die hegemoniale Bedeutung des bürgerlichen Geschlechterdiskurses zu unterschätzen oder Körperlichkeit und Geschlechtlichkeit auf ein Oberflächenphänomen zu reduzieren. (*Maihofer* 1995, S. 16)

Gegen das Konzept der Dekonstruktion wird kritisch eingewendet, vorhandene Differenzen würden zur Sache des einzelnen Individuums gemacht und demgegenüber die sozialen Hintergründe ignoriert. Zudem sei das Konzept apolitisch, weil es keinen Raum für kollektives politisches Handeln vorsehe. Der Dekonstruktivismus bleibt im Hinblick auf politisches Handeln durchaus pragmatisch bei einer erweiterten Identitätspolitik, also der Politik im Namen einer definierten Gruppe, stehen. Allerdings ist diese Gruppe nicht statisch; die Kategorie „Frau" bleibt – ebenso wie andere Kategorien – instabil und regt zu Auseinandersetzungen an. Diese Auseinandersetzungen mögen als Voraussetzungen gelten, um politische Bündnisse und Koalitionen zu schließen. Es geht um eine Politik, die Differenzen nicht unterdrückt, sondern unterstützt und Alternativen zu den vorherrschenden Lebensformen sichtbar macht. (*Lorey* 1996, S. 146ff.)

2. Die radikale Analyse aus dekonstruktivistischer Perspektive führt zu einer historischen und sozialen Konkretisierung der Normen von Sex und Gender. Sie stellt scheinbar Selbstverständliches in Frage und ermutigt dazu, neue Handlungsmuster zu erproben und mit Stereotypen zu spielen. Der Ansatz eröffnet neue Perspektiven, um Geschlecht jenseits traditioneller Muster neu zu leben, und er hilft dabei, die Faktoren zu identifizieren, die diese Möglichkeiten einschränken und behindern. Er kann Orientierungspunkt zur Entwicklung von flexiblen und überraschenden Strategien zur Veränderung der Geschlechterverhältnisse sein. Gender-Trainings können darin bestärken, vielfältige Muster zu erproben.

1. *Ursula Pasero* formuliert ihre sozial-konstruktivistische Sicht von Geschlecht in Anlehnung an die *Systemtheorie*. Der soziale Zwang der Zuordnung zu einem von zwei Geschlechtern ist in allen Gesellschaften außerordentlich hoch. Auf den ersten Blick bereits wird zwischen männlich und weiblich unterschieden, und die Wahrnehmung dieser Differenz ist durch eine hohe Kultur der Zweigeschlechtlichkeit abgesichert. Bis hin zu den Gestirnen sei das Universum binär konstruiert.

Pasero fragt mit *Gregory Bateson*, warum von zahllosen Unterschieden zwischen Menschen gerade die Unterscheidung nach dem Geschlecht eine so folgenreiche gesellschaftliche Ordnung hervorbringt. Warum ist dies „The difference, that makes a difference?" Offenbar erleichtert die soziale Konstruktion einer bipolaren Geschlechterordnung das Zusammenleben und bringt Vorteile für die schnelle Orientierung und einfachere soziale Organisation mit sich. Zudem wird eine soziale Lebensform, nämlich die heterosexuelle Familie, als bestes Arrangement favorisiert.

Kernelement der strikt gehandhabten Zweigeschlechtlichkeit sind stereotype Bilder von Geschlecht, die erst gemeinsam soziale Vollständigkeit ergeben. Dabei gibt die Biologie für eine bipolare Vorstellung von Geschlecht wenig her. So geht die Befestigung der Ordnung weit über biologische Unterschiede hinaus und besteht in sozialen Konventionen. Diese entfalten ihre Wirkung durch Wiederholung.

„Körper und Geschlecht sind nicht einfach authentisch vorhanden, sondern werden vor allem in sozialen Kontakten aktiviert. Die jeweils gültige Form von Körper und Geschlecht wird durch das In-Erscheinung-Treten, durch soziale Interaktion aktiviert. Gewissheiten werden durch die Anwesenheit erneuert. In der Interaktion gibt sich die gesellschaftliche Ordnung also zu erkennen." (*Pasero* 1997, S. 85)

Die komplementären Idealbilder werden von beiden Geschlechtern gestützt und erneuert durch eine entsprechende Aufgabenverteilung. Sie finden ihren Ausdruck z.B. in Paarbildungen, bei denen der Mann größer, älter, reicher und beruflich erfolgreicher ist. Paarbildungen, die diesem Muster folgen, lassen sich in allen gesellschaftlichen Bereichen beobachten, in der Ehe ebenso wie in der Arbeitswelt. Aus der Wiederholung dieser Arrangements kann soziale Ungleichheit immer wieder aktualisiert werden.

Ein Blick auf die gelebte Vielfalt macht allerdings klar, dass Arrangements zwischen Individuen auch ganz anders sein können als im Muster der komplementären Idealbilder von Mann und Frau festgeschrieben. Dies bezeichnet der Ansatz als Kontingenz. Wenn man herausarbeitet, wo und wie sich die stereotypen Bilder ändern, dann lockert das die scheinbar unelastische soziale Konstruktion von Zweigeschlechtlichkeit.

Seit Mitte der 60er Jahre entwickeln sich deutlich neue Lebensmuster; auf unabgesprochene Weise ändern sehr viele Frauen und einige Männer gleichzeitig ihr Verhalten. Die heterosexuelle Familie ist nicht mehr das einzige Lebensmodell, Frauen konkurrieren mit Männern in allen gesellschaftlichen Feldern und das ist gegen das Ideal der Paarbildung von Partnern mit komplementären Eigenschaften gerichtet.

2. Um Geschlechterverhältnisse und den Wandel der Geschlechterverhältnisse richtig zu verstehen und um nachteilige soziale Folgen der Unterscheidung abzubauen, muss der Blick also in zwei Richtungen gehen: Die Wirkungen der sozialen Konstruktion von Zweigeschlechtlichkeit müssen immer wieder analysiert und durch Gleichstellungspolitik kritisiert werden. Gleichzeitig richtet sich der Blick auf Veränderungen, die eintreten oder bereits eingetreten sind, also auf Entwicklungen, die zeigen, dass Geschlecht als Ordnungskategorie weniger wichtig wird und Personen sich stattdessen in ihren Funktionen begegnen. Die Bedeutung des Geschlechts tritt in den Hintergrund, wenn funktionelle Arrangements wichtiger werden, so die Prognose und programmatische Aussage von Pasero. Sie verwirft das Idealbild eines einheitlichen Subjekts als Fiktion und geht von Personen aus, die je nach den gesellschaftlichen Feldern, in denen sie agieren, mit den dort geltenden Normen umgehen und sich in situationsangemessener Weise aufeinander beziehen. Beim Bäcker, sagt Pasero, begegnen sich die handelnden Personen als Kunden und Verkäufer; es sei unangemessen, sogar peinlich, in so einem Kontext auf das Geschlecht Bezug zu nehmen.

Drittens: Männlichkeiten als kulturelle Praxis

Zwei prominente Konzepte der Geschlechterforschung aus männlicher Perspektive basieren ebenfalls auf dem Gedanken der sozialen Konstruktion, beziehen jedoch zusätzlich *sozialstrukturell* orientierte Überlegungen in das eigene Denken mit ein.

1. Der australische Geschlechterforscher *Robert W. Connell* plädiert für die Notwendigkeit einer *Theorie der Praxis*, die weder auf natürlichen Differenzen, Prozessen biologischer Reproduktion noch auf den funktionalen Erfordernissen der Gesellschaft oder den Imperativen sozialer Reproduktion beruht. Eine Theorie der Praxis müsse sich darauf konzentrieren, was Menschen tun, wenn sie gesellschaftliche Beziehungen gestalten. Auf der Basis dieser Überlegungen betrachtet er, wie sich Weiblichkeiten und Männlichkeiten in der jeweiligen Gesellschaft entwickeln. Dabei gewinnt er drei Thesen:

- Geschlechterverhältnisse sind um drei fundamentale Strukturen organisiert: *Arbeit* bzw. Produktion, *Macht* und *emotionale Bindung.*

- Männlichkeit drückt sich immer in bestimmten Vollzügen aus. Sie kann nicht vom *institutionellen Kontext*, der jeweiligen *kulturellen Praxis* und nicht von *Sexualität* abstrahiert werden.

○ In der Gesellschaft existieren um ein *dominantes Modell* von Männlichkeit andere, abgewertete oder ausgegrenzte Konzepte von Männlichkeiten (Softies, Hausmann, Schwule usw.).

In dieser Perspektive wird Männlichkeit nicht nur in Relation zum anderen Geschlecht bestimmt, sondern im Verhältnis der Männer untereinander. Connell beschreibt die doppelte Beziehung von dominanten und untergeordneten Männlichkeiten einerseits, dominanten Männlichkeiten und untergeordneten Weiblichkeiten andererseits als *Konzept einer hegemonialen Männlichkeit*.

Dieses Konzept beruht auf gegenseitiger Akzeptanz: Dominante Männlichkeit gilt als Ideal und als Garant bestehender Strukturen und Verhältnisse in einer geschlechterungleichen Kultur; Weiblichkeiten und untergeordnete Männlichkeiten leben nach Connells Deutung damit im Einverständnis. Diese Einwilligung in die untergeordnete Position ist für Connell durch Ideologien oder kulturelle Deutungsmuster erzeugt. Die wesentliche „symbolische Stütze" (*Meuser* 1998, S. 99) hegemonialer Männlichkeit ist die These von der physiologischen Begründung der Geschlechterdifferenzen, denn eine „Naturalisierung der Ungleichheitsordnung entzieht diese dem legitimen Feld politischer Auseinandersetzungen" (ebd.).

Männlichkeiten werden im Konzept der hegemonialen Männlichkeit nicht als eine Eigenschaft einer Person, eines Individuums begriffen, „sondern als in sozialer Interaktion – zwischen Männern und Frauen und von Männern untereinander – (re)produzierte und in Institutionen verfestigte Handlungspraxis" (vgl. *Connell* 1995). In Bezug zum Weiblichen sind allerdings alle Männlichkeiten durch ein unausgesprochenes geschlechtsbezogenes Überlegenheitsgefühl verbunden.

In aktuelleren Arbeiten zeigt Connell auf, dass die Formen hegemonialer Männlichkeit durch gesellschaftliche Entwicklungen stark herausgefordert sind. Der wirtschaftliche Wandel führe dazu, dass die materielle Existenz einer Familie immer seltener durch nur einen Ernährer gesichert werden kann. Die Bildungs- und Erwerbsbeteiligungen der Frauen habe enorm zugenommen, zudem hätten sich die Lebensformen verändert, es gebe deutlich mehr Alleinerziehende.

2. Für Connell ist es entscheidend, die *Vielfalt von Männlichkeiten* in einer Kultur anzuerkennen. Er bezieht sich auf Untersuchungen aus dem Bereich der *cultural studies* und erläutert, wie jede Kultur vielfältige Muster von Männlichkeiten hervorbringt. In diesem Zusammenhang ist es dann interessant, welche dieser Männlichkeiten dominant und welche Männlichkeitsmuster marginalisiert werden. Er verweist darauf, dass auch innerhalb der jeweiligen Muster von Männlichkeit Inkonsistenzen und Widersprüche bestehen. Für Erziehung und Bildung sei es daher wichtig, anzuerkennen, dass es viele Wege zu unterschiedlichen Männlichkeiten gibt. Ebenso gebe es nicht eine „richtige" Form von Familie oder Lebensweise. Die Entwick-

lung von Männlichkeit ist nach seiner Einschätzung dann auf eine gute Weise möglich, wenn Jungen vielfältige Beziehungen zu älteren Personen beiderlei Geschlechts erfahren, die unterschiedliche Muster leben und repräsentieren. Dabei wird Männlichkeit in allen Lebensaltern gelernt, besonders intensiv dann, wenn der Junge oder der Mann sich in einen neuen Kontext begibt, sei es durch Schulwechsel, Arbeitsplatzwechsel, das Ende oder den Anfang einer Partnerschaft oder andere lebensgeschichtliche Veränderungen.

Die Dekonstruktion des sozialen Geschlechts führt auf dem skizzierten Weg nicht dazu, einzelne Bestandteile zu eliminieren, vielmehr geht es darum, sie neu zu kombinieren. Gleichheit der Geschlechter bedeutet dann weder Einheitlichkeit, noch führt sie zwangsläufig dazu, dass Elemente der bisherigen weiblichen oder männlichen Kultur verloren gehen. Vermeintlich geschlechtsspezifische Eigenschaften finden sich in der Realität sowohl bei Männern als auch bei Frauen, und so wäre es gut und praktisch, Eigenschaften zu mischen, die symbolisch eigentlich dem einen oder anderen Geschlecht zugeordnet werden. (Auch ein Bodybuilder kann im Kindergarten arbeiten ...)

„Worauf wir uns zubewegen, ist in der Tat *seltsam und gut*, und deshalb zwangsläufig eine Quelle der Sehnsucht und zugleich der Angst" (*Connell* 1999, S. 257).

Viertens: Geschlecht als Bewerkstelligung und Statusinvestment

1. Im Anschluss an Ergebnisse von men studies aus dem angloamerikanischen Raum und insbesondere im Horizont der Forschungsarbeiten von Connell entwickelt der Konstanzer Soziologe *Joachim Kersten* seinen *sozialstrukturell begründeten Ansatz zur Analyse von Männlichkeiten*. Er zeigt, wie über gesellschaftlich-kulturelle Mechanismen die Selbstpräsentationen von Geschlecht konstituiert werden. Dabei interessiert er sich insbesondere für die so genannten *„gefährlichen Männlichkeiten"*, für die jungen Männer, die aus der Perspektive des Leitbildes einer hegemonialen Männlichkeit als abweichend, als gefährlich, vielleicht sogar als überholt wahrgenommen werden.

Kersten geht von drei zentralen – ehemals unbestritten – „männlichen" Domänen aus:

- der *Nachwuchssicherung* und der Sicherung des „kulturellen Nachwuchses"
- der Kontrolle des Nahraums, d.h. *Schutz* gegen äußere Feinde und Beschützen der Gemeinschaft
- Sicherstellung der *Versorgung* des sozialen Nahraums und der Gemeinschaft.

Diese „Domänen von Männlichkeit" bringen nach Kerstens Ansicht die jeweils vorherrschenden Leitbilder für die *Bewerkstelligung von Geschlecht* hervor. Sie besitzen aufgrund ihrer historisch gewachsenen Verwurzelung ein enormes Beharrungsvermögen.

In einem zweiten Schritt jedoch lässt sich mit Kersten beobachten, dass soziale Umbrüche selbst derart verfestigte Leitbilder zu unterminieren vermögen. Der Wandel der Industriegesellschaft zur Dienstleistungsgesellschaft, beispielsweise, verringere in dramatischem Ausmaß die Bedeutung physischer Männerarbeit. Gleichzeitig führe die verstärkte Erwerbsbeteiligung der Frauen dazu, dass sich die männliche Domäne des Ernährers auflöse. Und sogar im militärischen Bereich – eine der letzten Bastionen dominanter Männlichkeit – werde u.a. durch Veränderungen in der Waffentechnologie die Vormachtstellung des Mannes obsolet. Kersten entwickelt eine Typologie, in der er aufzeigt, in welch unterschiedlichen Varianten Jungen gegenwärtig die in den drei Domänen von Männlichkeit implizierten Herausforderungen bewältigen.

> In einer Analyse der Inszenierungen gefährlicher Männlichkeiten in Subkulturen und in den Medien veranschaulicht Kersten seine Typologien.
>
> Die Charaktere im Film „Dirty Harry" etwa, die Polizisten in amerikanischen Krimis, die Hauptpersonen in populären Arztserien oder die neuerdings wieder sehr beliebten Boxstars verkörpern alltagskulturell wirksame Männlichkeitsleitbilder. In diesen Figuren und Konstellationen wird ein sich wechselseitig bestätigendes Zusammenspiel zwischen hegemonialen und subordinierten sowie zwischen konventionellen und abweichenden Männlichkeiten sichtbar.
>
> Kersten kann in seinen Untersuchungen zeigen, dass die Bewerkstelligung von Geschlecht sich in Abhängigkeit vom Zugang zu materiellen, sozialen und kulturellen Ressourcen in unterschiedlichen Ausdrucksformen realisiert. Gleichzeitig betont er: „Die Bewerkstelligung von Geschlecht im öffentlichen Raum (...) aber auch im privaten Raum von Partnerbeziehungen ist kein freiwillig gewähltes Spiel, sondern eine (...) oft verzweifelte Inszenierung von Selbstwert als Zugehörigkeit zu richtiger Männlichkeit und Weiblichkeit." (Kersten 1999, S. 86)

2. Diese Überlegungen ermöglichen es, die gewaltförmigen Verhaltensmuster männlicher Jugendlicher als Teil des *doing gender* zu begreifen, als hilflose, jedoch gleichzeitig brutale und rücksichtslose Versuche der Bewerkstelligung von Geschlecht. Männliche Gewalt wird als kollektives Reaktionsmuster, als „Verteidigungs- und Abwehrkämpfe gegen die materielle und ideelle Erosion" des eigenen Geschlechterstatus erkennbar. Hier liegt eine zentrale Herausforderung für Jugendarbeit bzw. die Konzipierung von Gender-Trainings.

> Die drei von Kersten im Anschluss an Gilmore eingeführten Domänen der Männlichkeit dürfen nicht naturalistisch oder essentialistisch missverstanden werden, sie sind vielmehr als historisch-kulturelle Produkte zu verstehen, die identitätsstabilisierende Funktion haben. Fraglich ist, ob diese Funktionen für die Gemeinschaft wirklich so eindeutig mit Männlichkeit verknüpft sind oder ob sie in dieser

allgemeinen Formulierung zumindest zum Teil nicht auch auf Funktionen der Weiblichkeit zutreffen. Der funktionalistische Ansatz trägt weiterhin das Problem in sich, dass eine grundsätzliche Überschreitung dieser funktionalistisch bestimmten Domänen nicht möglich erscheint, lediglich die Ausgestaltung dieser Funktionen könne in der Bewerkstelligung der Männlichkeit variieren. Der Ansatz von Kersten verdeutlicht jedoch, dass die Bestimmung der Leitbilder von Männlichkeit oder allgemein der Geschlechter und die Struktur der Geschlechterverhältnisse in Wechselwirkung mit gesellschaftlichen Strukturen und Machtverhältnissen zu betrachten ist. Männlichkeiten sind in ihren vielfältigen Formen in den Blick zu nehmen und als sozial konstituiert zu begreifen.

Fünftens: Geschlechterverhältnis als gesellschaftlicher Strukturzusammenhang

1. Zentrales Anliegen dieses Ansatzes ist eine *gesellschaftstheoretische Betrachtung des Geschlechterverhältnisses*. Es geht um die Frage, ob „bestimmte Organisationsprinzipien im Geschlechterverhältnis über diesen Herrschaftszusammenhang hinaus zur Aufrechterhaltung gesellschaftlicher Machtstrukturen bei(tragen)" (*Becker-Schmidt/Knapp* 1995, S. 9). Im Mittelpunkt der Betrachtungen steht also nicht eine einzelne Person und ihr Verständnis von Geschlecht, auch nicht die Kategorie Geschlecht selbst, vielmehr nehmen die Autor*innen* eine gesellschaftsanalytische Perspektive ein und erläutern, in welcher Weise die Unterscheidung zwischen zwei – bipolar verstandenen – Geschlechtern gesellschaftliche Strukturen prägt.

Sie gehen von folgenden Beobachtungen aus: Die Gesellschaft ist in verschiedene Sphären aufgeteilt, die nicht gleichwertig nebeneinander stehen, sondern hierarchisch gegliedert sind. Diese Gliederung spiegelt sich in der Hierarchie der Geschlechter wider. So ist die Sphäre der Erwerbsarbeit gesellschaftlich Männern zugeordnet, die Sphäre der Haus und Familienarbeit den Frauen. Erwerbsarbeit ist gesellschaftlich höher bewertet als Hausarbeit und gilt somit als die dominante Sphäre. Andere gesellschaftliche Bereiche sind korrespondierend gegliedert, der Dualismus findet sich auch in der Trennung zwischen Öffentlichkeit und Privatheit, die jeweils männlich bzw. weiblich konnotiert sind. Auch dort, wo Frauen erwerbstätig sind, findet sich die Diskriminierung in der Abwertung typischer Frauenberufe, die schlechter honoriert und weniger geschützt sind.

Die Autor*innen* interpretieren ihre Beobachtungen wie folgt: Die Integration von Frauen in die Gesellschaft vollzieht sich über Abgrenzung und Abwertung. Hierfür ist einerseits eben der geschilderte Dualismus mit seiner hierarchischen Qualifizierung verantwortlich zu machen, andererseits auch – und gerade heute – die *doppelte Vergesellschaftung* der Frau; d.h. die Frau muss eine Doppelrolle ausfüllen, indem sie zum einen für die Haus- und Familienarbeit verantwortlich ist und zugleich an den marktvermittelten gesellschaftlichen Bereichen wie Erwerbsarbeit teilhat. „Da geschlechtliche Hierarchisierungen alle sozialen Bereiche durchziehen, erfahren Frauen

sowohl im privaten wie im öffentlichen Bereich Diskriminierungen....
'Geschlecht' ist daher eine Strukturkategorie im Sinne eines Schichtungs-
kriteriums, das soziale Ungleichheit anzeigt" (Becker-Schmidt/Knapp 1995,
S. 11).

> Auch wenn Frauen unterschiedlich sind, so trifft die sexistische Bewertung von
> Tätigkeitsfeldern doch *alle* Frauen als *Genusgruppe*, als soziale Gruppe. Eigen-
> schaften oder Wesensmerkmale individueller Frauen werden ignoriert. Die Ent-
> wertung ist ein gesellschaftlicher Prozess. Die Gemeinsamkeit der Frauen besteht
> in der gesellschaftlichen Entwertung der weiblichen Sphären. Die Unterscheidung
> nach Geschlecht sei, so schließen die Autor*innen*, das vorherrschende gesell-
> schaftliche Strukturmerkmal, andere Unterschiede, z.B. kulturelle, ethnische oder
> Unterschiede der sozialen Klassen hätten demgegenüber nachgeordnete Bedeu-
> tung. Die Entwertung von Frauen ziehe sich quer durch alle Klassen, Ethnien und
> Kulturen.

2. Politisch will diese Position der Unterdrückung und Minderbewertung
von Frauen entgegenwirken, der Ansatz hat denn auch die Frauenförder-
und Gleichstellungspolitik theoretisch begründet. Ziel ist die Herstellung
von Gleichheit durch eine Anti-Diskriminierungspolitik und durch die Veränderung der Strukturen von Arbeits- und Machtverteilung. Dort, wo die
Widersprüche strukturell deutlich werden, soll politisch interveniert werden.
   Ein Gender-Training in diesem Sinne müsste hierarchische gesellschaftliche Vorstellungen bewusst machen und die Bereitschaft für politisches
Handeln mit dem Ziel der Gleichstellung von Männern und Frauen qua Veränderung gesellschaftlicher Strukturen wecken.

Wege aus dem Gehäuse bipolarer Zweigeschlechtlichkeit

Die skizzierten Ansätze liefern die Grundlagen, Geschlechter als diskursiv-
interaktive, historisch sich wandelnde, gesellschaftlich-kulturelle Konstruktionen zu begreifen.
   Im Hinblick auf die Gestaltung von Gender-Trainings führt diese
Erkenntnis zu einer aspektreichen Erweiterung von Zielvorstellungen. Es
kann nicht länger lediglich um die Förderung und Unterstützung weiblicher
oder männlicher Identitätsbildung, um die Auflockerung und Annäherung
von Geschlechterstereotypen und um eine positive Besetzung des Weiblichen und der abgespaltenen und unterdrückten Anteile des Männlichen
gehen. Denn alle diese Formulierungen transportieren die scheinbare
Gewissheit mit sich, dass es *das* Weibliche und *das* Männliche doch irgendwie gibt. Und sie betrachten die bipolare heterosexuelle Zweigeschlechtlichkeit unverändert als Norm und Ideal und leisten kaum einen Beitrag dazu,
die mit diesem Normalisierungskonzept implizit verbundenen Ausgren-
zungs- und Diskriminierungsmechanismen zu überwinden.
   Angesichts der alltäglichen Selbstverständlichkeit geschlechtsspezifischer Wahrnehmungen und der Hegemonie einer Kultur der Zweige-

schlechtlichkeit als Ordnungsfaktor mögen diese Überlegungen irritieren und verunsichern. Irritation und Verunsicherung haben jedoch auch befreiende Funktion. Sie eröffnen den Blick dafür, dass die biographisch unausweichliche Annahme des Geschlechtlichen nicht so verlaufen muss, wie die Kultur einer bipolaren heterosexuellen Zweigeschlechtlichkeit sie hervorbringt.

Die Ausgestaltung des Geschlechtlichen kann prinzipiell offener, vielfältiger, variantenreicher, experimenteller und damit vielleicht weniger ausgrenzend und weniger diskriminierend gestaltet werden. So ein Prozess mündet in eine gelebte Vielfalt von Lebens- und Existenzweisen; individuelle Unterschiedlichkeiten können in der Gesellschaft respektvoll gelebt werden. Biologische Differenzen lösen sich von Lebensmustern ab, und die Kategorien von Mann und Frau als Grundlagen sozialer Ordnung werden überwunden.

Es könnte in einem positiven Sinne zu einer „Dethematisierung von Geschlecht" (vgl. *Pasero* 1995) kommen. Damit wäre die Geschlechterfrage nicht aus der Welt geschaffen, aber die Chancen zu einer anderen Gestaltung der Geschlechterverhältnisse und der Geschlechter würden sich erhöhen. Mit dieser Perspektive ist nicht die Utopie einer geschlechtslosen Gesellschaft verbunden, sondern die Vorstellung einer Gesellschaft, in der die Geschlechter in ihrer Vielfalt, in ihren Differenzen und in ihren unterschiedlichen Existenzweisen anerkannt und respektiert sind.

Die Anerkennung von Vielfalt und Unterschiedlichkeit darf allerdings nicht vorschnell zum Modell für die Überwindung von Unterdrückung, Diskriminierung und Ungerechtigkeit stilisiert werden. Die positive Bewertung von Differenzen darf nicht als „Samthandschuh auf der eisernen Faust der Herrschaft" (vgl. *MacKinnon* 1996) missverstanden und dazu missbraucht werden, ungerechte Verhältnisse zu rechtfertigen. Doch die Voraussetzung dafür, alle als Gleiche zu behandeln, ist ein sensibler Blick auf Differenzen und Partikularitäten. Es geht darum, die Möglichkeit zu sichern, gleich und anders sein zu können, ohne dass das Benachteiligungen nach sich zieht. Um die Vision einer Vielgeschlechtlichkeit leben zu können, bedarf es der Herstellung gerechter Verhältnisse, einer Gerechtigkeit für die Geschlechter, die wechselseitige Anerkennung und Respekt sichert.

Gender-Trainings können den Blick für Strukturen und Mechanismen schärfen, zur Reflexion der eigenen Bilder von Weiblichkeiten und Männlichkeiten anregen sowie Mut machen und Handlungsmöglichkeiten für eine gerechtere und vielfältigere Gestaltung der Geschlechterverhältnisse eröffnen.

Literatur

Beauvoir, Simone de: Das andere Geschlecht. Sitte und Sexus der Frau. Reinbek bei Hamburg 1968

Becker-Schmidt, Regina; Gudrun-Axeli Knapp (Hg.): Das Geschlechterverhältnis als Gegenstand der Sozialwissenschaften. Frankfurt am Main; New York 1995

Butler, Judith: Das Unbehagen der Geschlechter. Frankfurt am Main 1991

Christiansen, Kerrin: Biologische Grundlagen der Geschlechterdifferenz. In: Ursula Pasero; Friederike Braun (Hg.): Konstruktion von Geschlecht. Pfaffenweiler 1995, S. 13–28

Connell, Robert W.: Der gemachte Mann. Konstruktion und Krise von Männlichkeiten. Opladen 1999

Fausto-Sterling, Anne: Sexing the Body. Gender Politics and the Construction of Sexuality. Basic Books 1999

Gerhard, Ute: Die 'langen Wellen' der Frauenbewegung – Traditionslinien und unerledigte Anliegen. In: Becker-Schmidt, Regina; Gudrun-Axeli Knapp (Hg.) (1995): Das Geschlechterverhältnis als Gegenstand der Sozialwissenschaften. Frankfurt am Main; New York 1995, S.247–278

Goffman, Erving: Interaktion und Geschlecht. Frankfurt am Main, New York 1994

Hagemann-White, Carol: Die Konstrukteure des Geschlechts auf frischer Tat ertappen? Methodische Konsequenzen einer theoretischen Einsicht. In: Feministische Studien, 11.Jg, Heft 2/1993, S. 68–78

Hohmeyer, Christine: Politik der Autonomie. Feministische Theorie und Praxis jenseits von Differenz und Gleichheit. In: Leviathan, 26.Jg., Heft 4/1998, S. 482–496

Kersten, Joachim: Risiken und Nebenwirkungen. Zur gesellschaftlichen Konstruktion von Männlichkeiten. In: Scarbath, Horst; Schlottau, Heike; Straub, Veronika; Waldmann, Klaus (Hrsg.): Geschlechter. Zur Kritik und Neubestimmung geschlechterbezogener Sozialisation und Bildung. Opladen 1999, S. 77– 86

Laqueur, Thomas: Auf den Leib geschrieben: Die Inszenierung der Geschlechter. Frankfurt am Main, New York 1992

Lorey, Isabell: Immer Ärger mit dem Subjekt. Theoretische und politische Konsequenzen eines juridischen Machtmodells: Judith Butler. Tübingen 1996

Maihofer, Andrea: Geschlecht als Existenzweise. Frankfurt am Main 1995

Meuser, Michael: Geschlecht und Männlickeit. Soziologische Theorie und kulturelle Deutungsmuster. Opladen 1998

Mühlen Achs, Gitta: Geschlecht bewußt gemacht. Körpersprachliche Inszenierungen. München 1998

Pasero, Ursula: Geschlechterforschung revisited: Konstruktivistische und systemtheoretische Perspektiven. In: Theresa Wobbe; Gesa Lindemann: Denkachsen. Zur theoretischen und institutionellen Rede vom Geschlecht. Frankfurt am Main 1994, S.264–296

Pasero, Ursula; Friederike Braun (Hg.): Konstruktion von Geschlecht. Pfaffenweiler 1995

Pasero, Ursula: Wird das Geschlecht weniger wichtig? In: Heike Schlottau (Hrsg.): Frauenpolitik: eine Idee am Ende? Bad Segeberg 1997, S. 78–90

Scarbath, Horst; Schlottau, Heike; Straub, Veronika; Waldmann, Klaus (Hrsg.): Geschlechter. Zur Kritik und Neubestimmung geschlechterbezogener Sozialisation und Bildung. Opladen 1999

Stiegler, Barbara: Frauen im Mainstreaming. Politische Strategien und Theorien zur Geschlechterfrage. Expertisen zur Frauenforschung der Friedrich Ebert Stiftung. Bonn 1998

Tillmann, Klaus-Jürgen: Sozialisationstheorien. Reinbek bei Hamburg 1989

Wolde, Anja: Vom Nutzen einer Theorie des Geschlechterverhältnisses für Gleichstellungspolitik. In: Heike Schlottau (Hrsg.): Frauenpolitik – Eine Idee am Ende? Bad Segeberg 1997. S. 26–42

2. Wie werden Frauen sozialisiert?

Tiefenpsychologische Studien in weiblicher Perspektive

CHRISTIANE BURBACH

Das Anliegen tiefenpsychologisch orientierter Entwicklungspsychologie ist es, auf der Basis von Behandlungen und Analysen Erfahrungen von Personwerdung auf die Spur zu kommen. Geht es dabei speziell um Frauen, so geraten die von *Sigmund Freud* dargestellten Theorien über Weiblichkeit auf den Prüfstand – und werden Zug um Zug fragwürdig. Denn, aus weiblicher Perspektive betrachtet, fehlt es ihnen an Authentizität. Da entwirft ein Mann aus seiner Perspektive seine Vorstellung von der Frau – das Erleben der Frau selbst bleibt unberücksichtigt. Heute verwenden Psychologinnen zwar ihrerseits Freudsche Ansätze und Terminologie, beschreiben damit jedoch weibliche Entwicklung aus weiblicher Sicht. Dabei suchen sie Wege aus der männerdominierten Familie und Gesellschaft.

Einige der neuen Theorien sollen im Folgenden exemplarisch dargestellt (1.) und ihr Erklärungswert für Probleme der Zusammenarbeit zwischen Frauen und Männern beleuchtet werden (2.).

Das Erbe der Mütter

1. Die Soziologin und Psychoanalytikerin *Nancy Chodorow* betont die Bedeutung der Mutter als erster Bezugsperson für die Tochter. N. Chodorow geht davon aus, dass die entscheidenden Phasen der Personwerdung die präödipale und ödipale Phase sowie die Phase der Adoleszenz sind. Das „klassische" nordeuropäische und nordamerikanische Familienmuster – die Mutter versorgt Kinder und Haushalt, der Vater geht außerhalb des Hauses einer Erwerbstätigkeit nach – bringt es mit sich, dass Kinder in diesen Prägephasen nahezu ausschließlich die Mutter als primäres Objekt der Zuwendung und Versorgung erleben. Im Unterschied nun zu den Jungen brauchen Mädchen ihr frühes Identifikationsobjekt in der ödipalen Phase

nicht aufzugeben. Zur Mutterbeziehung tritt vielmehr die Vaterbeziehung hinzu. Jungen hingegen müssen im ödipalen Konflikt die Mutteridentifikation aufgeben, um sich mit dem Vater zu identifizieren.

In der ödipalen Phase erleben Mädchen beide Eltern sowohl als Liebesobjekte als auch als Rivalen. Dadurch lernen sie früh komplexe Beziehungen kennen. Überdies genießen sie die Kontinuität der Mutterbeziehung, die ihnen lebenslänglich Rückhalt und Sicherheit gewährt. Die Jungen hingegen müssen sich von der engen Bindung an die Mutter abgrenzen und empfinden den Vater zugleich als Vorbild und als Rivalen. Ihre Beziehungsstrukturen sind durch Trennung, Verleugnung und Desidentifikation gegenüber dem anderen Geschlecht gekennzeichnet. Die Vateridentifikation ist von starker Energie, bleibt jedoch blass.

Andererseits bewirkt die Identifikation der Mutter mit der Tochter als der Ähnlichen, als dem Menschen gleichen Geschlechts, bei dieser leicht eine narzisstische Tönung ihres Selbstwertgefühls; sie begreift sich als Erweiterung der Mutter. Dann kann die Mutter-Tochter-Konstellation zu Abgrenzungsschwierigkeiten führen; die Vorstellung, gewissermaßen die Erweiterung der Mutter zu sein, ruft ein unrealistisch aufgeblähtes Selbstbewusstsein hervor. Dieses übersteigerte Selbstbewusstsein paart sich jedoch mit einer latenten Selbstabwertung, wenn sich das Mädchen durch seine Identifikation mit der Mutter auch die Erfahrungen ihrer Identifikationsfigur mit gesellschaftlich bedingter Abwertung des Weiblichen zu Eigen macht. Für Mädchen könnte der Vater eine wichtige Bedeutung zur Herausbildung und Formung ihrer Weiblichkeit haben. Da der Vater jedoch in zu geringem Maße präsent ist, geschieht dies nicht in gewünschtem Maße.

Mädchen lernen Weiblichkeit durch die Identifikation mit konkreten Personen und in einer affektiven Beziehung zu diesen. Jungen hingegen lernen Männlichkeit, aufgrund der Abwesenheit des Vaters, durch die Identifikation mit kulturellen Vorstellungen von Männlichkeit und in Leugnung konkreter Beziehungen.

2. Diese genannten Differenzen zwischen der Sozialisation von Frauen und Männern können zur Erklärung von Unterschieden in der Beziehungsaufnahme und in der Gestaltung von beruflichen und privaten Beziehungen herangezogen werden. Für unseren Zusammenhang, der die beruflichen Beziehungen beleuchtet, ist es interessant, wie die Mutter-Tochter-Beziehung die Kooperation zwischen jüngeren und älteren Frauen beeinflussen kann: Im besten Fall bewirkt die positive Bedeutung der Mutter für Töchter, dass die Zusammenarbeit zwischen Frauen besonders gut gelingt und das Selbstbewusstsein stärkt, dass ein innerer Zusammenhalt entsteht, der Solidarität, Sympathie und ein Klima der gegenseitigen Förderung und Dankbarkeit unter den Frauen aktiviert. (Burbach 1993; 1999) Als negative Seite dieser Konstellation kann eine Atmosphäre – der eventuell auch unausgesprochenen – gegenseitigen Erwartung von Ähnlichkeit des Denkens und Handelns entstehen, die die Kooperation behindert. Hier entsteht dann eine

Schein-Harmonie, die Differenzen und Auseinandersetzungen nicht zulässt. Weiterentwicklungen Einzelner, aber auch der Gemeinschaft sind dadurch behindert oder gefährdet. Die an sich positive Mutter-Tochter-Beziehung wirkt sich negativ aus, wenn ein solches „Frauennetzwerk" es einer einzelnen Frau nicht erlaubt, aus der Reihe der „Gleichen" auszuscheren und etwa eine Führungsposition einzunehmen. Dies ist der so genannte Krebskorbeffekt des sich gegenseitig Festhaltens; da kommt dann keine nach oben.

In der männlichen Sozialisation führt das Bemühen und die Notwendigkeit der Abgrenzung des Jungen von der Mutter leicht zu einer allgemeinen Abwertung des Weiblichen; in Arbeitsbeziehungen stellt dies einen wichtigen Baustein der patriarchalen Dominanzkultur dar. Dort, wo Frauen Leitungspositionen inne haben, bereitet so ein Sozialisationsmuster große Probleme. Männer vermissen in ihrem Erleben ein männliches Gegengewicht zur „mächtigen Mutter" und empfinden die Chefin als abweisend, streng, ehrgeizig und kalt, auch wenn sie, aus anderer Perspektive betrachtet, keineswegs diesem Bild entspricht.

Die generelle Abwertung der Frau und die generelle Höherschätzung des Mannes lassen Leistungen von Frauen in Männern gleichwertiger oder höherrangiger Position als geringer erscheinen und – umgekehrt – die von Männern als größer. Es gehört ein sehr hoher Grad an Wahrnehmungsfähigkeit und Reflexivität dazu, diese generalisierende Ungleichbewertung zu überwinden.

Der Schatten der Mutter

1. Aus einer ähnlichen Perspektive beschäftigt sich *Christiane Olivier* vor allem mit den Defiziten, die die – gemäß der traditionellen Rollenverteilung – häufige Abwesenheit der Väter bei gleichzeitiger Allgegenwart der Mutter mit sich bringt.

Dem Mädchen, so meint die französische Analytikerin, fehle in der Betreuung durch die Mutter der libidinöse Beigeschmack ihrer Zuwendung. Während Jungen „mit der Muttermilch" gewissermaßen „einsaugten", dass sie als Zugehörige des anderen Geschlechts begehrenswert sind, erzeugt das Nicht-Begehrt-Werden durch die Mutter in den Töchtern ein Gefühl von Leere. Diese Leere freilich könnte der Vater mit seinem „angemessenes Begehren bekundenden Blick" füllen; durch seine mangelnde Präsenz wird dieser Blick jedoch als so rar und kostbar empfunden, dass die Töchter sich lebenslang danach sehnen und von ihm abhängig sind. Der ungenügende, weil ohne Libido entstandene weibliche Narzissmus – so Olivier weiter –, bewirkt, dass die Frau äußeren Normen übergroße Wichtigkeit beimisst, bei Nichterfüllung dieser Normen Schuldgefühle entwickelt, ein sehr ernsthaftes und zwingendes Über-Ich und einen Hang zur Perfektion ausbildet.

Mädchen erleben Anerkennung als begehrenswertes Objekt erst in der Pubertät, und zwar parallel zu ihrer körperlichen Veränderung. Dann aber geschieht laut Olivier die Konfrontation mit dem Begehrtwerden in bestürzender Heftigkeit. Da die Anerkennung, zum „anderen Geschlecht zu gehören" und begehrenswert zu sein, nicht schon in der frühkindlichen Phase erlebt und sublimiert worden ist, tritt die Sexualisierung des Körpers in Konkurrenz zur Anerkennung der inneren Werte und geistigen Fähigkeiten der Frauen. So gelingt es den Frauen schwer, die Vorzüge ihres Körpers und ihres Geistes zusammen zu sehen.

Die späte Sexualisierung weiblicher Körper teilt die weibliche Biographie in eine „unschuldige" und eine „erweckte" Phase ein, wobei in der zweiten Phase die Schlüsselrolle in der Regel Männern zufällt, während die erste Phase im Rückblick als große Leere, als „weiße Wüste" erlebt wird. Im Hinblick auf die Bedeutung des Körperlichen und Sexuellen findet – metaphorisch ausgedrückt – ein Wechsel von der Wüste zur Überschwemmung statt. Die geistigen Potenziale der Frau verschwinden in der öffentlichen Wahrnehmung hinter ihrem Aussehen. Häufig wird der weibliche Körper dadurch als fremdbestimmt erlebt.

Für Jungen hingegen bedeutet der „Schatten der Mutter", wie Olivier sich ausdrückt (d.h., deutlicher gesagt, das Fehlen des Vaters in der Kinderbetreuung und -erziehung), dass sie sich abgrenzen müssen, um ihre eigene Identität zu finden und auszubilden. Die Allgegenwart der Mutter, ihrer Einfühlung, ihrer Kommunikationsfreudigkeit werden als Kontrollphänomene empfunden. Männer sind auf der Flucht vor dem Einfluss der Mütter. Der Geschlechtsakt mit einer Frau bedeutet nach Oliviers Deutungsmodell, sich als Mann bewiesen und die Mutter besiegt zu haben. In der ödipalen Phase und Adoleszenz werde zunehmend eine Frauenverachtung herausgebildet, die die Jungen oder jungen Männer vor der scheinbaren Übermacht der Mütter und vor Depotenzierung schützt. Diese Abwehrstrategie ist die Kehrseite männlicher Dominanzansprüche. Die männliche Dominanz rettet somit davor, der Frau Eigenständigkeit und Eigenwilligkeit zuzugestehen. Das Erziehungsmonopol der Frauen, das ein Netz um die kleinen Jungen spinnt, verkehrt sich im Heranwachsen der Söhne in ein Netz, in dem später Frauen gefangen und „festgesetzt" werden.

Besonders ungünstig wirkt sich nach Oliviers Beobachtung die exklusive Erziehungsarbeit der Mütter im Hinblick auf die Söhne in der Sauberkeitserziehung aus. Dieser Punkt in der Erziehung ist besonders schambesetzt; hier erfahren die meisten kleinen Jungen schwere Kränkungen. Die als demütigend empfundene Erfahrung, vom anderen Geschlecht zur Sauberkeit erzogen worden zu sein, produziert aber den unbewussten Wunsch, möglichst nie wieder einer Frau gehorchen, sich von ihr kontrollieren lassen oder ihr etwas von sich abgeben zu müssen.

2. Es liegt auf der Hand, dass eine solche Deutung der Sozialisation von Jungen und Mädchen sich dazu eignet, Konflikte in der Kooperation zwischen den Geschlechtern zu erklären.

Unsicherheiten, geringes Selbstwertgefühl und leicht zu erzeugende Schuldgefühle verringern für Frauen die Chancen beruflichen Erfolges. Diese spezifischen „weichen Stellen" machen Frauen angreifbar und bewirken, dass sie Kritik auf sich beziehen, dass sie leichter zu zermürben sind, dass man ihnen übel mitspielen kann.

Die Erfahrung der „weiße Wüste" der Mädchenzeit, die die Mutter nicht ausfüllen konnte, verstellt u.U. die Wahrnehmung von Sympathien und Solidarisierungsmöglichkeiten mit anderen Frauen. Die Hoffnung auf den anerkennenden Blick durch Männer oder gar Vorgesetzte kann dazu führen, dass Frauen die patriarchale Dominanz bestätigen und so zu Komplizinnen der Männerdominanz werden.

Umgekehrt kann die erotisch-sexuelle Anerkennung einer Frau die Entfaltung ihrer geistigen und intellektuellen Potenz und Kompetenz hemmen, etwa gemäß der ebenso dummen wie unausrottbaren Floskel aller „Machos": „Zerbrich dir nicht dein hübsches Köpfchen..."

Es ist vor diesem Hintergrund denkbar, dass Frauen leitende Positionen verwehrt werden, weil Männer, bewusst oder unbewusst, weibliche Kontrolle fürchten. Oder Frauen in leitenden Positionen erleben, dass ihre Kompetenzen auf Misstrauen und Verweigerung stoßen. Wenn sie aber nachgeben und auf Kontrolle und Leitung verzichten, genügen sie nicht den Anforderungen ihres Amtes und disqualifizieren sich auf diese Weise selbst.

Die Fesseln der Liebe

1. Die amerikanische Analytikerin *Jessica Benjamin* konzentriert sich bei ihren Untersuchungen auf Einflüsse in der frühkindlichen Phase, die zur Entstehung *komplementärer Geschlechterverhältnisse* führen. Dabei fragt sie vor allem danach, wie Identifikation und Individuation mit der Rollenverteilung in erotisch-sexuellen Beziehungen zusammenhängen.

Auch in Benjamins Deutungsmodell ist es die Identifikation mit der Mutter als der primären und auch exklusiven Bezugsperson für Töchter und Söhne, die das Herausbilden der Geschlechterrollen in folgenreicher Weise beeinflusst.

Aus der Sicht der Amerikanerin ist der Beginn der Mutter-Kind-Beziehung durch gegenseitige Anerkennung gekennzeichnet. Die Interaktionen zwischen Mutter und Säugling halten im günstigen Fall die Balance zwischen Zuwendung und Distanz, so dass weder überfordernde Nähe noch ein Mangel an Zuwendung entstehen. Das Kind entwickelt überdies eine Art identifikatorische Liebe zu seiner Mutter.

Die Phase der Bewusstwerdung der Geschlechterdifferenz und der damit für männliche Kinder verbundenen Notwendigkeit, die Identifikation mit der Mutter aufzugeben, stellt einen tiefen Einschnitt im Hinblick auf die gegenseitige Anerkennung dar. Nicht umsonst spricht man von einer „zweiten Geburt" der Männer. Die Desidentifikation führt nach Benjamin zur

Rücknahme der Anerkennung der Mutter als selbstständigem Subjekt. In solch „falscher Differenzierung" entsteht das männliche Bild von der Frau als Nur-Natur, als Mittel zum Zweck. In ihrer erotischen Dominanz wird es Männern möglich, die Andersartigkeit der Mutter abzuwehren, das Weibliche unter Kontrolle zu behalten und sich des weiblichen Körpers zu bedienen. Bei Jungen muss man freilich diese Einstellung als illusionäre Umkehr der Machtverhältnisse betrachten; im Hinblick auf Männer ist es die patriarchalische Dominanzattitüde *par excellence.*

In der Mädchensozialisation hingegen bewirkt die Identifikation mit der Mutter nach Benjamins Darstellung, dass sich die jungen Frauen die gesellschaftliche Rolle des Objektseins, die Frauen in männerdominierten Verhältnissen zugeschrieben wird, zu Eigen machten. Damit geraten sie in Komplementarität zu den Männern; die Rollen ergänzen sich nun auf der Basis der Frau-Mann-Polarisierung: Die Frau fungiert als Objekt männlichen Begehrens, der Mann als Subjekt seines Begehrens. Benjamins Fazit lautet hier: Die Identifikation mit der sich aufopfernden Mutter sozialisiert Mädchen in die Haltung mangelnder Subjektivität und Unterwürfigkeit hinein, zu hingebungsvoller, idealisierender und selbstverleugnender Liebe zum Mann.

Auf der anderen Seite beleuchtet Benjamin die Bedeutung des Vaters für Mädchen. Er bekommt seine große Chance in der Wiederannäherungsphase, d.h. etwa im Alter von 20 Monaten. In diesem Alter entdeckt das Kind seinen eigenen Willen und sehnt sich nach Anerkennung dieses Willens, seines Begehrens und seines Tuns. Der Vater – als derjenige, der in der Regel nicht die Kindererziehung und -pflege übernimmt, sondern kommt und geht und so im Unterschied zur Mutter die Welt draußen repräsentiert – ist nun von besonderem Interesse. Die erregenden, wilderen Spiele des Vaters erscheinen dem abenteuerlustigen Kind als attraktiv und treten neben die tröstend-haltenden Spiele der Mutter.

In dieses Alter fällt die Ablösung des Kindes von der Mutter, die über die Identifikation mit dem Vater geleistet wird. Hier wird es für die Gender-Forscherin problematisch: Der Sohn kann sich in dieser Phase umstandslos mit dem Vater identifizieren, nicht jedoch die Tochter. Einerseits ist sie sich selbst der Geschlechterdifferenz bewusst, andererseits betont aber auch der Vater das Anderssein der Töchter. Er erkennt – und anerkennt – in seiner Tochter ein heranwachsendes Sexualobjekt, nicht aber primär die Person, die nach Individuation und Initiative strebt. Hier ist nach Benjamin bereits die latente Gefahr angelegt, dass weibliche Kinder depressive Symptome entwickeln. Mädchen müssen in der Ablösung von der Mutter scheitern, wenn ihr Versuch, sich mit dem Vater zu identifizieren, allzu deutlich abgewehrt wird. Die Hilflosigkeit dieser frühkindlichen Suchphase, die bei Jungen durch die Vateridentifikation abgefedert werden kann, bleibt für die Mädchen unaufgefangen, ungelöst. Übrig bleibt lebenslänglich die Sehnsucht nach einem Vater, der das Autonomiestreben der Tochter unterstützt, der den Wunsch des präödipalen Mädchens, so mächtig wie der Vater selbst zu sein, unterstützt und anerkennt. Dies kann sich in einem Hang zu idealisierender Liebe äußern, mit deren Hilfe Frauen hoffen, doch noch die Anerkennung ihrer Autonomie und Subjektivität zu erreichen. Dieser Sehnsucht jedoch nachzugeben, bedeutet Selbsterniedrigung in Kauf zu nehmen, d.h. sich dem Willen, dem Urteil und den Machtansprüchen eines anderen unterzuordnen. Das Fehlen bzw. Verfehlen des Vaters in der Sozialisation der Mädchen hat für diese so gesehen eine nachhaltig negative Wirkung: Es fesselt Frauen an den nicht erlebten mächtigen – und ermächtigenden! – Vater.

Es gäbe eine Lösung des Dilemmas komplementär-polarisierender Geschlechterverhältnisse: In dem Maße, wie Mutter und Vater ihre Rollen in der Familie sprengten und mischten, indem etwa Kinder von ihrer Mutter auch Distanz und Anregung, von ihrem Vater auch Nähe, alltägliche Präsenz und Fürsorge erfahren könnten, würden standardisierte Rollenverteilungen und Verhaltensmuster nicht mehr entwickelt und nicht mehr tradiert.

2. Für die berufliche Zusammenarbeit zwischen Männern und Frauen haben auch Benjamins Analysen einigen Erklärungswert:

Die in der Kindheit entwickelte Attitüde der erotischen Dominanz hindert Männer von vornherein daran, Frauen ernst zu nehmen, und zwar vollkommen unabhängig davon, ob diese kompetent sind oder nicht, ob sie sich in über-, gleich- oder untergeordneter Position befinden. Das männliche Überlegenheitsgefühl tritt dabei in unterschiedlichsten Variationen auf, als Gönnerhaftigkeit oder Herablassung, in Gestalt von Unterforderung oder im Hintertreiben von Vorhaben der Mitarbeiterinnen oder Chefinnen, in fürsorglicher Belagerung, im Ausnützen von Frauen, in offener Demontage oder Feindschaft.

Auf der Seite der Frauen hilft Benjamins Theorie bei der Deutung von Phänomenen der Abhängigkeit von männlichen Urteilen und männlicher Anerkennung. Diese kann sich z.B. in der Konkurrenz zwischen Frauen äußern, die so ausgetragen wird, dass Männer entscheiden (sollen), wer Recht hat; sie kann sich in Unterwürfigkeit unter männliche Wertmaßstäbe äußern oder in dem Bestreben, es besonders den Männern recht zu machen. (Burbach 1993; 1,1999; 2,1999) Im Hintergrund steht jeweils der Versuch der Frauen, durch die Macht der Männer an die Macht zu kommen. Dies ist ein besonders tragischer Mechanismus, weil das Scheitern vorprogrammiert ist. Diese Ausweglosigkeit wird aber meistens nicht erkannt, sondern nach jedem Misserfolg wird mit neuen und perfekteren Mitteln ein neuer Vorstoß unternommen, der natürlich wiederum ins Leere gehen muss.

Einem ähnlichen Phänomen ist aus sozial- und verhaltenspsychologischer Perspektive die Sozialwissenschaftlerin *Nicky Marone* auf der Spur. Sie spricht von *Erlernter Hilflosigkeit* als einem Syndrom von Überzeugungen, Gefühlen und Verhaltensweisen.

Hilflosigkeit erlernen Frauen z.B. durch das Verhalten ihrer Väter, wenn diese die Töchter weniger frustrierenden Aufgaben aussetzen als die Söhne und wenn sie sie vorzeitig aus unangenehmen Situationen retten. Eben dies beschreibt Marone als den Kern *Erlernter Hilflosigkeit*: Aus unangenehmen Situationen gerettet und erlöst werden zu wollen, statt sich selbst zu helfen. *Erlernte Hilflosigkeit* äußert sich in negativen Erklärungsmustern, im Aufrechterhalten des Status quo durch mangelnde Initiative und Zögern, durch Schuldzuschreibungen, verminderte Anstrengungen und mangelnde strategische Planung. Die *Erlernte Hilflosigkeit* kann jedoch überwunden werden: Durch die Überwindung der Angst vor Risiken, des defizitären Selbstkonzeptes und durch bewältigungsorientiertes Handeln.

Zur Er-Mächtigung von Frauen haben beispielsweise die Mailänderinnen das Affidamento-Konzept entwickelt, das durch Vernetzung untereinander und Partnerschaft zwischen älteren und jüngeren Frauen zu Freiheit, Autorität, Anerkennung und Power verhilft.

Frauenbilder in den Augen der Männer

1. *Christa Rohde-Dachser* legt eine umfassende Kritik der patriarchalisch orientierten Psychoanalyse vor. Für unseren Zusammenhang ist es von besonderem Interesse, mit welcher analytischen Theorie sie ihrerseits die Asymmetrie zwischen dem Weiblichen und dem Männlichen zu erklären versucht.

Das patriarchale Geschlechterverhältnis mit seinen geschlechtsspezifischen Rollenzuweisungen ist, so Rohde-Dachser, durch unbewusste Phantasien inszeniert, die sich auf Erfahrungen der Vergangenheit beziehen. Das heißt: Ein Mann, der sich patriarchal verhält, „erfindet" diese Rolle nicht in Reaktion auf eine aktuelle Situation, sondern er greift u. U. auf sie zurück aus seinem Repertoire an Erinnerungen. Dies geschieht unbewusst; Rohde-Dachser spricht von dem *Vergangenheitsunbewussten*, das mit seinen Gefühlen und Affekten zu gegenwärtiger Inszenierung drängt und so eine *Wahrnehmungsidentität* herstellt, die zwar in der Gegenwart spielt, aber in Wahrheit mit vergangenen Konflikten beschäftigt ist. Diese *Wahrnehmungsidentität* legt sich wie eine Folie zwischen die aktuellen Kommunikationspartnerinnen und wirkt wie ein Filter, durch den die ursprüngliche Person nicht mehr zu erkennen ist. Reagiert wird auf die Folie und deren archaische Problemkonstellationen, nicht jedoch auf die Person, die sich hinter der Folie um Verständnis bemüht.

Da auch in der modernen Gesellschaft die männliche Perspektive vorherrscht, werden, erklärt Rohde-Dachser weiter, vorwiegend männliche Sozialisationsschicksale aktualisiert und inszeniert. Diese androzentrische Perspektive bewirkt, dass Frauen kaum Chancen haben, realistisch, d.h. ohne Verzerrung durch die männliche Wahrnehmungsidentität, gesehen zu werden.

Frauen werden im Patriarchat also lediglich als Ergänzung des Männlichen erlebt. Aus dieser Warte ist das Weibliche nicht als Selbstständiges definiert, sondern in Abhängigkeit von der männlichen Perspektive: *Weiblich ist alles Nicht-männliche.* Es gehört zur unbewussten Strategie der Männer, das Weibliche so zu fixieren, dass davon keine Gefahr für das Männliche ausgeht.

Wenn Rohde-Dachser dem *Vergangenheitsunbewussten* der Männer auf den Grund geht, das sie für die Geschlechterungerechtigkeit der Gegenwart verantwortlich macht, stößt sie – wie *Olivier* oder *Benjamin* – auf die Problematik der allein für die Erziehung verantwortlichen und deshalb übermächtig erlebten Mutter. Der Heilungsprozess müsste daher auch nach ihrer Einschätzung mit einer Neuorientierung in der innerfamiliären Aufgabenverteilung einsetzen.

2. Auch hier sei auf dem Hintergrund der skizzierten Deutungsversuche ein kritischer Blick auf die aktuellen Probleme männlich-weiblicher Kooperation am Arbeitsplatz angefügt:

Frauen geben an, sie fühlten sich nach einem Klischee beurteilt oder in ein Wahrnehmungsschema gepresst, von dem sie selbst überzeugt sind, dass es mit ihnen nichts zu tun hat. Umgekehrt erklären Männer, Frauen in Leitungspositionen kämen ihnen vor wie „Übermütter". Sie inszenieren Konflikte, die unbewusste vergangene Konstellationen wiederaufleben lassen. Auch Frauen können in ihren Chefinnen und Vorgesetzen Frauen erkennen, die ihren Müttern ähneln, zu denen sie nicht die angemessene Distanz, das angemessene Verhältnis finden können, sondern Erwartungen erfüllt sehen möchten, die sie seit ihrer Kindheit nicht erfüllt bekamen.

Die Entdeckung der Wahrnehmungsidentität und ihres männlichen Ursprungs ist der erste Schritt zur Aufarbeitung solcher Konflikte des Vergangenheitsunbewussten – und damit auf dem Weg zu unverstellterer Gegenwartswahrnehmung.

Das Erbe der Väter

1. Welche Folgen problematische Vaterbeziehungen für Töchter haben können, darauf setzt die Jung'sche Analytikerin *Linda Leonard* den Fokus ihrer Betrachtung. Aufgrund von tiefenpsychologischen Therapien mit verschiedenen Frauen stellt sie zwei Grundmuster einschränkender weiblicher Persönlichkeitsbildung dar, die auf den ungünstigen Einfluss von Vätern zurückzuführen sind. Da ist auf der einen Seite der Typus des *ewigen Mädchens* und auf der anderen Seite das Muster der *geharnischten Amazone*. Beide Typen könnten allerdings auch – in unterschiedlicher Akzentuierung – als zwei Seiten einer Person erscheinen. Gemeinsam ist beiden Grundmustern, dass ihnen die Mitte fehlt, die eigenständige Vitalität; eben diese aber kann sich nur entwickeln, wenn – in Ergänzung und Korrektur des mütterlichen Modells – ein zuverlässig präsenter Vater der Tochter durch sein

zugewandtes Interesse die grundsätzliche Anerkennung der Frau und des Weiblichen vermittelt.

Als geharnischte *Amazonen* bezeichnet Leonard diejenigen Frauen, die sich als streng, perfektionistisch, unnachgiebig, scharf, leistungsorientiert, kämpferisch und kontrollierend darstellen. Sie sind tüchtig und finanziell unabhängig. Sie haben eine quasi *maskuline Identität* erworben, haben jedoch keine natürliche, lebendige Schutzhülle. Stattdessen tragen sie einen Verhaltenspanzer, der sie gegen den Schmerz des Verlassenseins schützt und ihnen hilft, sich beruflich zu entwickeln und öffentlich tätig zu sein.

> Leonard kennt die *geharnischte Amazone* in mehreren Variationen. Da ist bei-
> spielsweise der Typus des *Superstars* (aus der „Untergruppe" der *Workaholics*),
> der ein tief verwurzeltes Gefühl der Sinnlosigkeit durch übersteigerte Leistungen
> zu überdecken sucht. Weibliche Superstars müssen häufig die Leistungen erbrin-
> gen, die ihre Väter nicht erbracht haben. Da ist ferner die *pflichtbewusste Tochter*,
> tüchtig in Beruf und Privatleben. Sie hat seit frühester Jugend ihre Gefühle und
> Leidenschaften unterdrücken müssen und dabei verlernt, kreativ zu sein und sich
> und die anderen Menschen zu lieben. Auch die *Märtyrerin* trägt den Amazonen-
> panzer. Charakteristisch ist in ihrem Fall ein hohes Maß an Selbstverleugnung im
> Dienst an anderen. Die *Kriegerkönigin* schließlich führt das Leben eines Mannes.
> Sie ist voller Konkurrenzgeist und kämpft zäh – eine Prägung, die auf mangelnde
> Anerkennung des Weiblichen durch den Vater zurückgeht; eine solche *Amazone*
> lebt mit der Vorstellung, er habe sich statt der Tochter einen Sohn gewünscht.

Vom *ewigen Mädchen* spricht Leonard, wenn eine Frau unabhängig von ihrem Alter stets die abhängige Tochter ihres Vaters bleibt. Sie hat die Unselbstständigkeit, die er auf sie projiziert hat, verinnerlicht und schließ-lich ihre Stärke und die Verantwortung für ihre Identität an andere abgetre-ten. So ein *ewiges Mädchen* hat Schwierigkeiten mit der Disziplin, leidet unter einem Mangel an Geborgenheitsgefühl, Sicherheit und Vertrauen; sie ist passiv und Ich-schwach.

> Als sich selbst entfremdetes *Püppchen*, als zerbrechliches und dem Leben ent-
> rücktes *Mädchen aus Glas*, als Grenzen und Ordnung nicht respektierende *Donna
> Juana* oder als *Außenseiterin*, die zum Opfer wird, kommt sie nicht zum Zuge,
> nicht zum Leben, sondern verharrt in der Verzweiflung der Schwachheit.

Die *geharnischte Amazone* hat nach Leonard in der Regel ein *ewiges Mäd-chen* zum Schatten und umgekehrt, so dass hinter der starken Fassade eine Form der Schwäche und Nicht-Selbstbestimmtheit verborgen ist bzw. hinter der schwachen Fassade ein Traum von Macht geträumt wird. So vermutet die Analytikerin hinter manchem Superstars eine latente Außenseiterin, in manch pflichtbewusster Tochter eine draufgängerische Donna Juana...

Amazonen und *ewige Mädchen* haben Väter, vertritt Leonard, die ent-weder selbst ewige Jungen geblieben und in ihrer Unzuverlässigkeit in ihrer Familie nicht genügend emotional präsent gewesen sind. Oder es handelt sich um strenge, distanzierte, Gehorsam, Pflichtgefühl und Vernunft for-dernde, dominante, verbitterte, verbrauchte und zynische Männer, die es nicht fertig brachten, die Intellektualität, Professionalität und Spiritualität ihrer Töchter anzuerkennen und zu fördern.

2. Es sind aber nicht nur Väter, die solche Deformationen fördern. Auch in Arbeitsbeziehungen, in denen das Weibliche und das Männliche nicht in angemessener Weise repräsentiert und geachtet ist, können solche Rollenmuster auftreten und zu schwierigen Verwicklungen und Arbeitsstörungen führen. Kreativ, zielorientiert und ohne große Reibungsverluste nach innen kann dort gearbeitet werden, wo beide Geschlechter repräsentiert sind, wo beide Geschlechter mit ihren Stärken hervortreten können, wo die Vitalität und Kreativität beider Geschlechter geachtet wird. Bei Missgunst und mangelnder Anerkennung der weiblichen Kreativität entstehen auf Seiten der Frauen Verhärtung, Kampfgeist, Rebellion und Männerverachtung. Oder es entsteht eine weibliche Angepasstheit, die das kreative Gegenüber vermissen lässt.

Schluss

Deutungsmodelle für die Asymmetrie der Geschlechter, wie sie die Tiefenpsychologie und die Entwicklungspsychologie bereit stellen, führen nicht auf direktem Weg zu besserer Partnerschaft. Sie machen aber bewusst, dass gegenwärtige Konflikte ihre tief verwurzelte Geschichte im Unterbewusstsein des Einzelnen und seiner persönlich und gesellschaftlich geprägten Wahrnehmung seines Geschlechts haben. Diese Wurzeln behutsam freizulegen und sie dann möglicherweise in eine gedeihlichere Erde zu pflanzen, braucht es Zeit, Geduld und eines heilsamen Miteinanders. Dies ist es, was Gendertrainings versuchen – und heute auch bereits geleistet haben.

Literatur

Benjamin, Jessica: Die Fesseln der Liebe. Psychoanalyse, Feminismus und das Problem der Macht, Frankfurt a.M. 1992.

Burbach, Christiane: Frauenkonkurrenz und Frauensolidarität, WzM 45. Jg./1993, S. 352ff.

Dies.: Konflikte von Frauen in kirchlichen Leitungspositionen. Beobachtungen und Erklärungsversuche, WzM 51.Jg., 1999, S. 3–17.

Dies.: Frauen in Leitungspositionen, Lernort Gemeinde, 2/1999, S. 26–29.

Chodorow, Nancy: Das Erbe der Mütter. Psychoanalyse und Soziologie der Geschlechter, 3. Aufl. München 1990.

Leonard, Linda: Töchter und Väter. Heilung und Chancen einer verletzten Beziehung, München 1985.

Marone, Nicky: Erlernte Hilflosigkeit überwinden, Frankfurt a.M., 1994.

Olivier, Christiane: Jokastes Kinder. Die Psyche der Frau im Schatten der Mutter, München 1989.

Dies.: F wie Frau. Analyse und Sexualität, Düsseldorf/Wien/New York 1991.

Rohde-Dachser, Christa: Expedition in den dunklen Kontinent. Weiblichkeit im Diskurs der Psychoanalyse, Berlin/Heidelberg 1991.

Wie weibliche Freiheit entsteht. Eine neue politische Praxis. (Liberia delle donne di Milano), aus dem Italienischen von Traudel Sattler. Mit einem Vorwort von Claudia Bernadoni, 3. Aufl. Berlin 1991.

3. Konstrukt „Männlichkeit" – Probleme der Jungensozialisation

BERND DRÄGESTEIN

Gedanken zum Thema

Männlichkeit als soziale Strukturkategorie wird endlich diskutierbar! Langsam, aber stetig kümmern sich verschiedene Disziplinen um mehr Wissen und Aufklärung. Männlichkeit galt lange Zeit als Mythos und Naturgesetz, dem sich vieles – gewollt oder ungewollt – unterzuordnen hatte. Mit der Analyse und Debatte der sozialen Geschlechterkategorien, die wir im Übrigen den engagierten und kritischen Frauen der vergangenen dreißig Jahre mit verdanken, beginnt ein Versuch, *gelebte Maskulinität* konkreter zu erfassen und zu analysieren. Die Geschwindigkeit, mit der dieser neue Erkundungsprozess läuft, ist eher mit dem Tempo einer Schnecke zu vergleichen. Das hat mit vielen Faktoren zu tun, einer der bedeutendsten sind die Männer selbst.

Männer haben es seit Generationen versäumt (außer in einer bestimmten Szene der 20er Jahre) ihre Bilder von sozialer Männlichkeit zu reflektieren: Preis und Gewinn, Wunsch und Wirklichkeit haben Männer weder mit Frauen noch unter Geschlechtsgenossen debattiert. Die Männer machen dies mit sich selbst ab, es ist, wie es ist. Jeder für sich!

Seit etwa fünfzehn Jahren reißt der Diskussionsfaden zum Thema Männlichkeit in der (Fach-)Öffentlichkeit nicht mehr ab: erst die emanzipierten Schwulen, dann die Entdeckung der sozialpädagogischen Jungenarbeit (als Reflex auf die Mädchenarbeit) und nun – seit einigen Jahren – eine kritische Männerbewegung. Zahlenmäßig hat der Deutsche Fußballbund sicherlich mehr männliche Mitglieder, doch die Kontinuität und das Engagement der letzten Jahre lassen hoffen, dass der Erkundungs- und Gestaltungsprozess in Sachen Männlichkeit immer zahlreichere Interessent*innen* und Mitstreiter*innen* findet.

Wir leben in einer Epoche, in der die traditionellen Werte von Weiblichkeit und Männlichkeit zunehmend hinterfragt werden bzw. nicht mehr greifen. Die männlich dominierte Ressource „Arbeit" wird für Männer weniger und anders bewirtschaftet, Fortpflanzungs- und Informationstechnologien öffnen neue Türen, die Menschen werden älter und älter, Biographien formen sich zunehmend zu Patchwork-Systemen, Individualität und Mobilität kommen ausgeprägter zum Ausdruck, usw. An diesen veränderten Normen und Werten kommt auch die traditionelle gelebte Kultur der Zweigeschlechtlichkeit nicht vorbei.

Die Konsequenzen berühren die stereotypen Leitbilder, füllen sich mit Reibungsenergien und rufen nach konkreter Diskussion und Veränderung. Aber wie kann dieser Ruf aufgenommen werden, wenn es nicht zum männlichen Habitus gehört, sich unter Seinesgleichen über sein Rollenverhalten oder dessen Veränderung auszutauschen?

Nun, seitdem sich u.a. die sozialpädagogisch-reflektierte Jungenarbeit mehr und mehr zum Standard in der Kinder- und Jugendarbeit etabliert, setzen sich Männer aus diesen Bereichen in Aus- und Fortbildungen mit dem Thema „Männlichkeit" auseinander. Sie erarbeiten sich ein professionelles *Know-how*, reflektieren ihr eigenes *doing gender* und diskutieren und visionieren mögliche Männlichkeitsbilder. Sie arbeiten an ihren geschlechtsspezifischen Haltungen und ihren Beziehungen zu den Jungen. Um es vorwegzunehmen: Es gibt und es gab nicht „die" Männlichkeit! Männer üben Männlichkeit nicht alle gleich aus. Es existiert aber eine Schnittmenge, ein statistischer Hauptstrom, der diese Strukturkategorie ausbildet.

Standortbestimmung und Visionierung rund um die Strukturkategorie „Männlichkeit" sind aus meiner Sicht unerlässlich, um sich den sozialen Faktoren, die zur Bildung und Ausprägung von Rollenidentität gehören, zu nähern. Hierzu gehört die Wahrnehmung und Einschätzung der männlichen Sozialisation. Eine geschlechterdifferente biographische Sicht erhöht die Aufmerksamkeit sowie die Sensibilität für die Gender-Thematik. Das Gewahrwerden geschlechtsspezifischer Eigenheiten und Zusammenhänge reflektiert das eigene Erleben und beeinflusst die persönliche Positionierung und verhilft somit zu mehr Sicherheit – auch im Geschlechterdialog.

Jahrelange Erfahrungen aus Gender-Seminaren unterstreichen diese Einschätzung. Aus den Rückmeldungen der Teilnehmerinnen und Teilnehmer wird immer wieder deutlich, dass nach geschlechtshomogen Arbeitsschritten Inhalte und Klima im Gruppenprozess einen anderen – konstruktiveren – Verlauf nahmen. Neue Blickwinkel eröffnen sich!

Im Folgenden soll dieser Diskurs in schriftlicher Form (Teil 2) für diesen Beitrag aufgenommen bzw. angeregt werden. Er ist Teil einer bereits veröffentlichten Werkschau zur Jungenarbeit des Verfassers mit dem Titel „Von Kraftprotzen, Kronprinzen und Sozialisationsagenten" aus dem Jahre 1998. Auftraggeber waren das bayerische Staatsministerium für Arbeit, Frauen und Soziales – Leitstelle zur Gleichstellung von Frauen und Männern – sowie das Münchner Informationszentrum für Männer e.V..

An dieser Stelle ist es für das weitere Verständnis und Vorgehen notwendig, den Begriff *Männlichkeit* klarer zu profilieren.

Männlichkeit im Sinne des statistischen Hauptstroms meint eine gesellschaftliche Position, die im Vergleich zu Frauen und Mädchen Macht und Ansehen verspricht. Diese Struktur nennt sich *Patriarchat* und basiert auf *Sexismus*. Männer haben immer noch die Macht in unserem Gesellschaftssystem und besetzen zentrale Schlüsselpositionen (wie z.B. in den Bereichen Politik, Kirche, Gewerkschaften, Wirtschaft). Erben wachsen nach, solange sich den Söhnen die patriarchale Männlichkeit als Vorbild darstellt.

Bestimmte *Eigenschaften* werden benötigt, um dem Männlichkeitsideal zu genügen. Man(n) muss sich klar und deutlich vom „Weibischen" abgrenzen: Gefühle von Schwäche, Schmerz, Traurigkeit und Nachgiebigkeit sind zu unterdrücken, stattdessen ist mit Leistung, Kampf, Konkurrenz und Ausdauer männliche Überlegenheit zu demonstrieren.

Als Gewinn winken Herrschaft, Karriere und Ansehen. Männer lernen früh, ihren Selbstwert über Erfolg zu bestimmen („Schneller, höher, weiter!"). Sie definieren sich über das, *was* sie sind, und nicht *wie* sie sind. Unsere Gesellschaft und insbesondere staatliche Systeme funktionieren nach diesen männlichen Rollenmustern. Angst- und Schwächegefühle müssen unterdrückt werden bzw. im Rahmen von Ohnmachtsvermeidung mit gewalttätigen und rigiden Mitteln neutralisiert und bekämpft werden.

All diese Anstrengungen haben auch ihre Schattenseiten:

◎ Die Kontrolle des Gefühlslebens schluckt ein hohes Energiepotenzial und engt ein

◎ Die Angst vor Nähe und Intimität beeinträchtigt die Beziehungen zu Männern und Frauen

◎ Gewinnen kann nur einer; es gibt immer mehr Verlierer.

Die Männer heute befinden sich zunehmend in einer *Identitätskrise*. Das patriarchalische Rollenbild überzeugt nicht mehr, die ansteigende Zahl von bewussten Trennungen, initiiert durch Frauen, sowie deren verbesserter Zugang zu finanzieller und wirtschaftlicher Eigenständigkeit stellen es täglich in Frage. Wenn aber Macht und Männlichkeit auseinander fallen – was macht dann noch den Mann zum Mann? Im krassen Fall sitzt der Mann arbeitssuchend einer qualifizierten, erfolgreichen, selbstbewussten Personalchefin gegenüber...

Durch den Verlust der herkömmlichen Rollenidentität wird der Mann auf die eigene Person zurückgeworfen und muss sich zunehmend mit seiner veränderten Situation auseinandersetzen. Mit einer schlichten Alle-sind-gleich-Philosophie wird er nicht auskommen. Denn schon ein Blick auf die kindliche Entwicklung zeigt, dass die Geschlechter die Welt auf unterschiedliche Art erleben.

Vorgeburtliche Situation. Bereits hinsichtlich der pränatalen Situation unterscheidet man zwischen der weiblichen oder männlichen Entwicklung. Von der Stammesentwicklung her ist der Embryo weiblich ausgerichtet. Ab der sechsten bis siebten Schwangerschaftswoche bilden sich durch Einwirkung von männlichen Hormonen die sekundären Geschlechtsmerkmale aus. Im Gegensatz zur weiblichen Genese wird der Wachstumsprozess des männlichen Embryos immer wieder durch die o.g. hormonelle Einwirkung unterbrochen und entsprechend verlangsamt. Somit ist es auch erklärbar, wieso die Säuglingssterblichkeit bei Jungen höher liegt als bei den Mädchen. Jungen weisen vor allen Dingen in ihrer körperlichen Reife eine zeitliche Verzögerung auf und sind aufgrund dessen auch anfälliger für Krankheiten.

Doch sie werden in eine Geschlechterkultur hineingeboren, die diesen Umstand in der Regel nicht berücksichtigt. Schon in den ersten Reaktionen nach der Geburt macht die Umwelt deutlich, was sie von einem Jungen, sei er auch noch so klein, erwartet. Bei Erwachsenen, die unbekannten Babys begegnen, taucht zu allererst die Frage nach der Geschlechtszugehörigkeit auf („Was ist es denn?"), und erst durch die darauf folgende Antwort vergewissern sie sich ihres geschlechtsspezifischen Verhaltens dem Kind gegenüber und projizieren die gewünschten Sichtweisen und Erwartungen.

Die Kindheit. Schon innerhalb der ersten 24 Lebensmonate verlaufen wichtige entwicklungspsychologische Schritte in Bezug auf das Verhältnis von Kindern zu Frauen und Männern. Nach der anfänglichen Symbiose mit der primären Bezugsperson, meist der Mutter, wendet sich das Kleinkind nach etwa 18 Monaten einer männlichen Bezugsperson, in der Regel der Vater, zu, um dann anschließend, mit etwa zwei Jahren, sich wieder der primären Bezugsperson zu widmen. In dieser Altersstufe nehmen Kinder ihre eigene Geschlechtsanatomie wahr und verstehen sich als Mädchen oder Jungen. Zunehmend entdecken sie neben den körperlichen Differenzen, dass auch die soziale Wertigkeit des Geschlechtes eine zentrale Bedeutung in der gesellschaftlichen Interaktion besitzt.

Glaubt man neueren geschlechtsspezifischen Hypothesen der Sozialisationsforschung, so machen die Jungen dabei vollkommen andere Erfahrungen in ihrer Entwicklung als Mädchen. Herausgehoben und beispielhaft sollen die folgenden zwei Aspekte sein:

- Die *Muttersymbiose* bedeutet für den Sohn ein Wahrnehmen und Verinnerlichen von sog. weiblichen Werten; sie führt zunehmend zu Widersprüchen und Verwirrungen, wenn der kleine Junge wahrnimmt, dass er männlich ist.

- Um wieder mehr Orientierung zu erlangen, wendet er sich nun einer möglichen männlichen Bezugsperson zu. Der (kleine) Junge bemerkt, dass deren Eigenschaften und Verhaltensweisen sich in aller Regel deutlich von denen seiner primären, weiblichen Bezugsperson unterscheiden, auch wenn er aus ihrer Sicht bereits „männlich" erzogen wurde. Er wird nun, um eine *Geschlechtsidentifikation mit seiner Männlichkeit* herzustellen, lernen, die weiblichen Eigenschaften für sich in Frage zu stellen und abzuwerten, um den männlichen Rollenanforderungen zu entsprechen. Es kommt zu Verunsicherungen und Enttäuschungen. Dies führt dazu, dass der Junge sich aggressiv gegen die zunächst quasi symbiotische Beziehung zur Mutter abgrenzt oder dass er sich von ihr verlassen fühlt.

In dieser Situation hat der Junge je nach Familiensituation drei Optionen:

- Eine nahe männliche Bezugsperson steht dem Jungen für seine Orientierungsbedürfnisse real und authentisch zur Verfügung

- Mangels männlicher Bezugsperson muss er über Idealisierungen und Schablonen Männlichkeit erlernen

- Obwohl eine männliche Bezugsperson existiert, ist sie meist nur physisch vorhanden, tritt als Funktionsträger, z.B. als Strafinstanz oder Organisator spektakulärer Sonntagsausflüge, auf und wird den Bedürfnissen nach Kontakt- und Beziehungswünschen des Jungen nicht annähernd gerecht, so dass dieser sich wiederum geschlechtsstereotype Modelle und/oder mediale Inszenierungen oder Fantasierungen von Männlichkeit für seine Orientierung und Identifikation heranzieht.

Was lernen Jungen jenseits der ersten, idealen Option? *Joachim Lempert*, Leiter der Hamburger Beratungsstelle „Männer gegen MännerGewalt", behauptet: Bereits in dieser frühen Phase entwickelt der Junge für sich soziale und identitätsbildende Leitsätze; er lernt

- dass Frauen und Kinder zusammen gehören

- sowie den Umkehrschluss, dass Männer und Kinder nicht zusammen gehören

- dass Jungen für Männer uninteressant sind

- daraus folgend die Bedingung: Wenn Jungen etwas mit Männern zu tun haben wollen, sehnen sie sich zwar nach Nähe und Kontakt, dürfen aber nicht wie Kinder sein.

Erscheinen Jungen in Kindergärten oder später in der Grundschule, begegnen ihnen wiederum fast ausschließlich Frauen, als Erzieherinnen, Sozialpädagoginnen oder Lehrerinnen. Seine Erfahrungen aus der Familie werden bestätigt und bestärkt. Der Junge lernt seine Geschlechtsrolle also privat wie öffentlich weniger durch Miterleben und anschauliche Nachahmung realer männlicher Beispiele als eher durch abstrakte Erwartungen weiblicher

Erziehungspersonen. Männliche Werte werden entweder durch Medieninszenierungen und Phantasien und/oder auch durch die Brille der ihn umgebenden Frauen vermittelt. Doch Jungen suchen nach lebendigen männlichen Vorbildern. (siehe Abb. 1)

Wird dieses Dilemma nicht zufriedenstellend gelöst, z.B. durch „Vaterersatzfiguren", so kann es zu Brüchen im weiteren Sozialisationsverlauf kommen. Uwe Sielert beschreibt diesen Bruch mit den passenden Worten: „Zwischen Größenwahn und Selbstzweifel".

Jungen müssen mit dieser Verwirrung leben lernen. Zum einen versuchen sie den männlichen klischeehaften Rollenvorgaben nachzustreben, weil das ja bekanntlich männlich ist und Männern Sicherheit in ihrer Identitätssuche vermittelt. Zum anderen spüren sie in ihrem Innersten, dass dies für sie – und das trifft in den allermeisten Fällen zu – sehr anstrengend ist und ihrem Selbstbild und den eigenen Möglichkeiten nur sehr wenig oder gar nicht entspricht. Nach außen den männlichen Mythos zu wahren, kostet viel Energie und Kraft. Es beunruhigt die Jungen körperlich wie seelisch, hält sie unter Spannung, macht sie u.a. auch krank und anfällig. Vom so genannten gesunden und starken Geschlecht kann dann auch laut Statistik nicht mehr gesprochen werden.

- Die Sterblichkeitsrate von Jungen nach der Geburt ist höher als bei Mädchen

- Zwischen 0 – 15 Jahren erkranken die Jungen häufiger am Verdauungssystem, an den Atmungsorganen, am Nervensystem, an Stoffwechselkrankheiten, an Krebserkrankungen; sie erleiden mehr Unfälle und Stürze

- Bemerkenswert ist auch die dreimal so hohe Selbstmordrate der Jungen bis zum Alter von zwanzig Jahren

- Auch bei den psychischen und psychosomatischen Störungen führen die Jungen die Statistiktabellen an: Doppelt so viele Jungen wie Mädchen erkranken an dem hyperaktiven Syndrom, d.h. übergroßer motorischer Bewegungsdrang, Aufmerksamkeitsstörungen, schlechter Impulskontrolle und herabgesetzter Fähigkeit zur Hemmung emotionaler Reaktionen; Zwangsvorstellungen führen zu Zwangshandlungen; weiter häufen sich bei ihnen Geschwürerkrankungen des Magens und des Zwölffingerdarms und das Hin- und Herwälzen vor dem Einschlafen

- Jungen bleiben häufiger sitzen. Sie bilden die Mehrheit (60 %) auf Sonderschulen

- Zu einer Haftstrafe werden 60mal mehr Jungen verurteilt als Mädchen

- Die Erziehungsberatungsstellen und schulpsychologischen Dienste versorgen mit ihrem Angebot 2/3 Jungen und 1/3 Mädchen.

Und das alles mit der erlernten Rollenvorgabe, dass ein Mann sich keine Hilfe von außen holen bzw. als zukünftiger Mann keine sonstige Schwäche zeigen darf! Jungen leiden darunter, wenn sie die „Härtenormen" der Männerrolle nicht erfüllen können. Aber wohin mit den Gefühlen? Nur wer wirklich krank ist, darf sich ausruhen, lautet ein heimliches männliches Lebensmotto.

Jungen in der Adoleszenz. Ein wichtiges Merkmal des nächsten Entwicklungsabschnittes ist die eindeutigere geschlechtsbezogene Sexualisierung von Gefühlen und Handlungen sowie die Regulierung von Nähe und Distanz sowohl zu anderen Jungen (1) als auch zum weiblichen Geschlecht (2).

(1) Das Verhältnis zu anderen Jungen. Neben der biologisch-körperlichen Reifung in der Pubertätsphase konzentrieren sich die sozialpsychologischen Entwicklungsschwerpunkte auf die Bereiche Ablösung, Abgrenzung und Autonomie gegenüber dem Elternhaus und weitere Identitätsausbildung mit dem eigenen Geschlecht. Die Sozialisationseinflüsse der Eltern und der Schule nehmen deutlich ab, die der *peer-group* (= Altersgenossen) erheblich zu.

Die Jungen problematisieren sich in ihrem Sein, stellen zunehmend die Frage „Was ist männlich?" und sind orientierungslos. Frühere Identitätskonzepte und Lebensentwürfe verlieren häufig ihre Bedeutung und führen zu Selbstzweifeln und Ängsten. Hier liegt neben der Bedrohung aber auch die Chance, Neues für sich zu erproben und es sich anzueignen.

Leider kann diese Chance oft nicht genutzt werden, da die Jungen ihre Sinnsuche mit sich selbst auszumachen versuchen; ein Austausch mit anderen Betroffenen über ihr Befinden findet nur sehr begrenzt statt und konzentriert sich auf gegenseitige Vermutungen.

In reinen Jungengruppen üben die Jungen sich im Überleben als „Mann". Hier wird von allen Jungen Distanz zueinander gewahrt, auch auf Kosten gegenseitiger Verletzungen, deren Wirkungen aber nicht offen gezeigt werden können oder dürfen. Das Verhalten der Jungen ist häufig geprägt von Konkurrenz, Mutproben, Selbstdarstellung und Härte. Dieser „Schutz" dient u.a. dem Ziel, nicht als homosexuell eingeordnet zu werden. Homosexualität gilt als „ Beweis" der Nicht-Männlichkeit und erfährt somit eine (grenzenlose) Abwertung im männlichen Wertesystem. Jungen (und Männer) benutzen diese kulturell legitimierten Ausgrenzungsmechanismen, um sich ihrer eigenen sexuellen Neigung zu versichern. Nur der sexuell frauenbevorzugende Mann ist ein „echter" Mann.

Hier findet sich im Sozialisationsprozess ein typisches männliches Wesensmerkmal wieder: die *Abgrenzung*. Wie schon eingangs beschrieben, lernen kleine Jungen männliche Identität z.B. auch über die Abgrenzung und Entwertung vom Weiblichen. Auch im weiteren identitätsstiftenden Prozess wird die einmal erprobte Technik genutzt: Männliche Jugendliche definieren sich leichter über ein Nicht-wie-der-Andere-Sein als über die eigenen inneren Werte.

Zum individuellen Selbstschutz gehört auch die Nicht-Wahrnehmung der eigenen Gefühle und des Körpers; darunter leidet zugleich die Fähigkeit, Bedürfnisse anderer wahrzunehmen und auf ihre Gefühle Rücksicht zu nehmen. *„Lieber gewalttätig als unmännlich!"*, lautet die unausgesprochene Parole. Rangeleien oder Mannschaftssport gelten als einzig legitime männlich-anerkannte Berührungsformen. Trauer und Misserfolgserlebnisse werden mit den Geschlechtsgenossen nicht geteilt.

Des Weiteren kennzeichnen Kommunikationslosigkeit und mangelnde Verhaltensreflexion die Dynamik rein männlicher peer-groups. Schwächen und Unsicherheiten werden hinter Ritualen versteckt, die sich an tradierten männlichen Rollenbildern, Idealen und Klischeevorstellungen orientieren. Das Nicht-Erfüllen-Können von Rollenerwartungen wird als Versagen interpretiert und bewirkt eine Herabsetzung des Selbstwertgefühls. Versuche, die Selbstbestätigung und den Status wieder zu erlangen, drücken sich z.B. durch Gewalt gegen Schwächere aus. Möglichkeiten dazu existieren in unserer Gesellschaft noch genügend: In Männerbünden, Sportvereinen, Kneipen oder auf den Straßen. Alle erdenklichen Süchte, Drogen, Alkohol, aber auch Sport-, Spiel- und Arbeitssucht, dienen der Kompensation in Frage gestellter Männlichkeit, gerade auf den Gebieten, die de facto traditionell männlich besetzt sind.

(2) Verhältnis zum weiblichen Geschlecht. In Kontakten zu Mädchen sind Zärtlichkeit und Empathie gefragt, um eine Liebes- und/oder Sexualbeziehung aufzubauen. Dies sind aber Eigenschaften, die ein Junge nur unsicher ausleben kann. Sie gehören nicht zum bekannten Rollenrepertoire. Besonders die *Beziehungsfunktion* wird bei Jungen geschlechtsspezifisch behindert.

Wo aber Sexualität ausgelebt wird, ohne dass eine Beziehung aufgebaut werden kann, besteht die Gefahr, dass das Gegenüber auf seine Funktion als Lustobjekt reduziert wird. Dies wiederum begünstigt eine mögliche Eskalation von Gewalt. Denn eine Einfühlung ins Gegenüber findet nicht statt.

Ihr theoretisches Wissen über (Hetero-)Sexualität erwerben Jungen in der Regel nicht durch authentische Berichte anderer Jungen oder Männer, sondern durch pornographisches Material oder durch erfundene, häufig maßlos übertriebene Darstellungen anderer Geschlechtsgenossen. Was bleibt, sind häufig Unsicherheiten und Ängste gegenüber den eigenen sexuellen Bedürfnissen, Grenzen und Lustgefühlen.

Eine *Sprache*, die diese Situation aufklären könnte, kann unter diesen Bedingungen nicht entwickelt werden. Einer, der Fragen stellt, *outet* sich sogleich als sexuell „ahnungslos" und „unerfahren". Damit würde sich der Gefahr aussetzen, von seiner peer-group ausgelacht, verspottet und womöglich ausgegrenzt zu werden. Auf alle Fälle riskiert er eine Statusherabsetzung vor den anderen.

Von daher vermeiden Jungen tunlichst solche Situationen und holen sich ihr sexuelles Wissen über Kanäle der Einwegkommunikationen z.B. durch Zeitschriften, Videos, Filme, Fernsehen, Internetzugänge. Seine Informationen, die er über diese Quellen erhält, zeigen ihm ein männliches sexuelles Verhalten, was zwar seinen Wissensdurst erst einmal oberflächlich befriedigt, aber ein Bild von männlicher Sexualität hinterlässt, welches vielfach enormen (Ein-)Druck auf das eigene Rollenverhalten auslöst: Durchtrainierte Körper, langanhaltende Erektionen, Potenz in allen Situationen, wenig Kommunikation auf der Beziehungsebene, allzeit zur Verfügung stehende Frauen, kein Bewusstsein männlicher Fruchtbarkeit, mangelnde Verhütungsmittelverantwortung; die geschlechtliche Sexualität steht im Zentrum des Lebens. Was auch hier wieder für die Jungen bleibt, ist der massive Druck, diese Vorgaben – und sie kennen keine anderen(!) – als (zukünftiger) Mann zu erfüllen.

Die männliche Kultur des Schweigens und der Heimlichkeit gestaltet sich zur Quadratur des Kreises. Das Thema „Sexualität" ist eines der größten Tabus in unserer männlichen Welt. In den realen Begegnungen mit Mädchen zeigen die Jungen unter den geschilderten Bedingungen häufig viel Hilflosigkeit, oder sie kompensieren sie durch übertriebenen und egozentrischen Aktivismus.

Darüber hinaus wirken gesellschaftliche Entwicklungen in die Jugendphase hinein und beeinflussen die Ausprägung der Identität. Für Jungen stehen die fortgesetzte Abhängigkeit von der mütterlichen Versorgung bzw. die Verlängerung der eigenen finanziellen Unselbstständigkeit z.B. durch Wohnungsnot und steigende Mietpreise, nicht abschätzbare Entwicklungen auf dem Arbeitsmarkt, jugendunfreundliche Umweltbedingungen, Konsumorientierung, Individualisierung, etc. im Widerspruch zum gewünschten Männerbild der Autarkie und bedeuten einen längeren Weg der Mannwerdung.

„Gender und Bildung"

Zunehmend greifen Einrichtungen und Organisationen aus dem Profit- wie dem Non-Profit-Bereich das Gender-Thema auf. Die geschlechtsspezifischen Themen und Fragen machen nicht vor den Toren der professionellen Arbeitsstrukturen Halt. Gleichstellungsfragen und Geschlechterdemokratie, Reibungsverluste zwischen den Geschlechtern auf der Arbeits- und Interaktionsebene, Anforderungen und Bestimmungen, die von außen gesetzt werden (z.B. der Gender-mainstreaming-Ansatz der Europäischen Union) oder die Entwicklung von Teams beeinflussen und verändern auch die Kulturen in unseren Arbeitswelten.

Unterschiede können weder auf Dauer ignoriert noch verwaltet werden. Sie müssen aufgegriffen, sichtbar gemacht und sinnvoll für alle Beteiligten umgesetzt werden. Im Bildungsansatz des so genannten *Managing the Diversity* liegt die Chance zur Weiterentwicklung und Entfaltung für alle Beteiligten und ihre Organisationen. Auch die *Kultur* der *Zweigeschlechtlichkeit* gehört in diesen Fokus. Aus meiner Erfahrung existiert kein Themenfeld, über das nicht die Arbeitsfolie „Gender" gelegt werden könnte. Die Gender-Frage ist ein Querschnittthema für alle Fort- und Weiterbildungen.

Aus meiner Sicht muss ein modernes Gender-Traing folgende Schritte umfassen:

(1) Es bedarf männlicher Akteure mit der Bereitschaft, ihre eigene Männlichkeit im sozialen Kontext zu analysieren (Offenheit).

(2) Männer müssen trainieren, sich – als Mann – zu positionieren und mit anderen Männer in einen offenen Austausch zu gehen (Sicherheit).

(3) Frauen und Männer treten in einen konstruktiven (angeleiteten) Dialog, der weder verbal noch nonverbal von Schuldübernahme respektive -zuweisung oder Rechtfertigung geprägt sein darf (Genderdialog ©).

Diese drei Prozessabschnitte dienen Männern und wohl auch Frauen in Gender-Trainings dazu, miteinander in einen anderen Kontakt zu treten. Jenseits festgefahrener Kommunikations- und Verhaltensrituale bieten sich nicht nur zwischen den Geschlechtern neue Erfahrungen, Perspektiven und Begegnungen an.

Solch ein Zugang braucht Zeit, um erfolgreich und nachhaltig wirken zu können. Ebenfalls benötigt dieser Prozess eine heterogen aus Frau und Mann zusammengesetzte Leitung und Moderation. Insbesondere für die beteiligten Männer ist die Anwesenheit und Begleitung durch einen männlichen Teil im Leitungsteam unabdingbare Voraussetzung und Hilfe für ein Einlassen auf einen konstruktiven Genderprozess.

Literatur

Böhnisch, Lothar/Winter, Reinhard: Männliche Sozialisation. Bewältigungsprobleme männlicher Geschlechtsidentität im Lebenslauf, Weinheim/München 1993

Bundeszentrale für politische Bildung. Demokratische Geschlechterverhältnisse im 21. Jahrhundert. Neue Forderungen – Alte Herausforderungen, Bonn 1999

Connell, Robert W.: Der gemachte Mann. Konstruktion und Krise von Männlichkeit, Opladen 1999

Dzalakowski, Ingrid: GenderWorking: Männer und Frauen im Team. Synenergien nutzen, Potentiale erschließen, Wiesbaden 1995

Drägestein, Bernd: Von Kraftprotzen, Kronprinzen & Sozialisationsagenten. Eine Werkschau zu Jungenarbeit, München 1998

Forum der Bildungsinitiativen in Niedersachsen (Hrsg.): Frauen Männer Bildung, Hannover 1995

Glücks, Elisabeth/ Ottemeier-Glücks, Franz-Gerd: Geschlechtsbezogene Pädagogik. Ein Bildungskonzept zur Qualifizierung koedukativer Praxis, Münster 1994

Hagemann-White, Carol. Sozialisation: weiblich – männlich, Opladen 1984

Hollstein, Walter: Die Männer. Vorwärts oder zurück?, Stuttgart 1990

Hollstein, Walter: Nicht Herrscher, aber kräftig. Die Zukunft der Männer, Reinbek bei Hamburg 1991

Kollip, Petra: Geschlecht und Gesundheit im Jugendalter. Die Konstruktion von Geschlechtlichkeit über somatische Kulturen, Opladen 1997

Landesstelle Jugendschutz Niedersachsen (Hrsg.): Drägestein, Bernd/Grote, Christoph: Halbe Hemden – Ganze Kerle. Jungenarbeit als Gewaltprävention, Hannover 1998

Schacht, Konrad/Lenz, Hans-Joachim/Janssen, Hannelore (Hrsg.): Männerbildung, Wiesbaden 1995

Schnack, Dieter/ Neutzling, Rainer: Kleine Helden in Not. Jungen auf der Suche nach Männlichkeit, Reinbek bei Hamburg 1990

Tiger, Lionel: Auslaufmodell Mann. Die neuen Rollen von Frau und Mann in der modernen Gesellschaft, Wien/ München 2000

4. Wie wird ein Mann ein Mann?

Sozialisation und Identität des Mannes in der Perspektive der Männerforschung

MARKUS KRÄMER

Kontexte der Männerbewegung

„Warum kann eine Frau nicht so sein wie ein Mann?", klagt Henry Higgins angesichts seiner Schwierigkeiten mit dem Marktmädchen Eliza Doolittle in dem berühmten Musical „My Fair Lady" nach *G.B.Shaws* „Pygmalion". In die heutige Landschaft passt besser die Umkehrung: „Warum kann ein Mann nicht so sein wie eine Frau?"

Männliches Verhalten ist zum Problem geworden, die Defizite im Bereich von Kommunikation und Beziehungskompetenz, die Fixierung auf Leistung und Beruf, die eingeschränkten emotionalen Ausdrucksmöglichkeiten stehen nicht nur im Zentrum der Klage vieler Frauen, sondern sind auch Gegenstand kritischer Äußerungen von Psychologen und Sozialwissenschaftlern (vgl. Clulow, S. 320).

Diese Veränderungen in der Wahrnehmung und Bewertung von Männern sind keine isolierten Phänomene, sondern Aspekt und Produkt weit reichender kultureller, sozialer und ökonomischer Entwicklungs- und Veränderungsprozesse.

Anfang der siebziger Jahre entstehen in Kalifornien erste Aktivitäten einer *Männerbewegung*: Selbsterfahrungsgruppen, erste Veröffentlichungen, Netzwerke, die sich in einem ersten Boom in Laufe der Siebziger auch in anderen Ländern ausbreiteten und hier für Aufmerksamkeit und auch Verwunderung sorgten. Neben der Bezugnahme auf die Frauenbewegung und der Unterstützung vieler ihrer Forderungen zeigt sich in den Aktivitäten und Veröffentlichungen deutlich auch ein eigener Impuls, deutlich vor allem in der kritischen Auseinandersetzung mit der traditionellen männlichen Geschlechtsrolle, die nicht nur die Frauen, sondern auch die Männer selbst einschränke, unterdrücke und normiere und deshalb verändert oder abgeschafft werden müsse (vgl. Connell, S. 42f.).

Diese ersten Impulse und Aktivitäten sind in unterschiedlicher Weise aufgenommen und weiterentwickelt worden, in politischen, pädagogischen und therapeutischen Aktivitäten, in diversen Veröffentlichungen und Forschungsarbeiten, in Seminaren, Workshops, Tagungen. Auf Deutschland bezogen lässt sich meines Erachtens sagen, dass auf der einen Seite die Zahl derjenigen, die das Männerthema als eigenes Thema entdeckt haben und sich z.B. in entsprechenden Gruppen und Aktivitäten beteiligen und engagieren, deutlich über die vergangenen Jahre hin zugenommen hat. Auf der anderen Seite ist es gelungen, die Thematik „Männer" und „Männlichkeit" im öffentlichen Diskurs zu etablieren und Anfänge einer wissenschaftlichen Forschungsarbeit zu gestalten.

Ich möchte dabei nicht übersehen, wie viel Widerstand, Verdrängung und Vermeidung der Beschäftigung mit der Männerthematik auch weiter entgegengesetzt wird. Neben dem weit verbreiteten Unbehagen einer Mehrzahl der Männer, sich kritisch mit der eigenen Männlichkeit auseinander zu setzen, gibt es auch ein verbreitetes Erwartungsinventar von Frauen an Männer, sie sollten statt der Selbstreflexion ihrer Männlichkeit lieber tun und lassen, was Frauen bereits als richtig und wichtig für sie entdeckt haben.

Das qualitativ Neue an der modernen Männerbewegung sind der Mut und die Bereitschaft, sich selbst, die eigene Lebenssituation als Mann kritisch zu thematisieren und zu reflektieren. Bei aller Verschiedenheit der unterschiedlichen Strömungen der Männerbewegung scheint mir dieser Punkt von zentraler Bedeutung. Indem Männer sich selbstkritisch mit sich und ihren Geschlechtsgenossen beschäftigen, entdecken sie ihr eigenes Interesse an einer Veränderung, können ihnen neben den Privilegien und Vorteilen auch die Nachteile und Risiken ihres Männerlebens deutlich werden.

James O'Neil hat in einer Übersicht über die zum Zeitpunkt seiner Recherche vorliegenden medizinischen, psychologischen und sozialmedizinischen Untersuchungen zur gegenwärtigen Krise von Männlichkeit sechs große Problemfelder als „Risiken von Männlichkeit" zusammengefasst. Es handelt sich um

1. Das eingeschränkte Gefühlsleben

2. Die Homophobie

3. Die Kontroll-, Macht- und Wettbewerbszwänge

4. Das gehemmte sexuelle und affektive Verhalten

5. Die Sucht nach Leistung und Erfolg

6. Die unsorgsame Gesundheitspflege

Die Liste dieser Risiken ist sicher zu ergänzen oder auch zu modifizieren. Trotzdem: Für Männer geht es darum, diese Risiken zu erkennen und ernst zu nehmen, sich in der kritischen Auseinandersetzung mit der eigenen

Realität von Zwangsnormen und Halbierungen des eigenen Lebens zu lösen und zu entdecken, dass in dieser Veränderung nicht nur alte Männerprivilegien und Traditionen aufgegeben werden müssen, sondern auch neue Freiheiten und Befreiungen aus zwanghaften Einschränkungen gewonnen werden können. Der Balanceakt gegenüber der Frauenbewegung wird dann darin liegen, deren Anliegen nachzuvollziehen und gegebenenfalls zu unterstützen, ohne sich damit von eigenem Handeln, Verantwortung und Reflexion abbringen zu lassen. In dieser Weise – jenseits einer falschen Defensive gegenüber der Frauenbewegung oder der schlichten Übernahme ihrer Forderungen und Perspektiven – eigene Interessen selbst zu entdecken und zu vertreten, scheint, das zeigt schon die kurze Geschichte der Männerbewegung, gar nicht leicht zu sein.

Im Blick auf die aktuelle Situation der Männerdiskussion in Deutschland ist die empirische Studie von *P.M. Zulehner* und *R. Volz* „Männer im Aufbruch" wichtig. Im Auftrag der Männerarbeit der Evangelischen und der Katholischen Kirche wurde 1998 eine Befragung durchgeführt und ausgewertet, in der es darum ging, wie Männer sich selbst sehen und wie Frauen Männer wahrnehmen. Die Studie zeigt im Blick auf die gewählten Schwerpunkte, Berufswelt, Familienwelt und Innenwelt, dass sich Veränderungen sichtbar machen lassen. In einer Typisierung werden vier Grundtypen von Männern unterschieden, traditionelle, pragmatische, unsichere und neue; bei den *neuen Männern*, das sind zwanzig Prozent der Befragten, zeigen sich die deutlichsten Veränderungen und Veränderungsbereitschaften.

Im Blick auf die Ergebnisse der Studie fällt weiter auf, dass Veränderungen im Bereich der „Innenwelt", der Gefühle von Männern, am schwächsten ausgeprägt sind, während Veränderungen auf einer eher pragmatischen Ebene vielen Männern leichter fallen.

Als Perspektive sehen die Autoren neben einer neuen Balance zwischen Erwerbs- und Familienarbeit ein Miteinander von Frauen und Männern, das nicht auf einer vordergründigen Annäherung weiblicher und männlicher Lebensfelder, sondern auf der Unterschiedlichkeit und auch „Befremdlichkeit" der Geschlechter beruht, und sie formulieren als Ziel, „anders zu sein und doch ein Verhältnis haben zu können" (Zulehner/ Volz, S. 28).

Entwicklungspsychologische Perspektiven. Anderssein als Schicksal

In einer Arbeit von *Walter Hollstein*, „Der Kampf der Geschlechter", stehen Erörterungen zur Sozialisation von Jungen und Mädchen unter den Überschriften „Das Anderssein als Schicksal der Jungen" und „Das Einssein als Schicksal der Mädchen". Ich meine, dass dieser Terminus des *Andersseins* vieles von dem bündeln und ausdrücken kann, was zur Sozialisation des Mannes in einer anthropologisch-psychologischen Sicht zu sagen ist.

Was ist mit diesem „Anderssein" gemeint? Zum einen meint der Begriff den zuerst einmal recht banal erscheinenden Sachverhalt, dass Jungen von einer Person des anderen Geschlechts geboren werden und so ein anderes Geschlecht haben als ihre Mütter. Dieser Sachverhalt bzw. Prozess wird nun differenziert tiefenpsychologisch interpretiert als ein Drama, in dem der Junge in der präödipalen Phase gedrängt und herausgefordert ist, die primäre Identifikation mit der Mutter und die Nähe zu ihr aufzugeben und in und mit dieser schmerzhaften Separation zum Jungen und Mann zu werden (vgl. Kapitel 2, Burbach; Kapitel 3, Drägestein). Jenseits der spezifischen Modelle der verschiedenen Analytiker*innen* besteht Konsens darüber, dass dieser Prozess der Trennung von der Mutter als Schlüsselsituation in der Sozialisation des Mannes zu sehen und die spezifische Verletzbarkeit der männlichen Identität im Zusammenhang mit dieser „Wunde des Mannes" zu verstehen sei.

> *Elisabeth Badinter* beschreibt den Prozess zwischen Mutter und Sohn sehr differenziert und zeigt die Radikalität in dieser Entwicklung: „Um ein Mann zu werden, wird er lernen müssen, sich von seiner Mutter zu unterscheiden und in seinem tiefsten Inneren jene köstliche Passivität, in der er mit ihr eins ist, zu unterdrükken."(Badinter, S. 62) Sie spricht von der „Protoweiblichkeit des menschlichen Säuglings" und meint, dass Männlichkeit sekundär sei, der kleine Junge sich faktisch zum Gegenteil dessen, was er ursprünglich sei, entwickeln müsse (Badinter, S. 63). Man könne geradezu von einer *Negativdefinition* der Männlichkeit sprechen, denn Jungen lernen: Männlich sein bedeutet, nicht weiblich zu sein. Diese Problematik verschärft sich dadurch, dass Väter für ihre Söhne häufig nicht präsent und emotional erreichbar sind, so dass sie ihren Söhnen kein Beispiel oder Vorbild für Männlichkeit geben.

Elisabeth Badinter fasst ihre Überlegungen zur Identität des Mannes sehr bildhaft mit einem Rekurs auf Adam und Eva zusammen:

> „Im Gegensatz zu der alten Geschichte von der Verdammung Evas hat Gott sich zu ihrem Komplizen gemacht. Nicht nur hat er Adam die Macht genommen, Leben zu schenken, um sie seiner Gefährtin zu verleihen, er hat den Frauen gleichzeitig auch das Privileg zuteil werden lassen, aus einem Bauch des gleichen Geschlechts geboren zu werden. Damit hat er ihnen die Mühen der Differenzierung und des Gegensatzes erspart, die das Schicksal des Mannes unauslöschlich prägen.... Solange Frauen Männer gebären und solange XY sich im Schoße von XX entwickelt, wird es immer ein bisschen länger dauern und ein bisschen schwieriger sein, einen Mann zu machen als eine Frau." (Badinter, S. 224)

Soziologische Perspektiven: Externalisierung

Externalisierung ist ein Schlüsselwort in der 1993 in erster Auflage vorgelegten Arbeit von *Lothar Böhnisch* und *Reinhard Winter* „Männliche Sozialisation". Die Arbeit der Autoren, die sich einer kritischen Männerforschung verpflichtet fühlen, verdient besondere Beachtung, weil sie den Versuch des Entwurfes eines Konzeptes männlicher Sozialisation wagt und damit über vorliegende Studien und Forschungen zu einzelnen Aspekten männlicher Sozialisation hinausgeht.

Böhnisch und Winter zeigen einmal sehr differenziert und klar das „Dilemma der Autonomie des Mannes"; der Mann müsse, um er selbst zu sein, anders sein – und verliere dadurch wiederum den Kontakt zum eigenen Selbst. Dieser Prozess, so Böhnisch/Winter, werde gestützt durch ein *Gendering*, einen Geschlechtsrollenerwerb, in dem sich emotionale Bewältigungsstrategien als eine Art Grundmuster männlicher Sozialisation herausbilden. Sie schreiben:

> „Als durchgängiges Grundmuster männlicher Sozialisation und Lebensbewältigung gilt das Prinzip ‚Externalisierung'. Es ist das wesentliche Strukturmerkmal männlicher Sozialisation und stellt die basalen Voraussetzungen für die Bewältigung nach den unten beschriebenen Prinzipien dar. Externalisierung meint die Zurichtung auf männliche Außenorientierung; sie bewirkt ein Nach-Außen-Verlagern von Wahrnehmung und Handeln, gekoppelt mit Nicht-Bezogenheit als Ausdruck für einen Mangel an Bindungen und Verbindungen zu sich selbst, zu individuellen Anteilen und zur eigenen Geschichte, sowie zu anderen Personen. Mit der Externalisierung verbunden ist damit eine mangelnde Fähigkeit zur Empathie, und das bedeutet auch: eine relativ schwache Beziehungs- und Gruppenfähigkeit. Externalisierung meint, dass Verhaltensmuster und -ziele von Jungen und Männern sich primär auf äußere ‚Bereiche' hin ausbilden. Das Prinzip beinhaltet ein Verbot und eine Warnung vor dem ‚Innen': ‚Wenn Du dich mit Dir selbst beschäftigst, merkst Du, wie schlecht es Dir geht'." (Böhnisch/Winter, S. 129)

Aus dem übergeordneten Prinzip der *Externalisierung* ergeben sich nach Böhnisch/Winter weitere Strategien der Bewältigung des Mannseins, die Prinzipien der Gewalt, der Benutzung, der *Stummheit*, des *Alleinseins*, der *Körperferne*, der *Rationalität* und der *Kontrolle*. Sie beschreiben eine Befindlichkeit oder Betroffenheit des Mannes, sind aber zugleich seine Anpassung an die Vorgabe des *Gendering*.

Es wird deutlich, wie in der Entwicklung von Männlichkeit anthropologisch-psychologische und gesellschaftlich-kulturelle Faktoren ineinander greifen; die veräußerlichten Leistungs- und Erfolgsziele konstituieren in letzter Konsequenz eine Mischung aus „äußerer Souveränität" und „innerer Haltlosigkeit" (Hollstein, 1993, S. 168f.), von „innerer Vernachlässigung" und „äußerer Überforderung" (Hollstein 1993, S. 251). Männlichkeit ist in dieser Perspektive Leistung, Aufgabe, Anspruch und Forderung und entspricht nicht eigenem inneren Erleben oder Spüren.

Dieter Schnack und *Rainer Neutzling* haben diese Leistungs- und Überforderungsansprüche von Jungen (und Männern) sehr konkret und einfühlsam in ihrem Buch „Kleine Helden in Not" beschrieben. Sie zeigen den Graben zwischen der eigenen subjektiven inneren Wahrheit und den rigiden Rollenanforderungen an Jungen und machen deutlich, wie daraus Versagensängste entstehen. Als Resümee halten sie fest, dass Jungen „über sich hinauswachsen müssen, um das Prädikat ‚richtiger Junge' zu erhalten" (Schnack/Neutzling, S. 256). Dieser Leistungsanspruch an Jungen ist ein wichtiger Aspekt der „Externalisierung"; es muss etwas nach „außen" gebracht oder gezeigt werden, das mit dem „Innen", den eigenen Gefühlen, Wünschen und Impulsen gar nichts zu tun haben muss.

Schlussfolgerungen

Schaut man noch einmal zurück auf die unterschiedlichen Perspektiven der Theorien des *Andersseins* und der *Externalisierung*, werden die Zusammenhänge und Affinitäten deutlich. Die Abgrenzung und Distanzierung im Verhältnis zur Mutter realisiert sich als Fixiertsein auf „Äußeres"; dabei geht eine (zumindest denkbare) Balance verloren; stattdessen entwickelt sich eine Polarisierung oder Einseitigkeit, die immer nur *eine* Seite kennt: Außen statt Innen, Abgrenzung statt Beziehung bzw. Intimität, Verstand statt Gefühl, Kontrolle statt Berührbarkeit, Aktivität statt Passivität, Unabhängigkeit statt Abhängigkeit. Mit einigem Recht lässt sich auch sagen, dass Männlichkeit in ihrer traditionellen Form wesentlich als Abwehrstruktur verstanden werden kann bzw. muss.

„Männlichkeit als Abwehrstruktur" – wenn das zutreffend oder zumindest teilweise richtig ist, ist dies eine bittere Wahrheit! Sie muss jedoch nicht notwendig zu Enttäuschung oder Resignation führen, sondern sollte vielmehr als Anstoß und Herausforderung begriffen werden für eine tief greifende Veränderung, deren Zielrichtung es sein wird, die Abwehrstrukturen und –muster zu erkennen, einzuschränken und zurückzunehmen, von idealisierten oder normierten Vorstellungen von sich als Mann Abschied zu nehmen und sich neuen Erfahrungen mit sich und anderen zu öffnen.

In den siebziger Jahren begann eine intensive Diskussion um Erwachsenensozialisation bzw. die Sozialisation im Erwachsenenalter (vgl. Nave-Herz). Eine wichtige Einsicht dieser Debatte war, dass Entwicklung, Veränderung, Sozialisation nicht mit der Adoleszenz aufhören müssen, sondern auch im Erwachsenenalter weitergehen. Mir geht es in der Tat um einen *Sozialisationsprozess von Männern*.

Diese Veränderungs-Arbeit liegt im eigenen Interesse, und sie muss auch nicht bedeuten, dass bei Männern sozusagen kein Stein auf dem anderen bleibt. Nur, solange Verhalten als Abwehr fungiert, handelt ein Mensch aus Zwang und Notwendigkeit, nicht aber in eigener Regie und Freiheit. Ich vermute, dass mit der Reduzierung der Abwehr nicht nur neue Verhaltensmöglichkeiten wirksam werden, sondern auch Qualitäten traditioneller männlicher Haltungen und Verhaltensweisen sichtbar werden können. Auch wenn es bei einem ersten Hinsehen vielleicht gar nicht sichtbar wird, macht es schon einen großen Unterschied, ob ein Mann Stärke zeigt, weil er seine eigene Schwäche nicht sehen oder ertragen kann, oder ob er einen Zugang zu eigener Schwäche hat und je nach Situation und Empfinden wählen kann. Oder: Reagiert ein Mann rational, weil er nicht emotional sein kann, oder weil es in dieser Situation die angemessenste Verhaltensweise darstellt? Beides ist möglich, hat aber eine ganz verschiedene Qualität.

„Polarität statt Polarisierung!" – So lautet für mich die Parole für ein sinnvolles Gender-Training. Auch Männer haben die Wahl zwischen Verstand und Gefühl, Stärke und Schwäche, Schweigen und Reden, und sie verdienen die Chance, auch das Fremde, Ungewohnte und Unvertraute ein Stück weit als ihr Eigenes zu erkennen und es nicht konkurrenzlos den Frauen zu überlassen. Umgekehrt ist es die Aufgabe von Frauen, bestimmte männliche Gefühle und Qualitäten als eigene zu erkennen. *Polarität statt Polarisierung* wird meiner Meinung nach nicht dazu führen, dass Männer und Frauen ununterscheidbar werden; es wird vielmehr ermöglichen, dass sie ihr Anderssein wechselseitig aushandeln und akzeptieren können, es weder idealisieren oder abwerten müssen.

Ein weiterer Punkt: Die beschriebene Dynamik und Richtung der Sozialisation von Männern konstituiert ein Verhältnis zu Frauen, das ausgesprochen ambivalent ist. Diese Ambivalenz oszilliert zwischen Sehnsucht und Angst und ist angetrieben von Aggression oder schlechtem Gewissen. Hinter dieser Ambivalenz steckt eine ungelöste Mutterabhängigkeit, und vielen Männern fällt es schwer, sich innerlich von der Frau als Mutter zu lösen und wirklich erwachsen und selbstständig zu werden. Die Aufgabe liegt hier in einer Auseinandersetzung mit den Müttern, die über kindliche Anpassung oder trotzige Abwehr hinausreicht und es Männern möglich macht, auf eine gute Weise eigenverantwortlich zu sein, für sich selbst (und für andere) sorgen zu können, den eigenen Rhythmus und die eigene Richtung zu finden. In der Annäherung an Eigenständigkeit und Eigenverantwortlichkeit kann der Zwangszusammenhang von verdeckter Mutterabhängigkeit auf der einen Seite und überzogenen Männlichkeitsidealen auf der anderen Seite, aufgelöst werden (vgl. Jellouschek).

Mit der Zunahme der Eigenverantwortlichkeit werden auch die Auseinandersetzungen zwischen Männern und Frauen leichter werden. Neigen Männer gegenüber Frauen leicht zur Anpassung, um die für notwendig erachtete Unterstützung und Fürsorge von Frauen nicht zu verlieren, oder flüchten sich in Dominanz oder Rückzug, aus Angst, in Abhängigkeit zu geraten, so könnten sie dann Konfliktfähigkeit entwickeln und in der Lage sein, die eigenen Grenzen vor Übertretungen zu schützen und die der Frauen zu respektieren. Es wird meines Erachtens oft übersehen, wie eingeschränkt die Konfliktfähigkeiten von Männern gegenüber Frauen sind. Es liegt im Interesse beider Geschlechter, das zu ändern.

Eine Männlichkeit, die weniger von Abwehr geprägt ist, eine befreite Männlichkeit, bedeutet eine Versöhnung mit dem eigenen Geschlecht und ist darin zugleich eine gute Basis, Frauen in ihrem Gleichsein und in ihrem Anderssein wertzuschätzen und zu akzeptieren. Im Blick auf die Unterschiedlichkeit wird das erotische Spannungs- und Anziehungsfeld zwischen Männern und Frauen nicht negiert, sondern bestätigt.

Die Ausgangsfrage meines Textes war ja: „Wie wird ein Mann zum Mann?" Ich habe die spezifischen Schwierigkeiten dieser Entwicklung beschrieben und – vereinfacht gesagt – Männlichkeit als Abwehrstruktur gekennzeichnet. Diese Abwehrstruktur ist auch Abwehr gegenüber Forderungen nach Gleichberechtigung, nach Geschlechterdemokratie. Neben den politischen, sozialen und ethischen Gründen für ein neues Verhältnis zwischen den Geschlechtern, das auf gleichen Rechten, Pflichten und Werten beruht und Männern zumutet, auf Vorrechte und Privilegien zu verzichten, gibt es auch ein ureigenes männliches Interesse, den Status quo von Männlichkeit in unserer Gesellschaft radikal in Frage zu stellen und zu ändern. Beides ist wichtig und notwendig: Die Veränderung der eigenen Person und die Veränderung der politischen und sozialen Rahmenbedingungen und der traditionellen Geschlechtsstereotypen.

Literatur

Badinter, Elisabeth, XY. Die Identität des Mannes, München 1993.

Böhnisch, Lothar/Winter, Reinhard, Männliche Sozialisation. Bewältigungsprobleme männlicher Geschlechtsidentität im Lebenslauf, Weinheim und München 1993.

Brandes, Holger/Bullinger, Hermann, Männlichkeit im Umbruch. Soziologische Aspekte der Veränderung männlicher Lebenswelt, in: Diesb.: Handbuch Männerarbeit, Weinheim 1996, 36–58.

Bründel, Heidrun/Hurrelmann, Klaus, Konkurrenz, Karriere, Kollaps. Männerforschung und der Abschied vom Mythos Mann, Stuttgart-Berlin-Köln 1999.

Clulow, Christopher, Bindungsmuster und Kommunikation der Ehe, in: Wege zum Menschen, 51.Jg. 1999, H.6, 319–331.

Connell, Robert W., Der gemachte Mann. Konstruktion und Krise von Männlichkeiten, Opladen 1999.

Hollstein, Walter, Der Kampf der Geschlechter. Frauen und Männer im Streit um Liebe und Macht und wie sie sich verständigen könnten, München 1993.

Ders., Männer in Bewegung, in: Informationsstelle für Männer (Hg.), I. Österreichische Männertagung. Eine Dokumentation, Wien 1998, 37–43.

Ders., Nicht Herrscher, aber kräftig. Die Zukunft der Männer, Reinbek 1991.

Hudson, Lester/Jacot, Bert, The way men think, intellect, intimacy and the erotic imagination, New Haven-London 1991.

Jellouschek, Hans, Wie Männer Beziehungen gestalten. Vortragsmanuskript, Ev. Erwachsenenbildung Heilbronn 1994.

Krämer, Markus, Ein richtiger Mann werden, in: Informationsstelle für Männer (Hg.), I. Österreichische Männertagung. Eine Dokumentation, Wien 1998, 30–36.

Möller, Kurt (Hg.), Nur Macher und Macho? Geschlechtsreflektierende Jungen- und Männerarbeit, Weinheim und München 1997.

Nave-Herz, Rosemarie (Hg.), Erwachsenensozialisation. Ausgewählte Theorien und empirische Analysen, Weinheim und Basel 1981.

O'Neil, James, Gender role conflict and strain in men's lives, in: Solomon, Ken/ Levy, Norman B. (Hg.), Men in transition, New York-London 1982, 5-42.

Nitzschke, Bernd, Die männliche Psyche. Historisch-gesellschaftliche und psycho- dynamische Aspekte, in: Handbuch Männerarbeit, hg. v. Brandes, Holger/Bul- linger, Hermann, Weinheim 1996, 18-35.

Rohrmann, Tim, Junge, Junge – Mann, o Mann. Die Entwicklung zur Männlich- keit, Reinbek 1994.

Schnack, Dieter/Neutzling, Rainer, Kleine Helden in Not. Jungen auf der Suche nach Männlichkeit, Reinbek 1990.

Rosowski, Martin/Ruffing, Andreas (Hg.), MännerLeben im Wandel,. Würdigung und praktische Umsetzung einer Männerstudie, Ostfildern 2000.

Zulehner, Paul M./Volz, Rainer, Männer im Aufbruch. Wie Deutschlands Männer sich selbst und wie Frauen sie sehen. Ein Forschungsbericht, Ostfildern 1998.

Liste der
Autorinnen und Autoren

BARZ, MONIKA	Prof. Dr., Evangelische Fachhochschule Reutlingen-Ludwigsburg, Erziehungswissenschaftlerin, Organisationsberaterin.
BECK, MARTIN	Diplom-Betriebswirt, Geschäftsführer der BSU Wirtschaftsberatungsgesellschaft für soziale Unternehmen und Einrichtungen mbH, Stuttgart; Lehrbeauftragter an den Fachhochschulen Nürtingen und Esslingen. Personalberater und Coach.
BURBACH, CHRISTIANE	Prof. Dr., Evangelische Fachhochschule Hannover, Theologin/Pastorin, Pastoralpsychologin, Supervisorin. Genderkurse für Leitungspersonen in der Ev.-luth. Landskirche Hannover.
DRÄGESTEIN, BERND	Diplom-Sozialarbeiter/Sozialpädagoge, Lehrer, Lehrbeauftragter der Ev. Fachhochschulen Hannover und Hildesheim, Bildungsreferent im mannigfaltig-Institut für Jungen- und Männerarbeit.
EWERT, CHRISTEL	Diplom-Sozialarbeiterin/Sozialpädagogin, Supervisorin, lehrende Sozialarbeiterin an der Ev. Fachhochschule Hannover, freie Praxis.
GAUSE, DETLEV	Theologe, Studienleiter an der Evangelischen Akademie Nordelbien, Genderkurse in der Jugendbildung, genderbezogene Weiterbildung für Fachkräfte der Jugendhilfe.
GLATZEL, JOACHIM	Diplom-Pädagoge, Berater, Mitarbeiter bei Pro Familia, Jungen- und Männerarbeit, Mitautor des Fortbildungskonzeptes für geschlechtsbezogene Pädagogik in Jugendarbeit und Schule "Neue Horizonte ... nicht nur für Mädchen und Jungen".
GEISS-RIGONI, KATHY	Sozialwissenschaftlerin, Referentin der Abteilung Personal bei "Dienste in Übersee", längerer Auslandsaufenthalt in Südamerika/Argentinien, Gender-Trainerin, Mitarbeit in Frauen- und Gender-Arbeitskreisen der Evangelischen Organisationen der Entwicklungszusamenarbeit.
GRONER-ZILLING, BIRGIT	Diplom-Sozialpädagogin, Coach, Lehrbeauftragte an der Ev. Fachhochschule Reutlingen-Ludwigsburg, Freie Beraterin FA: Kommunikations-, Strategie-, Gender-Trainings, Rottenburg/NF.

HERRE, PETRA   Theologin, Sozialwissenschaftlerin, wissenschaftliche Organisationsberaterin bei der Deutschen
Evangelischen Arbeitsgemeinschaft für Erwachsenenbildung e.V. (DEAE), verantwortlich für den
Bereich Genderfragen bei der DEAE.

Hoppler, Ariane   Diplom-Pädagogin, Diakonin, Wissenschaftliche
Mitarbeiterin, Fachhochschule Nordostnieder-
sachsen, Lüneburg.

KIRLEIS, EDDA   Dipl.-Religionspädagogin, M.A. Development
Studies, mehrjährige Auslandsaufenthalte
in Indien und Bangladesh, Zusammenarbeit mit
dem South Asia Network of Gender Activists
and Trainers (Sangat), Forschung zu Gender und
Entwicklung/ Gender und Organisationen. Zur
Zeit Referentin im Ev. Entwicklungsdienst (EED),
Bonn (Schwerpunkte: Südasien, Gender). Seit
1992 Durchführung von Gender Training u.a.
in Entwicklungsorganisationen in Deutschland
und im Bereich der politischen Bildungs- und
Sozialarbeit.

KOHRS, CHRISTIANE   Diplomsozialpädagogin, tätig in der Mädchenarbeit, Genderkurse in der Jugendbildung.

KORITTKO, ALEXANDER   Diplom-Sozialarbeiter/Sozialpädagoge,
Familientherapeut, systemischer Supervisor (DFS)
und Lehrtherapeut für Systemisch-Integrative
Paar- und Familienberatung; kommunale Jugend-,
Familien- und Erziehungsberatung Hannover;
Genderkurs in der ev.-luth. Landeskirche
Hannovers.

KRÄMER, MARKUS   Dr. Theologe, Pädagoge, Gestaltpsychotherapeut,
Supervisor, Berater und Fortbildner in freier
Praxis. Genderkurs in der Ev.-luth. Landeskirche
Hannover.

POGGENSEE, HEIKE   Diplom-Sozialpädagogin, Studienleiterin an
der Evangelischen Akademie Baden (Mannheim),
Genderkurse in der Jugendbildung.

ROGALL, RENATE	Diplom-Pädagogin, Supervisorin (DGSv). Dozentin an der Bildungsstätte „Lutherstift Falkenburg". Genderkurs in der Ev.-luth. Landeskirche Hannovers.
SCHÄFER, KARIN	M.A. Pädagogik, Studienleiterin an der Evangelischen Akademie Baden (Mannheim), Genderkurse in der Jugendbildung.
SCHLOTTAU, HEIKE	Diplom-Soziologin, Lehrerin, Studienleiterin an der Ev. Akademie Nordelbien, Genderkurse in der Jugendbildung, genderbezogene Weiterbildung für Fachkräfte in der Jugendbildung.
WAGNER, WIEGAND	Theologe/Pastor, Rektor des Pastoralkollegs Loccum. Genderkurs in der Ev.-luth. Landeskirche Hannovers.
WALDMANN, KLAUS	Diplom-Pädagoge, Bundestutor der Evangelischen Trägergruppe für gesellschaftspolitische Jugendbildung, Lehrbeauftragter der Universität Hamburg.

Zum Weiterlesen empfohlen

Wege zum Menschen

Monatsschrift für Seelsorge und Beratung, heilendes und soziales Handeln

Das Forum für das Gespräch zwischen Psychologie und Theologie, Medizin, Soziologie und Pädagogik.

Die Zeitschrift bietet Beiträge zu Grenzfragen menschlichen Lebens, brisante Themen und Informationen für alle, die mit Menschen zu tun haben – als Psychologen, Psychiater und Ärzte, als Seelsorger in Krankenhaus, Gemeinde und Beratungsstelle, als Pädagogen, Soziologen und Sozialpädagogen.

Wege zum Menschen ist das Organ der Evangelischen Konferenz für Familien- und Lebensberatung e.V., der Deutschen Gesellschaft für Pastoralpsychologie e.V. (DGfP) und der Konferenz für evangelische Krankenhausseelsorge.

Herausgegeben von Christiane Burbach, Klaus Dörner, Wilfried Engemann, Jörn Halbe, Ursula Peukert, Richard Riess, Ingeborg Roessler, Barbara Schneider, Hermann Steinkamp, Heribert Wahl.

Die Zeitschrift erscheint 8mal jährlich (2 Hefte im Quartal mit ca. 80 bzw. 130 Seiten)
ISSN 0043-2547

Gottfried Adam /
Rainer Lachmann (Hg.)
Gemeindepädagogisches Kompendium

2. Auflage 1994. 451 Seiten, kartoniert
ISBN 3-525-60379-7

Dieser Band zieht Bilanz und zeigt Perspektiven für die zukünftige Entwicklung.

Im ersten Teil werden Fragen der gemeindepädagogischen Grundlegung verhandelt: Was ist Gemeindepädagogik?
Im zweiten Teil geht es um die Didaktik konkreter Handlungsfelder im Blick auf die religiöse Erziehung in Familie und Kindergarten, um Kindergottesdienst, Konfirmandenunterricht, kirchliche Jugendarbeit, Erwachsenenbildung und Altenarbeit. Abgerundet wird der Band mit einer gemeindepädagogischen Auswahlbibiographie und den nötigen Registern.

V&R
Vandenhoeck
& Ruprecht